公 关 与 沟 通

——非职业化、泛公共关系的机制与艺术

单凤儒 著

科学出版社

北 京

内 容 简 介

　　本书包括三大模块：上篇是公关基础模块，主要研究非职化公关的概念、机制与艺术体系；中篇是组织公关模块，主要研究公关与沟通的三大实务，即活动策划、信息传播、关系协调；下篇是人际沟通模块，主要研究沟通的三大技能，即语言与表达、交际与融通、说服与交涉。本书着重从个人的公关与沟通、应用的多学科整合、机制的艺术研究三个方面对公关与沟通进行阐述。

　　本书适用于在校大学生、毕业生，及各类社会组织的年轻白领。

图书在版编目（CIP）数据

公关与沟通：非职业化、泛公共关系的机制与艺术/单凤儒著. —北京：科学出版社，2010.4
　ISBN 978-7-03-027378-9

　Ⅰ．①公…　Ⅱ．①单…　Ⅲ．①公共关系学-研究　Ⅳ．①C912.3

　中国版本图书馆 CIP 数据核字（2010）第 077357 号

责任编辑：郭锦程 / 责任校对：王万红
责任印制：吕春珉 / 封面设计：东方人华平面设计部

科 学 出 版 社 出版
北京东黄城根北街 16 号
邮政编码：100717
http://www.sciencep.com

北京中科印刷有限公司 印刷
科学出版社发行　　各地新华书店经销

*

2010 年 2 月第　一　版　　　开本：87×960　1/16
2017 年 2 月第八次印刷　　　印张：18
　　　　字数：409 000

定价：39.00 元
（如有印装质量问题，我社负责调换〈中科〉）

销售部电话 010-62134988　编辑部电话 010-62148322

前　言

在几十年的从教实践中，一种思虑、一个念头一直在困扰和激励着我：在大学生学习专业知识、技能，加强思想品德修养的同时，如何提高他们的社会能力与素质？多年来我国的基础教育虽几经改革，但在相当程度上仍未摆脱应试教育的桎梏，高等教育继承了基础教育的应试衣钵，从全面应试转为"单科应试"，"校园封闭"、"课堂中心"、"教师主导"成为传统教育的三大特征，夸张一点讲，学生甚至可能被培养成智能化的"答题机器"！然而社会已发生翻天覆地的变化，以人为本、团队合作、全球一体化、优胜劣汰、创新制胜，对现代人的社会能力与素质的要求越来越高。毫不夸张地说，没有社会能力，个人无法在社会中立足，事业无法在社会中发展！这两方面的冲突造成人才培养的巨大缺憾——如此重要的社会能力培养的缺失。于是，我就产生了一种强烈的冲动：写一本帮助大学生和社会组织中的年轻白领提高社会能力的书，这即为本书的写作初衷。

本书在写作过程中力求形成以下特色。

● 基于个人的公关与沟通。本书的研究对象是基于个人的、在公关与沟通领域中的规律与艺术。本书突破公共关系的主体只能是社会组织而不能是个人的学科设限，主张大学生和各类组织中的成员均可成为公关主体，提出"泛公共关系"的概念，实现了公关主体的个人化；突破公共关系学著作只以专职公关人员为服务对象的理论设限，构建"非职业化公共关系"的知识体系，实现了公关理论服务对象的非职业化。本书是大学生的公关学，是社会上每一个同公众交往的个人的公关学。

● 基于应用的多学科整合。按照上述的目标定位与服务面向，没有现成的学科可为之所用。这就需要进行多学科整合。公共关系学研究的是社会组织的公关行为，特别强调将个人排除在主体之外；传播学研究的是信息传播的现象与规律，并注重大众媒介的传播；沟通学研究的是在管理和社会生活中的语言和非语言的传输与交流；社会心理学研究的是广泛的社会心理现象与规律。本书广泛吸收、引用这些成熟学科的有关理论，以培养大学生和社会组织中白领的社会交往与公关能力为导向，大胆进行整合与创新，从而形成本书以个人为主体，将公关与沟通融合，由多门学科整合的"非职化、泛公共

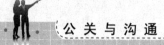
关系学"体系。

● 基于机制的艺术研究。本书研究的重点是公关与沟通在千变万化的具体实践中的应用艺术。但是，这种艺术的研究是建立在对社会互动规律与机制研究的基础之上的。社会上的相关著作或培训教材大多是以介绍实践经验和具体技巧为主要内容，其培训注重的是使受训者掌握各种具体的、只适用于个别情景的技巧与方法，可将其称之为"授之予鱼"。而本书特别注重对决定和支撑应用艺术的相关规律与机制的研究——学生掌握了规律和机制，就能举一反三，面对千变万化的复杂实践加以创造性地应用和发挥，这可称之为"授之予渔"。

作为一部整合多学科的边缘学科著作，本书必定存在不足或不成熟之处，错误也在所难免，敬请读者批评指正！

本书在写作过程中，参阅、引用大量著作、文献，在此深表谢意！对于在书后参考文献或书中注释中漏注的尚请原谅。

感谢渤海大学和科学出版社的大力支持，他们的支持使本书得以顺利出版。

目　录

上篇　公关基础

中篇 组织公关

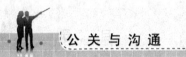
下篇　人际沟通

本书理论架构:

非职业化、泛公共关系模型

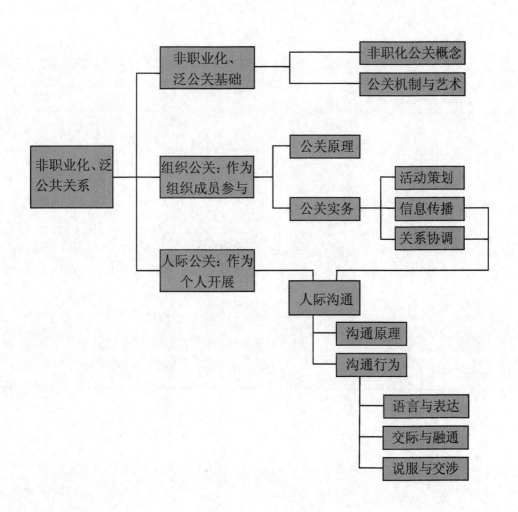

上篇
公关基础

——非职业化、泛公共关系的概念、机制与艺术

- 非职业化、泛公共关系的基本概念
- 非职业化、泛公共关系的机制与艺术

第一章

非职业化公共关系概述

本书提出"非职业化、泛公共关系"这一全新概念,旨在构建一个基于个人的,以社会交往、合作、公众关系协调的机制与艺术为研究对象的,公共关系学、沟通学与传播学相融合的边缘学科。

公共关系与"非职业化、泛公共关系"

公共关系的内涵与外延

"公共关系"一词,源于英语"public relations"(PR),有的译为"公众关系"。"公共关系"具有静态和动态双重含义。

公共关系的静态含义

从静态上看,"公共关系"是指一种"状态",即公关主体与公众之间关系的状况、态势。例如,说"某公司的公共关系不好",是指某公司与公众之间处于一种互不信任,甚至相互对立的状态。

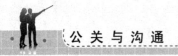

公共关系的动态含义

从动态上看，"公共关系"是指一种协调关系的"活动"、一种开展公共关系的"工作"，即公关主体自觉地协调与其公众之间关系的活动过程。在公共关系学和实际公关工作领域中，"公共关系"更多的是就动态而言的。例如，公关主体向公众传递信息，影响与控制舆论；公关人员拜访公众，融通感情，协调关系等，以及在公关学中所讲的"公关职能"、"公关策划"、"公关程序"等都是就动态而言的。

公共关系的概念

许多学者就如何为公共关系定义进行了广泛的研究，他们从不同的角度和侧重点，对公关的概念作了不同的表述，提出了数量众多、各不相同的定义。

美国当代著名公共关系学者詹姆斯·格鲁尼格在《卓越公共关系与传播管理》一书中沿用了格鲁尼格和亨特对公共关系的定义：公共关系是"一个组织与其公众之间的传播管理"，并明确指出"这一定义把公共关系与传播管理等同并论。"他进一步解释道："公共关系与传播管理描述的是一个组织与其内外部公众——那些影响到组织达成目标的能力的群体——之间的总体传播行为的规划、实施和评估。"[①] 显然，上述定义和理解更强调公共关系是对"传播行为的规划、实施和评估"，这是一种典型的关于公共关系定义的"管理说"。此外，还有关于公共关系定义的"关系说"、"传播说"。笔者以为，这三大经典学说，反映的是不同学者研究或关注的不同侧重点，在对公关本质认识上并无差别。

不同的定义，都有其科学合理性，又各有其不足或欠缺。因此，各个定义的科学性、准确性又都是相对而言的。因此，在面临大量表述不一的定义时，不能被表面现象所迷惑，而要善于透过表面上各不相同的表述，去研究、探索和把握其中科学的内核，即公关的本质属性。

首先，公共关系研究与运作的本质内容就是"如何协调与公众之间的关系"。无论何种类型的定义都不能否定这一本质内容，否则，研究与运作的就不是公共关系了。

其次，公共关系的实施过程或行为就是传播活动。"协调与公众之间的关系"是通过大量的传播活动实现的。离开传播，就没有公共关系过程，更没有与公众关系的协调。

---

① 詹姆斯·格鲁尼格. 2008. 卓越公共关系与传播管理. 卫五名等译. 北京：北京大学出版社：4。

最后，公共关系作为现代人或组织的有目的的自觉行为，要提高其有效性，就必须加强对实施过程——传播的管理。所以，说公共关系是一种现代管理职能也是完全正确的。

"关系"、"传播"与"管理"三者都是公共关系必不可少的本质属性，这三者是公共关系这一系统（事物或活动）的三个维度："协调关系"是内容与目的；"传播"是形式与过程；"管理"是对传播过程施加的作用。

基于上述分析，本书作者提出关于公共关系的定义：所谓公共关系，是指社会组织或个人（这一观点详见下文分析），为协调公众关系，获得公众认同与合作而有计划进行的传播活动。

这一定义包括以下要点：①公共关系的主体既包括社会组织，又包括个人；②公共关系研究与运作的本质内容是协调与公众之间的关系；③公共关系的目标是谋求公众的认同与合作；④公共关系的实施过程或行为是传播活动；⑤为提高传播活动的有效性，必须实施科学管理，使传播活动有计划、按计划进行。

泛公共关系与非职业化公共关系

泛公共关系

长期以来，人们始终认为公共关系的主体只能是社会组织，而绝不能是个人，并把这一点作为区分"公共关系"与"人际关系"的本质标志。

笔者不赞成这一普遍被认可的观点。

首先，从实践上看，不仅组织要有意识地处理好其与社会公众之间的关系而营造一个有利于组织发展的良好环境，而作为个体的社会成员也要有意识地处理好其与社会公众之间的关系而创造一个有利于个人发展的良好环境。公共关系正是适应社会组织和个人为影响公众舆论的需要而产生的。从美国的"废奴运动"到美国总统的竞选，其中有许多以个人为主体的公关行为。到了现代，有更多的个人大力地运用公共关系来塑造个人形象。美国前总统尼克松因"水门事件"而下台，他将个人失败归因于公共关系的失策。

特别是在当今社会中，通过有意识地处理好其与社会公众之间的关系而谋求个人发展的例子不胜枚举。例如，各类明星通过有意识地处理好其与"粉丝"、媒体以及相关团体和部门之间的关系以提高知名度从而获得成功；各类社会组织的成员通过搞好与同事、上下级之间的关系，在单位内树立威信，维护个人良好形象，以创造良好的工作环境并获得更多更好的发展机会；在校大学生通过处理好与老师、同学，以及实习与用人单位之间的关系表现自我，推销自我，以便创造更好的生活环境、学习环境和就业机会……既然存在如此多的以个人为主体处理其与社会公众之间关系而谋求社会公众认同与合作的事实，人们又怎么能对其存在加以否认呢？

其次，从理论上看，在许多学者的论著中不乏有关"公共关系的主体包括个人"的论述（尽管他们本人在关于公关主体的正面表述中也坚称"以组织为主体"）。

早在20世纪30年代，公共关系学者哈伍德·L. 蔡尔德就指出：公共关系的基本作用"是对我们社会中个体或者组织的具有社会意义的行为在公众利益方面的协调或调整。"[1]

美国学者詹姆斯·格鲁尼格在其《卓越公共关系与传播管理》一书中也曾提到："在传播学术界，特别是诸如演讲传播、组织传播等系所，组织传播在许多情况下被用来指称组织内部的个体传播行为。也就是说，组织传播是关于组织内部高级管理人员、下级、中层管理人员和其他雇员之间的沟通。"[2]

美国公共关系学者艾伦·森特的《森特公共关系实务》一书中，也明确提出："所谓公关，即个人在环境中的名声，以及与他人的关系。"[3]

在国内的著作中也有相关的表述。如居延安的《公共关系学》对公共关系所下的定义是："公共关系是一个社会组织或公众人物，在一定的职业伦理规范的指导下，为谋取有关公众的理解和合作而从事的一种交流、沟通、劝说活动。"[4]

上述论著中都明确地提到公共关系的主体包括个人。尽管居延安对作为主体的个人加了"公众人物"的限制词，但是，"公众人物"显然也是"个人"！这明显与坚持公共关系的主体只能是"社会组织"的观点相矛盾。况且，随着社会的进步，人的价值（包括普通人的价值）在不断提升，绝不能（也没有理由）剥夺普通大众开展公共关系的权利与机会。同时，作为理论工作者，其唯一的奋斗目标就是为社会实践服务，因此没有

① 斯科特·卡特李普. 1988. 有效公共关系. 汤滨等译. 北京：中国财政经济出版社：6。
② 詹姆斯·格鲁尼格. 2008. 卓越公共关系与传播管理. 卫五名等译. 北京：北京大学出版社：4。
③ 艾伦·森特. 2009. 森特公共关系实务. 谢新洲等译. 北京：中国人民大学出版社：6。
④ 居延安. 2008. 公共关系学. 上海：复旦大学出版社：10。

理由把现实中大量存在的个人公关活动"拒之于门外"！

要解决好这个问题，必须从理论上明确一个关键性的问题：界定"公共关系"的根本标准是什么？笔者认为不应该以主体是组织还是个人为标准，而唯一的标准应该是所协调关系的性质：与公众之间的关系——一种"公共性"的关系，即这种关系是公开的，而非秘密的；相关者是广泛的，而非个别的；所涉及的利益是公共性的，而非私人性的。无论是一个组织，还是单个人（包括某一组织的非专职从事公关的某一成员和并不属于某一组织的独立个人），只要他所要协调的是一种非"私人化的"、具有公共性质的、与公众之间的关系，都是在搞公共关系。所以，"公共关系"则不应与"人际关系"相对应，而应与"私人关系"相对应。"人际关系"则应与"组际关系"（即组织之间的关系）相对应。

所以，笔者强烈主张并呼吁将作为普通大众的个人（区别于组织以及代表组织开展公关活动的专职公关人员）纳入到公共关系的主体范畴，并从理论到实践积极支持与帮助作为普通大众的个人或组织的一般成员（区别于组织的专职公关人员）开展有效的公共关系。这既有利于现代人自身价值的提升和谋取更多更大的成功，又有利于使公共关系走出公关从业者的职业化"专属领地"，实现真正的全员公关、社会公关。

本书所研究的正是这种将作为普通大众的个人纳入到公共关系主体范畴，并以个人为公关主体（包括以组织成员身份参与公关活动——但不包括公关专职人员）的公共关系学。从这个意义上说，本书所研究的是"泛公共关系学"或"大公共关系学"。

非职业化公共关系

现有的公共关系学著作几乎都是以公共关系从业人员为服务对象的，并且，一些著作还特别宣称所谓的"专业标准"、"专业性的公关人员与机构"，进行"专业性的公关活动"。但是，公共关系不仅仅是"专业性的公关人员与机构"的职能与职业，更应该是现代人普遍应具备的素质与社会技能。在涉及公共关系的人员中，"专业性公关人员与机构"毕竟是占少数，而绝大多数人则是非专业性、非职业化的。这就为公共关系学的研究提出一个重要的课题：如何为普通的社会大众提供非职业化的、适合不同职业和岗位或角色的非专业公关人员需求的、一般性的简明的公共关系理论，特别是实用的公关技巧与艺术，即建立一个"非职业化、泛公共关系学"的内容体系。

非职业化、泛公共关系学的体系与模型

本书力求建立一个"非职业化、泛公共关系学"体系。为叙述方便，本书以下内容将"非职业化、泛公共关系"简称为"非职化公共关系"或"非职化公关"。

非职化公共关系学体系定位

下面从四个方面界定非职化公共关系学的研究范围与体系定位。

主体定位

非职化公共关系的主体是个人。它具体包括各级、各类社会组织中除专职公关从业人员以外的各种管理、技术等岗位人员，以及不属于某种正式组织的所有独立的社会成员个体，特别是在校大学生和企业中的年轻白领，他们基于各自的社会角色需要开展诸多组织性或个人性的公共关系活动，以协调与社会公众之间的关系。

职能界定

非职化公关是一种融本职工作与公关为一体的兼职公共关系活动。其公共关系职能主要表现为：非专业公关人员，在从事各自本职基本业务工作的过程中，或为所在组织进行公共关系的过程中，协调各种关系，塑造个人形象，以谋求公众的认同与合作。例如，某公司人力资源部经理利用各种机会开展公关活动，向外界展现组织良好形象或为企业创造和谐的内部环境，从而达到广招人才、激励员工的目标。再如，某政府部门的某位工作人员负责处理某个复杂的社会问题，通过运用公关技巧与艺术，及时协调关系，成功地解决这一难题。又如，某一位大学毕业生到用人单位应聘，除拥有较为深厚的专业理论与较强的专业技能外，还通过运用适当的公关技巧和艺术，在众多应聘者中脱颖而出，赢得用人单位的好评，聘其担任较为重要的工作。

研究内容

在研究内容上，非职化公共关系学主要研究传播与沟通的机制与艺术。非职化公共关系的实施过程或行为，主要是各种传播活动，特别是人际沟通行为。对于非职化公关人员而言，最重要的不是精通公共关系的理论，而是在掌握必要理论基础上，把握并能有效应用公共关系的技巧与艺术。所以，本书研究的重点包括两大部分：一是组织传播，研究社会组织的一般传播原理及其公关实务，主要适应组织成员结合履行职责开展公关的需要；二是人际传播，研究人与人之间的沟通机制与艺术（后者更为侧重），主要适应独立个人或组织成员在开展组织性公关或个人性公关中进行沟通的需要。

服务目标

非职化公共关系主要服务对象是高校大学生和企业年轻白领（不包括专职公关人员），目的在于提高大学生和年轻白领为创造良好的生存与发展环境而有意识地、有效地处理与社会公众之间的关系的能力。其主要包括观察与分析社会现象和社会关系的能力，对公共关系活动进行调研、策划、实施的能力，语言表达能力，交际与情感融通能力，说服与交涉能力等，并集中表现为争取他人与社会认同并合作的能力等。

非职化公共关系模型——公关与沟通的融合

公关与传播

公共关系本质上是公关主体协调与公众之间关系的活动或行为，而这种协调是通过传播来实现的。所以，传播是公共关系的实施过程，是公共关系目标的实现手段。

公关、传播与沟通

传播是一个有着极为宽泛意义的概念，它含有信息传递、思想交流、情感融通等丰富内涵。而沟通则是指双向传播，既包括公关主体向公关对象发出信息，又包括公关对象向公关主体反馈信息，是双方双向、反复交流的过程。而传播既有单向传播，如新闻、广告等方式，又有双向传播，如人与人之间的个别接触与交谈。因此，传播是沟通的种概念，沟通是传播的属概念。

同时，沟通既有组织与组织之间的双向传播，又有个人与个人之间的双向传播。在本书中，沟通更多地是指个人与个人之间的沟通，即人际沟通。

此外，沟通即包括公共关系沟通，又包括与"公共关系"相并列的"私人沟通"。有专门研究各种沟通规律的"沟通学"、"管理沟通学"等学科。所以，本书所研究的人

际沟通又是沟通学的分支，或属概念。

当然，本书还涉及传播学、社会心理学、管理学等诸多学科的内容。

因此，"公关"与"沟通"两者既存在多重"种属关系"，又是一种多学科的"复合关系"。也可以把本书的体系定位为"公共关系学"与"沟通学"的边缘学科。本书所研究的内容主要是图 1.1 中（1）和（2）所代表的范围。

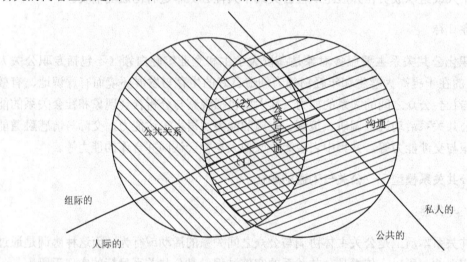

图 1.1　公关与沟通在相关学科中的地位

本书之所以称为"公关与沟通"，其基本内涵是：研究非职化公共关系的一般原理与实务，并侧重研究其中的人际沟通的艺术与技巧，以服务于高校大学生和企业年轻白领的社会交际以及处理公众关系能力的培养。

公关与沟通的理论架构模型

公关与沟通的理论架构模型可参见文前页的"本书理论架构图——非职业化、泛公共关系模型"，现作简要分析如下。

非职化公共关系体系是一个公关与沟通有机整合的系统。公共关系的主体既包括社会组织，又包括社会成员——个人。为了有效处理所面对的公共关系，社会组织或社会成员（个人）必须掌握必要的公关与沟通理论基础和艺术与技巧。

本书在对非职化公共关系的研究中，构建了三大模块体系。第一模块是理论基础，主要研究非职化公关的基本概念、特征、机制与艺术；第二模块是组织公关，主要从社会组织及其成员的角度，研究公共关系的一般模式、组织公关的三大实务，目的是使读者在总体上把握公关的基本原理，并重点掌握策划、传播、协调三大实务的要领与技能；第三模块是人际沟通，主要研究作为组织的成员或独立社会成员进行有效沟通的机制，特别是有效沟通的技巧与艺术，主要包括语言与表达、交际与融通、说服与交涉三大沟通行为的要领与技巧。第一模块为全书奠定了理论基础；第二模块提供了作为组织成员履行职务过程中开展组织公关所必需掌握的理论与技能；第三模块是作为组织成员与个人开展公共关系所必需掌握的有关沟通的知识与技巧，它既是对个人公关方式的系统化研究，又是对组织公关基本手段的细化研究。

本书正是按照这一架构展开研究并构建理论体系的。

公关、沟通与成才、成功

公关与沟通在现代社会中具有极为重要的意义。无论是对一个社会组织的生存与发展，还是对一个人的成长与成功，都有着关键性，乃至决定性作用。

公关与沟通是事业成功的法宝

随着全球经济的一体化，社会各领域的融合渗透，人的价值在不断提升，社会关系不但日趋复杂，而且，在几乎所有领域发挥着越来越大的作用。无论是企业的经营，还是政府的管理，无论是国际事务的处理，还是社区邻里相处，都离不开社会关系的作用。因此，必须有效地开展公共关系。事业兴，必须关系通。尤其在中国，受几千年传统文化的影响，"关系大于天"。

首先，事业发展依赖外部的生存环境。现代社会是一个多维网络化社会，任何组织的一项经营或管理活动，无不受到社会上各种因素的影响与制约，"牵一发而动全身"。如果不能协调好这些环境因素，不能实现"人脉畅通"，社会组织是难以发展的，甚至连生存都会成问题。只有积极有效地开展公共关系，获得社会的认同与合作，营造良好的外部环境，社会组织才能在激烈的竞争中永远立于不败之地！

其次，事业发展倚重于组织内部的合力。现代社会组织之间的竞争，归根到底是人才的竞争；而人才的竞争归根到底是人心的竞争。一个组织内部以向心力、凝聚力表现出来的整体合力，是现代社会组织的核心竞争力，是其事业成功的制胜之本。而组织内

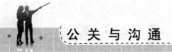

部的这种合力，是靠协调人际关系，建设人本文化，营造和谐氛围来实现的。这些，正是公共关系和人际沟通的工作内容。因此，只有积极有效地开展内部公关，实施有效沟通，才能增强组织的整体合力，形成以人为本、和为核心的内涵型竞争力。

公关与沟通是现代人才必备的素质

作为现代人，只有高的智商是远远不够的，还必须有高的情商，而人的情商又主要表现在公关与沟通的能力上。因此，公关与沟通能力是现代人最重要的素质之一，是人成才与成功的关键能力，同时又是一种最基本的生存能力。

首先，公关与沟通是人脉畅通的真谛。在以人为本的现代社会，人的影响与作用在众多领域都是至关重要的，对一个组织是这样，对于个人也是如此。由于社会联系更加密切，任何重要的事情靠个人的单打独斗是很难成功的，人们只有通过建立和利用具有强大战斗力的团队才能取得重大的成功。特别是在中国，人脉是最大的财富，只有获得周边公众（甚至包括竞争对手）的支持与合作，才能把事情顺利办成；若失去人心，得不到他人的认同与配合，诸事难成。公关与沟通是联络他人、融通情感，获得他人认同与支持的有效手段，是实现人脉畅通的真谛。

其次，公关与沟通是营造愉悦心境的妙方。公关与沟通不但是打通关系、促进成功的利器，而且还是个人自我调节情绪、满足社会心理需要、营造愉悦心境的妙方。作为现代人，其素质与能力不但表现在协调关系、推进事业上，还表现在自我调节与心理体验上。人们通过开展卓有成效的公关与沟通，获得了他人的认可与配合，从而拥有一种成就感和归属感，满足自我实现和社会交往的需要，拥有高度的满足感和愉悦的心境。

第二章

非职化公共关系的机制与艺术

非职化公共关系机制

"关系"是人们在工作、生活等所有领域应用频率最高的词汇之一。从自然界各种各类物质与现象之间的关系，到社会领域各种人或事物之间的关系，关系无处不在，无时不有。每一个群体或个人无不生活在关系之中，无不在受关系影响。规律在关系中体现，事物在关系中发展。作为在世界中生存，并正在能动地改造万物的人类，关系更是至关重要。无论是组织，还是个体，都不可能离开"关系"，更不能漠视"关系"！从一定意义上说，组织与个人的生存过程，就是处理关系的过程，并相应承受着处理关系的结果：顺利与挫折；快乐与痛苦；成功与失败；生存与灭亡……

关系的本质与社会关系形态

何谓"关系"

一般而言，所谓关系，是指事物与事物之间以及事物内部各要素之间的客观联结。它既包括不同事物之间的相互联结，又包括某一事物内部各个要素之间的联结。如某公司与其顾客、供应商以及政府主管部门之间的关系属于前者；该公司内部管理者与员工

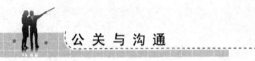

之间、工人与机器设备之间以及产品生产量与销售量之间的关系属于后者。

关系的本质

关系的本质是事物之间的联结。这种联结可能是一种相对静止的"状态"。如某家公司，在当地有较好的声誉，与其供应商存在着长期稳定合作的关系，在公司内部建立了规范的上下级关系，设备与所需工人的合理配置等；这种联结也可能是一种动态的"相互作用"，如公司对顾客的大力营销行为、公司对其供应商的选择与淘汰、管理者对下级所进行的行政干预与思想指工作、工人对作业方法和设备使用的改进与变更等。

自然关系与社会关系

关系可以大致划分为自然关系与社会关系两种。自然关系是指自然界的万物或现象之间的各种各样的关系，也包括作为自然界要素的人与自然的关系。这些关系在本质上是一种物质之间的关系，而社会关系则是指人与人之间的关系，包括个人或群体之间的各种关系。本书所研究的"公共关系"正是一种重要的社会关系。

社会关系的含义与形态

社会关系是由作为社会要素的人，以一定的结构形式构成的、具有特定社会功能的联结系统。

社会关系按照不同的标志，可以划分为多种形态。居延安在他的《公共关系学》中提出，可以按照社会关系的主体、存在形态、矛盾性质、交往方向、规范程度、建立基础等7个标志划分社会关系的形态[①]。

下面对在现实中人们普遍感知的社会关系形态进行简要的分析。

1. 按照社会关系的联结主体划分：可以将社会关系划分为个人关系、组织关系、国家（民族）关系。个人关系是个人作为主体与其他个人或群体发生的关系，例如，一名大学生与某个同学或全班同学的关系，与实习单位以及实习指导老师的关系等。组织关系是以组织为主体与其他组织或个人发生的关系，例如，某协会与其他协会或政府有关部门的关系，与协会的团体会员单位或个人会员的关系等。而国家（民族）关系是指以国家或民族为主体而与其他国家、民族、组织或个人发生的关系，如国与国之间的外

---

① 居延安.2008.公共关系学.上海：复旦大学出版社：59～64。

交关系，一个国家与联合国的关系，两个民族之间的关系，国家与其国民的关系，政府与民众的关系等。

2. **按照社会关系的显现时态划分：**可以将社会关系划分为既往关系、现实关系、潜在关系。既往关系是指过去曾发生过，而现在已不复存在的关系，例如，某公司与一家过去曾是其供应商而由于转产不再有任何联系的厂家之间的关系，公司与一家过去参股现已倒闭并经过清算的企业之间的关系等。现实关系是指现在正在存续的关系。而潜在关系是指现在尚无任何关联而未来可能产生这样或那样联系的组织或个人之间的关系，例如，一家企业与他未来可能研发产品或拓展服务的用户之间的关系，一名高中生与他所慕名的大学之间的关系。

3. **按照社会关系构建基础划分：**可以将社会关系划分为亲缘关系、地缘关系、事（业）缘关系。亲缘关系是指以血缘或亲情为基础产生的关系，如父子关系、夫妻关系、朋友关系等。地缘关系是指以地域为基础形成的关系，如同乡关系、邻里关系、不同地区之间的关系等。而事（业）缘关系是指以某些事件、事物、职业等为基础形成的关系，如同事关系、公司与客户的关系、市场竞争关系、战争双方的关系等。

4. **按照社会关系联结目的划分：**可以将社会关系划分为需求性关系、给予性关系、交换性关系。需求性关系是指关系主体为满足其需要，主动与相关者建立和维系的关系，例如，公司营销人员主动拜访顾客而形成的关系，下级为获得支持而主动与上级建立较为密切的关系，短缺经济下采购供应站向供货工厂派出的驻厂员与工厂所形成的关系等。给予性关系是指关系主体主动向相关者提供帮助或支持而形成的关系，例如，捐助人与受助者之间的关系，见义勇为者与被救人的关系等。交换性关系是指关系的双方都以向对方付出换取回报而形成的互惠关系，例如，合作企业之间的关系，顾客购买商家商品而形成的买卖关系，战争双方的谈判关系等。就实质而言，所有的社会关系几乎都具有交换关系的性质，因为没有哪种关系是绝对的需求或绝对的给予。推销成功要以顾客满足需要为前提，赞助者需要获得履行社会责任的满足感。这里只是按照形成关系基础的主要方面的性质作大致区分。

5. **按照社会关系本身的性质划分：**可以将社会关系分为公共关系、私人关系。公共关系是针对私人关系而言的，是指社会组织或个人与其公众之间形成的公开的、社会性质的关系，例如，地方政府与市民的关系，某家商场与其顾客的关系，某个明星与其粉丝的关系等。公共关系学就是专门研究这类社会关系的科学。私人关系则是指个人与个人之间基于私人的需求而个别发生的关系，例如，青年男女之间的恋爱关系，生活中

的朋友关系，私人之间的拆借关系等。

社会互动理论

社会关系本质上是一种社会互动行为。"关系的基本单位不是某个人，也不是两个人，而是互动即相互回应对方行为的行为。经过一段时间，关系的本质是通过一系列互动即彼此之间连续不断作出的回应形成或者说被'创造'出来。"[1] 社会心理学者对社会互动进行了大量研究。影响最大的有 4 种理论："社会交换"理论、"自我表演"理论、"T 组"理论和"日常生活方法论"理论。

霍曼斯：社会交换

社会心理学家乔治·C.霍曼斯认为人与人之间的交往，是一种经济交换行为。他提出："社会行为是一种商品交换，这不仅是物质商品的交换，而且是诸如赞许或声望符号之类的非物质商品的交换。"[2] 他论证说："人类总是通过指明他们的行为使他们获得什么和牺牲什么来解释他们的行为。"[3] 对此，美国社会心理学家克特·W.巴克评论道："他们把人类各种关系降为市场上一般老百姓的讨价还价关系。不管我们对此种意见的看法如何，我们基本上还是承认社会交换控制着我们大部分日常活动这一为人熟悉的命题。然而，我们经营的是感情上的或理智上的'商品'，而不是物质的'商品'。"[4]

这一理论是从报酬和代价这一中心思想出发的。"人们总是试图保持'账目'的收支平衡。在与别人打交道时，从一种关系中得到的东西可能是报酬，而给予的可能是代价。"[5] 人们在交往中总是追求"精神利润"的最大化。"这种利润可以使用从报酬中减去代价的方法来计算。"[6] 霍曼斯认为社会互动之所以能够得以进行正是依赖这种交换关系，他强调："我们把精神利润规定为报酬减去代价，并表明除非双方得利，否则任何交易都无法进行下去。"[7] 据此，他提出社会互动必须坚持公平交换和互利的准则。"存

---

① 斯蒂芬·李特约翰，凯伦·福斯. 2009. 人类传播理论. 史安斌译. 北京：清华大学出版社：226。
② 克特·W. 巴克. 1984. 社会心理学. 南开大学社会学系译. 天津：南开大学出版社：89。
③ 克特·W. 巴克. 1984. 社会心理学. 南开大学社会学系译. 天津：南开大学出版社：89。
④ 克特·W. 巴克. 1984. 社会心理学. 南开大学社会学系译. 天津：南开大学出版社：89。
⑤ 克特·W. 巴克. 1984. 社会心理学. 南开大学社会学系译. 天津：南开大学出版社：89。
⑥ 克特·W.巴克. 1984. 社会心理学. 南开大学社会学系译. 天津：南开大学出版社：90。
⑦ 克特·W.巴克. 1984. 社会心理学. 南开大学社会学系译. 天津：南开大学出版社：91。

在着一种制约社会交换的普遍规范，人们指望他们得到的报酬与他们的代价和投资成比例。"[1]"我们把公平交换和互惠的概念带进了我们的日常社会交易之中"。[2]

尽管社会交换理论"把人类各种关系降为市场上一般老百姓的讨价还价关系"，未免有些庸俗化。但是，它也深刻地揭示社会互动中的某些有价值的东西，即：强调利益是社会互动中的核心，交往是利益的一种调整与平衡；在交往中，人们在投入的同时总是要获得一定的回报，包括精神性和物质性的回报；交往要坚持公平和互惠的原则，通过沟通，实现双赢。

戈夫曼：自我表演

社会心理学家欧文·戈夫曼认为人的社会交往是一个"自我表演"的过程。"任何社会互动的关键都在于参加者借助自己的言语行动叙说有关自己的什么事情。每个人都面对着把自己向他人表演的问题。这种表演可能会强调自己许多属性中的某些属性，而隐瞒其他的属性。"[3] 即有选择地向别人展示自己想表达的一些属性，以控制别人对自己的印象。这样，就把自我表演作为了一种向社会或他人施加影响的手段。

按照这一理论，"这种控制主要是通过影响别人所提出的情境定义所获得的，他也能左右这种定义，并以这种方式表现自己，以便给别人留下一种使他们自愿地按照他自己的计划去行事的印象。"[4] 即沟通者通过影响"情境定义"的方式表现自己，投射自我定义，使别人对他形成他所期望的印象，这种印象有利于沟通者沟通目标的实现。这一过程既然是沟通者的"自我表演"过程，自然就需要"谋划"。"由于运用戏剧性的类比和意象，这种效力变得更加显著。参加社会互动的人是在进行'表演'，这种表演如同演员的表演一样，可以根据表演所产生的预期效果去评价技术的优劣。"[5] 这强调了人们在交往与沟通过程中要进行自我设计，要善于根据需要运用塑造与沟通技巧。

戈夫曼针对"自我表演"运用中可能出现的各种问题，提出了"防卫"和"保护"的方法。所谓"防卫"法，就是一个人使用策略以使他的表演不受怀疑。一旦某种活动

---

① 克特·W.巴克. 1984. 社会心理学. 南开大学社会学系译. 天津：南开大学出版社：91。
② 克特·W.巴克. 1984. 社会心理学. 南开大学社会学系译. 天津：南开大学出版社：91。
③ 克特·W.巴克. 1984. 社会心理学. 南开大学社会学系译. 天津：南开大学出版社：81。
④ 克特·W.巴克. 1984. 社会心理学. 南开大学社会学系译. 天津：南开大学出版社：82。
⑤ 克特·W.巴克. 1984. 社会心理学. 南开大学社会学系译. 天津：南开大学出版社：82。

或言语会导致出现与预期印象不一致的印象时，他通过转移话题等方式加以掩饰，直到按着他要表演的自我重新定义情境为止。所谓"保护"法，就是一个有经验的人运用策略以保全另一个人表演的情境定义。如一个善解人意的人，在涉及他人隐晦或敏感问题时，运用宽泛语言，巧妙作答，保全了所涉及的人的面子。

戈夫曼的"自我表演"理论，虽然不能准确地反映全部社会关系的真实本质，但是，它却可以揭示相当一部分有意识的交往互动的基本特征，特别是公共关系、有计划的人际沟通的重要属性。公共关系和有计划的人际沟通应正确运用"自我表演"理论所揭示的有效机制与技巧，提高沟通的有效性。

T组

交换理论主要涉及交流中有意识的意义。而T组与日常生活方法论旨在揭示社会交往中人们无意识的潜在模式或规则。

T组中的T是训练或敏感性训练的英文缩写，T组是自我分析组。T组的试验目的是揭示在活动过程中潜在的、人们一向无意识地遵循的行为模式。运用T组技术，人们深入研究"'在人际交换中感情是基础和关键的那一类互动'。这些人际的感情被看作是'人际关系的基本的原始材料'"[①]。他们希望通过这种方式描绘这种互动中的感情。

日常生活方法论

日常生活方法论者同T组观察者一样，聚焦于对社会互动中所暗藏的意义，即"控制互动的秘密。按照日常生活论的观点，社会互动基本上是盖然性的"[②]。他们考察日常生活中最普通的活动。"揭示我们建造我们未讲出来的共同意义的范围，即使有时并没有任何含义存在也一样。我们操作的方式是我们仿佛都有一种潜在的一致意见，不管我们真的有还是没有，我们都以避免发现这种假设的一致意见是否以虚假的方式进行互动"[③]。

社会互动，揭示了现代社会中最普遍、最重要的关系机理，是公共关系学与沟通的核心机制。

---

① 克特·W.巴克. 1984. 社会心理学. 南开大学社会学系译. 天津：南开大学出版社：102。

② 克特·W.巴克. 1984. 社会心理学. 南开大学社会学系译. 天津：南开大学出版社： 109。

③ 克特·W.巴克. 1984. 社会心理学. 南开大学社会学系译. 天津：南开大学出版社：114。

公众关系的要素、机制与功能

公共关系的本质内容就是协调与其公众之间的关系。所以，研究公共关系的机制主要是研究与其公众之间关系的机制。

公众关系的内在机制

所谓公众关系机制，就是关于在公共关系中进行有效传播与沟通系统的结构与机理。系统结构决定系统运行机制，有什么样的系统结构就有什么样的系统运行机制。一个社会组织或个人所面临的公共关系是特定的，因而相应的公关过程也是特定的，这是不以人的主观意志为转移的。无论是社会组织还是个人，要有效地开展公共关系，就必须认真观察分析所面临关系系统的构成特点，探究内在相互作用的机理，按照机制的要求，科学运作。

公众关系的要素

公众关系是由一定要素构成的有机系统。这些要素相互联系，相互作用，构成特定的关系系统。一般而言，公众关系的基本构成要素有以下几种。

1．相关利益。公众关系总是由于这样或那样的相关利益联结而形成，这种"相关利益"是构成关系的第一要素，是公众关系的核心。完全没有任何利益关联的人之间是不会形成公众关系的。当然，这种"相关利益"是广义的，不但包括各种物质利益，还包括各种非物质利益。也就是说，这种"相关利益"包括物质利益和非物质利益两方面。其中，物质利益包括对衣、食、住、行等方面的需求；非物质利益包括对亲情、友情、爱情、荣誉等方面的需求。相关利益既是建立关系的基础，又是调整和维系关系的目标。公众关系中的相关利益，既可能是双方关系中争夺的对象，又可能是双方合作的基础。

2．利益相关者。公众关系是由个人或群体基于某种利益而形成关系，因此，关系的第二个要素就是利益相关者，即作为关系主体的个人或群体。利益相关者可能是个人，也可能是群体；可能一方为主动联结者，另一方为被动联结者，也可能双方都是主动的，还可能双方都是被动的；可能是双方都明确意识到关系的存在，也可能是只有一方是明确意识到，还可能是双方都没有明确意识到。利益相关者是公众关系发展变化的直接推动者。

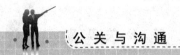

3．联结方式。公众关系是利益相关者基于某种利益而形成的关系，而这种利益关系总是按照一定的架构或方式形成关联状态，影响利益相关者并调解相关利益。这种关系架构或联结方式就是公众关系的第三个要素。如果说"相关利益"是公众关系的"内核"，那么，"联结方式"就是"相关利益"的"存在形态"。公众关系的联结方式大致包括：①对抗—合作，即利益相关者处于相互排斥与冲突或吸引与和谐的关系，如处于侵略与反侵略战事中的两国是一种典型的对抗关系，而睦邻友好的两国则是一种典型的合作关系；②稳定—变化，即利益相关者之间处于长期相对静止或运动变化关系，如一对患难与共的老朋友之间的关系是一种相对稳定的关系，而市场竞争关系是一种时刻都在发生变化的关系；③双边—多边，即利益相关者为两方，形成一种双边关系，如两个国家之间的外交关系，或者是由多方的利益相关者构成了多方互动的多边关系，如WTO成员国之间的多边谈判关系；④两极—混合，即其关系属于一种两极状态，如上述多种类型属两极形态，而与其相对应的则是各种中间式的混合状态，如在上述每种类型中都有无数种中间状态。最后要强调的是，上述的各种两极性质的连接方式，不但存在大量的中间或混合状态，而且许多种两极状态在一定条件下，特别是在积极协调的条件下可以相互转化。而研究公众关系（或公共关系）的目的也正在于通过卓有成效的努力，促使公共关系朝着有利的方向转化。

相关利益、利益相关者、联结方式是公众关系三大构成要素。基于利益的相依性，以相关利益为内核，形成公众关系；建立、维系和改变关系的主体是利益相关者，他们可以是个人，也可以是群体，可以是两方，也可以是多方相互作用，影响关系的性质和状态；而各方之间的联结方式，是由利益各方的主客观条件决定的，并规制着相关利益的存在形态，体现着各方实际利益分配与状况。三者紧密关联，相互作用，有机结合，从而构成一个特定的公众关系系统，如图2.1所示。

公众关系的互动机制——"关系场"

公众关系的核心机制是一种互动机制，这种互动机制就是"关系场"。这里借助"场"这个物理学概念分析公众关系的互动机制。

从物理学的角度解释，"场"是物质存在的基本形式，具有能量、动量和质量，能传递实物间的相互作用。公众关系的机制与这种物理现象与规律具有相似的机理，因此，可把公众关系的机制拟称为"关系场"。

正如上面所做的分析，"关系场"由利益相关者、相关利益和联结方式所构成。从而形成以相关利益为核心的"轮形"结构。

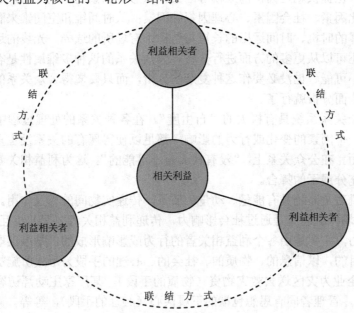

图2.1 公众关系构成要素简要模型

"场"是具有连续无穷维自由度的系统,而公众关系正有着相同或类似的属性。"关系场"的系统属性如下。

第一,公众关系是一个"连续"的过程。它有发生、存续、变化、发展过程,而且是不间断的。现存的某种关系总是同过去的某些背景或关系相关联的,历史联系是永远无法割断的。

第二,公众关系也具有"无穷维"的属性。公众关系是极其复杂的,就是最简单的双边关系,其影响因素与作用力量也是极为复杂的。例如,一名大学毕业生到一个单位求职所形成的关系系统就受到诸多因素影响。从相关主体上看,有应聘者(大学毕业生)、用人单位及负责招聘的人员,还有学生所在学校、家庭与家长,以及政府与主管部门等因素;从相关者的各自属性上看,有学生的思想觉悟、理论水平、专业技能、综合素质、身体条件等,有所在学校的教学质量、社会声誉、所在地区等,有用人单位招聘条件、数量、工作条件、薪酬水平等,有家庭背景、家长"能量"等,有政府政策、干预力度,

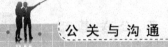
有社会与用人单位提供就业岗位的规模等因素；从影响因素的类别上看，有经济因素、政治因素、文化因素、社会因素、心理因素等因素；从时间维和空间维来看，有应聘所处的时期、选择的时机、时间运用的长短与结构，有场所的选择、光线的运用、环境的干扰等因素。还可以从更多的方面进行分析。公众关系的这种多维属性是客观存在的，但是在实践中不可能、也没必要作这种复杂的分析，而只要懂得公众关系的多维性，善于从多视角作全面分析就行了。

第三，公众关系系统具有极大的"自由度"。在各种关系的处理过程中，存在极多的变数。任何一个因素的变化或行为的影响，都足以使得现有的关系发生重大改变，直至完全走向反面。在公众关系上，"没有什么是不可能的"。这为利益相关者提供了巨大的运作空间和充分展示的舞台。

"场"的机理是系统具有能量、动量、质量，传递实物间的相互作用。借用这一思路分析，"关系场"机理就是通过社会影响力，传递利益相关者之间的相互作用。

社会影响力，主要是由各个利益相关者的行为或影响形成的，是以谋取各自或共同的相关利益为目的，以信息的、物质的、社会的、心理的手段为形式所施加的作用与影响。例如，某企业为灾区送去救灾物资（物质的手段），某厂家主动拜访客户融通感情（情感的手段），管理者同有思想包袱的下属谈心（心理的手段），等等。

传递利益相关者之间的相互作用过程，就是关系场的运动过程，即通过社会影响力传递利益相关者之间相互作用的过程。关系的本质就是利益相关者之间围绕相关利益而进行的相互作用。例如，买与卖的关系，本质上就是卖者为获取利润而运用各种手段促使买者购买商品；而买者为以尽可能低的成本获得尽可能大的商品使用价值而运用各种手段迫使卖者降价，即"讨价还价"的相互作用。而这一相互作用是通过传递社会影响力实现的，传递则成为实现这种相互作用，进而涉及关系的建立、维系、发展与消亡的基本途径与关键环节。从这个意义上说，没有有效的传播，就无法实现公众关系的有效调节，就不能建立和维系预期的公众关系。例如，在上例中，卖者如果没有令人信服的事实或理由、热情而真诚的态度、生动感人的语言，就不会使买者受到卖者的预期影响；同样，如果买者不能找出商品的不足或缺失，不能进行清晰而又强硬、有力的表达，也很难达到迫使卖者降价的目的。

公众关系的功能

公众关系作为有机系统，具有特定的系统结构，不可避免地发挥着特定的功能，并通过这些功能的发挥，对社会的相关方面产生这样或那样的作用，影响着社会相关事物的存在与变化。

首先是社会作用功能。公众关系的本质就是利益相关者之间的相互作用。而社会成员间利益调整、社会工作的开展、各种社会目标的实现都是靠社会成员与社会要素之间的相互作用实现的。所以有效地建立、调解、维系和发展某种公众关系，是实现特定社会作用，调解社会各类利益相关者之间的利益，推动社会工作，实现社会目标的关键性途径。调整公众关系是发挥社会作用的重要形式。

其次是社会整合功能。公众关系是实现社会和谐，推动社会进步，整合放大社会各种力量的关键因素。社会是由无数个体构成的整体，但又不是无数个体的简单相加。作为由无数个体构成的社会整体的能量或功效，既可能会大于个体能量或功效之和，也可能小于个体之和。这其中除了自然或技术因素之外，最关键因素就是公众关系。局部性公众关系调整得好，处于和谐、最佳状态，就会使相关的各种社会因素与力量有机整合，发挥最大效应；全局性的公众关系调整得好，就会使整个社会处于和谐状态，协调发展。和谐的公众关系，会整合放大社会力量，推进社会的进步与发展。

再次是满足社会需要功能。公众关系本质上是人与人之间的关系，既是人施加影响的领域，又是人被施加影响的领域。各个利益相关者运用各种方式、手段作用于客体，同时，利益相关者自身也必然受到反作用。其中一个极为重要的反作用就是它能满足利益相关者自身的社会心理需要。

公众关系能够满足人的社会心理需要，主要表现在以下几方面。

1. 交往需要，即作为社会人，渴望与他人交往，愿意成为所向往的群体或组织的一员，获得归属感。例如，一名大学生，放假时，归心似箭，一心要见到父母等家人；而开学前，又急着尽早返校，想尽快回到同学中。

2. 尊敬的需要，即不但希望与别人交往，而且希望在交往中受到别人的尊重与尊敬。例如，当一位员工向他的上级报告自己潜心研究一项技术改革时，如果上级给以充分肯定，加以赞扬，就会使这位员工受尊敬的心理得到满足，这可能会比给他奖金更令他高兴。

3. 权力的需要，即渴望掌管更大的权力，满足一种支配欲。例如，一位管理者临危受命，担任一家濒临倒闭的工厂的厂长。尽管他可能备受煎熬，但是，当他获得全厂员工的服从与追随这种关系体验时，会得到一种高度的满足感。

公众关系管理与调节手段

公众关系管理

公众关系是一种由利益相关者的主客观因素所决定的客观实在，但是，人们对待公众关系并不是完全无能为力的。为了实现各自或共同的利益，利益相关者会能动地影响相互之间的关系状态，这就是关系管理。特别是社会组织为有效实现其目标，会把关系管理作为极为重要的管理职能，由专职的关系协调人员或机构（如公共关系执业人员或机构）全职处理，甚至由组织的高层直接处理。同时，作为现代人，无论是组织中承担某项管理职能的成员，还是独立的某个社会成员，都应具有"关系意识"，自觉而卓有成效地管理所面临的各种关系问题，创造最佳环境，借以提升自身素质和打造发展空间。

在现代社会，不重视及不善于关系管理的组织难以在竞争中生存，不重视及不善于关系管理的个人难以在拼搏中发展。

公众关系管理的影响因素

对公众关系实施有效管理，主要有以下影响因素。

1. 关系管理者的魅力。某一利益相关者为建立或维系预期关系而主动进行干预或调节，他就是关系管理者。要实现有效关系管理，管理者自身必须有较高的素质，特别是要富有人格魅力，包括运用"自我表演"理论有意识地强化。这样，就会吸引关系的另一方，对另一方产生更大的影响力，从而有力地促进双方关系向目标状态发展。例如，当一位你看不起的同事，极力奉迎你，讨好你，想和你建立更加密切的关系时，你不但不会有好感，反而会产生厌烦情绪；而当一位有很强的人格魅力的同事，向你表示好感时，你可能很愿意与他交朋友。

2. 管理资源投入。这里所说的管理资源，泛指关系管理者为协调某一关系所投入的时间、精力、重视程度、财物等。一般来说，关系管理的绩效与管理资源的投入成正比，即所投入的资源越多，关系协调得越好，反之亦然。

3. 互动（调节）的方式与手段。在关系管理过程中，极为重要的方面就是关系管理者所采取的互动方式或调节手段的科学性和有效性。这是关系管理绩效最直接的影响因素，主要包括这种方式与手段的适宜性（是否是针对这一问题的解决方式）、有效性（最能达到利益相关者的目的或需要）、艺术性（灵活多变而更容易为双方所接受）等。

4. 目标与结果的互惠性。公众关系的处理，归根结底是利益调整的问题。只有各利益相关者双（多）赢互惠，使各方都得到好处或达到目的，才能使这一调节或协调过程受到各方支持与配合，这一关系管理才能顺利实现。美国著名的外交家、谈判专家基辛格就曾强调，在所有国际谈判中，必须通过让步而使双方都获得好处，否则谈判是不可能成功的。

5．关系赖以存在的环境。上述几点主要是从关系管理者的角度分析的，而实际上，关系管理的成效还受到诸多客观环境等因素的影响。如时空环境、政治环境、经济环境、民族文化、社会心理因素等。这一点在前面公众关系的"无穷维"属性中已做过分析。

公众关系的调节手段

关系管理最基本的方式就是运用各种手段对关系进行有效协调。公众关系的调节手段多种多样，按照作用原理划分，主要有利益调节手段、行政（法律）干预手段、社会（心理）融合手段。

1．利益调节手段。由于公众关系的核心是利益相关者的相关利益，因此，最基本，也是最有效的调节手段就是利益调整。调整的形式包括利益分配、利益补偿、利益剥夺、利益共生、利益维持等。当然利益共生是最理想的形式，也是建立与维系关系最有利的手段。利益调整所追求的目标是"互惠双赢"。例如，厂家与其供应商的关系主要就是运用利益手段进行调整的。

2．行政（法律）干预手段。这种手段主要指关系管理者运用行政权威和命令，或者国家与政府运用法律和法令的手段所进行的强制性干预。这种手段的优点是力度大、见效快，其缺点是副作用大，会出现口服心不服，甚至可能加剧矛盾，损害关系。例如，公司维持正常的生产秩序或政府打击违法犯罪就是典型的行政（法律）干预手段的运用。

3．社会（心理）融合手段。这主要是指关系管理者通过满足利益相关者的社会性、心理性需要，从而促进公众关系实现预期状态的各种手段。其主要包括人际交往、感情融通、思想工作等形式。这种手段的最大优势是作用的自觉自愿性和持久性，其缺点则是见效慢、应用上的局限性等。例如，管理者找有意见的员工谈心，公司经理与客户交往等。

非职化公共关系艺术

公共关系既是一门科学又是一门艺术，是科学与艺术的统一。

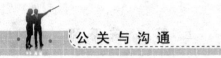

公共关系既是科学，又是艺术

公共关系首先是一门科学

公共关系与沟通，首先是科学，是揭示公众关系、社会互动与人际沟通的规律的科学。公关与沟通领域中存在着大量规律性的运动与变化，存在着各种必然联系，这些就是公共关系活动的规律，集中表现为公关与沟通的机制。要想使公关活动取得成效，获得成功，就必须遵循这些规律，按机制的要求办事，否则，就要受到客观规律的惩罚，使公关活动失败。而反映这些客观规律与机制的原理、规范、原则和基本的技术方法构成了公共关系的科学知识与技能体系。

公共关系作为科学的特征具体包括以下几方面内容。

1．客观必然性。公共关系科学是有关公关客观规律的反映，它反映了公关活动发展变化的客观必然性。其中一些基本规律是必须遵守的，若不遵守就会受到规律的惩罚，使公关活动遭到失败。

2．普遍性。公关科学不是个别现象的反映，而是普遍性规律的反映。公关科学是公关一般性的原理、原则和方法系统。它在广大范围的众多相类似场合或条件下是普遍适用的。

3．规范性。公关科学既有普遍适用的基本原理原则，又有较强操作性的方法技术，拥有一整套行动规范体系，对人们的公关实践有重要的指导和约束作用。

4．稳定性。公关科学作为科学的理论，是对长期公关实践规律的科学概括和总结，因此，具有较强的稳定性。只要公关的客观条件没有发生重大改变，公关科学内容和要求也就不会出现大的变化，因此公关科学具有较强的稳定性。

5．系统性。公关科学是一个有关公关理论与技能的知识体系，是建立在严密逻辑基础上的，是一个内容广泛、多层递阶的有机系统，因此它具有较强的系统性。

公共关系又是一门艺术

公关不仅是一门科学，还是一门艺术。一是因为公关的复杂性。公共关系涉及方方面面，是多因素的复合、多领域的交叉、多学科的渗透。处理这种复合的系统要求很高的艺术性。二是因为公关的多变性和随机性。公共关系，从本质上看是人与人之间的关系。而人是有思想、有情感的，人的思想、情感又是千变万化的，具有复杂性、多变性的特点。虽然其变化有一定的规律性，但更具有多变性和随机性。三是因为公关的创造性。当公关原理应用于公关实践时，作为一种理论到实践的飞跃，具有明显的创造性。用公关科学理论指导公关实践时，公关人员必须因时、因地、因人、因事制宜，灵活地、创造性地运用公关理论和技术去解决具体公关问题。因此，公关不仅是一门科学，更是一门需要因势制宜，随机应变，充分发挥创造精神的管理艺术。总之，公共关系是科学与艺术的统一与结合。从某种意义上说，公关更多地显现它的艺术性。

公关艺术的特征

公关艺术是指在具体公关实践经验积累基础上形成的一套非规则化、富有灵活性、创造性的技巧、风格或"诀窍"体系。公关艺术直接来源于公关实践，并不像公关科学那样，经过严密的逻辑推理，科学概括和抽象而形成的高度规范化的理论体系。它主要包括某些独具特色的公关创意、工作技巧、实施要领等。公关艺术的主要特征如下。

1. 随机性。严格定义上的公关艺术不是反映一种客观必然性，而是反映一种随机性。公关艺术往往是在某些特殊场合急中生智，偶然产生并随机运用的一种或几种并举的灵活技巧。例如，某高级宾馆的一场大型晚宴即将开始，宾朋满座，酒菜齐备，正当主人欲举杯祝酒之际，突然，宾馆停电，大厅一片黑暗。总经理急忙命令服务员以最快速度点燃蜡烛。在特别的烛光氛围中，宾馆总经理向全场客人宣布：今天为欢迎各位嘉宾，特设烛光晚宴，敬请诸位尽情用餐。结果，赢得一片掌声。一场事故，居然瞬间转化成一场极富特色的烛光晚宴，充分显示了这位总经理的公关艺术水平。

2. 针对性。公关艺术不是普遍适用的通用型手段，而是针对千变万化具体现象的技巧，它是结合公关的具体条件，因人、因事、因时、因地制宜的产物。·

3. 非确定性。公关艺术不是规范、稳定的成型结构。过去适用而取得成功的技巧，今天用之则可能失败；今天运用成效显著的手段，明天可能完全失效。因此不能把公关艺术绝对化。运用公关艺术，往往是风险型行为，有时可能大获成功，有时可能遭致惨败。运用公关艺术，就是灵活地运用经验，但要特别提防的是，切不可走向另一个极端——犯经验主义错误。

4. 创造性。创造性是公关艺术最本质的特征。公关艺术没有普遍适用的通式，也绝不是一种照章办事的操作性、执行性行为。当一种具体的情境出现时，要求公关人员充分发挥创造精神，不落俗套，采取新举措，出奇制胜，以高超的创造性艺术手法解决

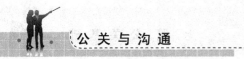

棘手问题，谋求公关目标的实现。例如，日本的一家酒店坐落在荒山坡上，由于地理位置不佳，宾客稀少，效益极差。于是老板就采取了一个绝招，即安排一个新项目：凡是来本酒店举办婚宴的新人，都可以在酒店后面的山坡上栽植结婚纪念树，象征着婚姻永葆青春。这样不仅吸引了大量新婚夫妇来这里举办婚宴，以便栽植纪念树，而且，凡是在这里举办过婚宴的夫妇，结婚周年的纪念宴会还会来这里举办，以便观赏纪念树。如此一来，到该酒店举办婚宴几乎成为当地一种时尚，整日宾客盈门，经济效益相当可观。这种创造性的构想和举措正是一种高超公关艺术的体现。

5．技艺性。公关艺术应该是高超的、精巧的、戏剧性的，并且富于美感。笨拙的简单操作不是艺术。高明的公关人员在将公关原理应用于千变万化的具体实践时，总是运用创造性的思维，以超凡脱俗、精湛巧妙的手法去处理各样复杂多变的问题，充分体现了公关艺术的技艺性。

公关艺术与公关科学的关系

公关艺术与公关科学是两个密切相联，又相互区别的概念，两者的关系主要表现在以下三个方面。

1．公关科学指导公关艺术。公关科学是有关公关客观规律的反映，因此，无论公关艺术怎样发挥创造性，都必须符合客观规律要求，都必须在公关科学的原理和原则指导下进行。任何违背公关科学基本原理或原则的公关艺术都不可能奏效。公关艺术的创造性、灵活性只有在遵循公关科学的基本原理要求的前提下才能产生效力，而且只有在公关科学的指导下，公关艺术的应用才能顺应规律，取得成效。

2．公关艺术可丰富并升华为公关科学。公关艺术是大量公关实践的产物，是公关经验的结晶，是适应千变万化公关现象的应变术，因此，它比公关科学更丰富，对公关科学起着重要的补充、丰富作用。公关艺术在一定条件下可以升华为公关科学，即随着公关实践的发展，使公关艺术不断发展、完善、成熟、稳定和升华，从而使那些成熟稳定的公关艺术逐步发展成为具有普遍性和稳定性的公关科学。

3．公关科学与公关艺术相互渗透。一般把有关公关的知识技能体系划为科学和艺术两大类，前者侧重指那些普遍性的、较为稳定的基本原理和原则；后者侧重指那些更为灵活的，针对具体现象和具体应用的技巧。这只是一种粗略的划分，以便更好认识公关的特征，更有效地加以运用。而在公关实践中，公关科学与公关艺术是难以严格划分的，两者之间可相互渗透和转化。从公关艺术是公关科学的应用的角度看，公关艺术与公关科学是相互平滑衔接并连成一体的，两者之间并没有严格的界限和鸿沟；而从两者相互包容的关系上看，公关艺术可以看作是一种尚未完善的"准科学"和比公关科学更为丰富的"泛科学"。

公关艺术的构成要素

公共关系艺术是由多种创意、手段和条件巧妙组合构成的，其构成要素主要有以下几个。

创造性思维

公关艺术的巧妙性首先体现在构思巧妙，即在客观分析公关形势、条件的前提下，运用多种创造性技法，进行创造性思维，形成别出心裁的创意或新点子，设计出奇制胜的战略战术。没有创造性思维，就没有高超的公关艺术。

信息传播手段

就手段而言，公共关系本质上是信息传播的过程，因此信息传播作为公关的基本手段，涉及大量公关艺术。人的有声语言、无声语言，即体态语言，以及各种借助媒介的传播手段的灵活运用，巧妙组合，形成丰富多彩、卓有成效的公关艺术。

感情

就主体和对象而言，公共关系实际上就是人与人的关系。人是有思想，有感情的。而感情的融通，是影响公关对象情感与态度的重要因素，是开展公关的重要手段，当然，也是构成公关艺术的重要而极富戏剧性的要素。

时机

事物的发展变化以及事业的成败常受时间变量影响。及时捕捉时机，正确地把握和运用时机，制定科学巧妙的时机战略，是构成公关艺术的重要因素。

环境

环境也是公关艺术的重要构成要素。环境利用艺术，一是指人的空间位置的掌控，

即指有关人员所处空间位置以及公关人员与公众的空间距离；二是指开展公关活动时有关人的情绪和氛围等社会心理因素的巧妙运用。

公关艺术正是由以上基本要素构成，并通过对这些要素的精巧组合而形成丰富多彩、卓有成效的公关艺术。

组织化与个人化的公关艺术体系

组织化的公关艺术体系

作为组织成员履行组织职能过程中涉及的公关艺术是极为丰富和复杂的，但最经常性运用的可归纳为"三大艺术"，即与三大公关实务相对应的活动策划艺术、信息传播艺术、关系协调艺术。

1．公关活动策划艺术。成功的公关活动，是精心策划的结果。特别是大型的公关活动，策划具有决定性的作用。在公关艺术体系中，公关策划艺术是重要的组成部分。公关策划艺术子系统包括策划过程中的创造性思维与技巧、专题活动的策划，以及一切公关领域活动的策划技巧等。策划艺术的核心内容是谋划运筹的创造性。

2．公关信息传播艺术。信息传播是公共关系的基本过程或手段。在信息传播的实践中，形成了大量的艺术手段与技巧。这些公关艺术，对于建立和拓宽信息渠道，加快信息传播，提高传播效果发挥了显著的作用。传播艺术主要包括信息传播手段运用技巧、传播方式选择艺术，以及新闻广告宣传和舆论控制艺术等。

3．公众关系协调艺术。组织成员为实现组织目标开展公共关系，最经常性的活动或工作就是同本组织的各类公众打交道，具体协调与公众之间的关系。公众关系协调艺术主要包括组织在公众心目中树立良好形象；协调外部关系的艺术，如一位企业管理者要协调顾客关系、供应商关系、竞争者关系、政府关系、社区关系等；协调内部关系艺术，如协调部门之间、管理者之间、上下级之间关系的艺术等。

个人化的公关艺术体系

一般来说，个人包括独立的个人或社会组织成员。在开展公关过程中，需要各种各样的公关艺术或技巧，以下介绍常用的与"三大人际沟通行为"相对应的"三大沟通技能"。

1．语言表达技巧。公共关系沟通，最基本、使用最广的工具是语言表达。语言表达艺术或技巧，对于信息传播、关系协调，乃至整个公关活动的开展与目标的实现都具有极为重要的作用。语言表达技巧主要包括：语言运用艺术、演讲艺术等。

2．交际与融通技巧。公关交际的成效在相当程度上取决于公关人员交际艺术的运用。交际与感情融通技巧是应用极广又极为重要的一种公关艺术。交际艺术与技巧主要包括交际礼仪、自我形象塑造的艺术、感情融通的艺术等。

3．说服与交涉技巧。说服与交涉的艺术和技巧是公关与沟通艺术中最为关键的部分。无论是对外发展业务、实现目标，还是对内解决矛盾、协调关系，最重要的手段就是说服与交涉。说服与交涉的有效程度直接影响公关乃至全局的成败。说服与交涉的艺术和技巧主要包括改变公众态度的艺术、说服与交涉的策略、说服与交涉的实施与操控艺术等。

中篇
组织公关

——作为组织成员履行职务中的公关

■ 公共关系机制与模式
■ 公关实务1：活动策划
■ 公关实务2：信息传播
■ 公关实务3：关系协调——公关网络维系

第三章

公关原理：公共关系机制与模式

公共关系系统及其构成要素

公共关系是一个系统，该系统由若干要素构成，各个要素相互依存，相互作用，形成有机整体，发挥着特定的功能。

公共关系的系统分析

公共关系五要素

公共关系学界普遍认为公共关系系统由三大要素构成：公关主体——社会组织；公关对象——公众；公关过程（媒介）——传播。但笔者认为，还应包括另外两个极为重要的构成要素：目标与环境。目标是公关系统的出发点与归宿，离开目标，公关系统就毫无意义。目标是公关系统的核心要素，而环境也是公关系统的重要构成要素。所有公关活动总是在一定环境下进行，环境对公关活动效果会产生重要影响，有时甚至会产生决定性影响。因此，目标、主体、对象、过程和环境这 5 个要素缺一不可，共同构成公共关系系统。

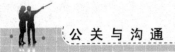

公共关系系统模型

公共关系的基本过程如下。

1．公关主体主动开展公关。公关主体包括社会组织或个人，即开展公共关系的各种社会组织，如公司、政府、学校、社团等。同时，作为泛公共关系的主体还包括个人，即为了履行组织职责（非专职公关职责），或为了个人的生存与发展而开展公共关系的组织成员或独立个人。

2．公关主体通过媒介影响作用于公众。这种传播包括单向的和双向的。单向传播，如舆论宣传、广告等；双向传播，如联谊、人际沟通、谈判等。公关主体运用这些媒介向公关对象——公众，传递信息，融通感情，交流思想，实现传播过程。

3．传播影响作用于公关对象——公众。公众是指与公关主体利益相关的组织或个人。例如，一家商场的公众包括其顾客、供应商、竞争者等；一个公司白领的公众包括其老板、同事、客户等。在单向传播中，公众接收信息，并引起相应的心灵或行动反应；如果是双向沟通，公众要向公关主体反馈信息，双方可能要进行多次双向沟通。

4．在上述基本过程进行中或结束后，公众所形成的反应就成为公关活动的成果，即公关主体所追求的目标——认同与合作。这种认同与合作，是公关主体所追求的，并通过传播等努力，促使公众实现的。

5．公关的整个过程是在一定的环境中进行的，包括自然的、经济的、社会的、心理的因素与条件。这些环境因素对上述过程及其结果产生重要的影响作用。

公关的 5 个构成要素在公关过程中相互作用便构成公关系统，其系统模型如图 3.1所示。

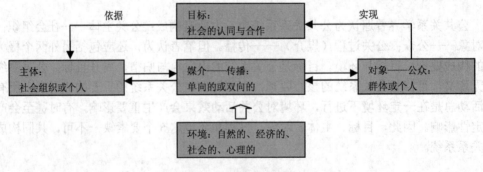

图 3.1　公共关系系统模型

公共关系主体——社会组织

公共关系的活动主体就是社会上各类社会组织或个人。公共关系的主体是公共关系的策划者和实施者，是公关过程的主要决定者，是公关效果的受益者，在整个公共关系系统中居主体地位，起主导作用。

所谓社会组织，是指为达到特定目的，完成特定任务而结合在一起的人的群体。例如，工商企业、政府机关、社会团体等。

社会组织的特征

社会组织具有以下特征。

1. 群体性。社会组织由一定的人群组成，为了特定目标而集体协调行动。正式的社会组织都是依法成立的法人，它区别于自然人。

2. 目的性。社会组织都有明确的社会目标，其成员聚集在一起都有共同的目的。例如，企业是为了营利，并满足社会的需求；学校为了培养人才；国家政府则为了实现阶级统治和社会管理。

3. 功能性。任何社会组织要实现其目标，都得从事其基本活动，发挥特定的社会功能。完全无所事事的社会组织是不存在的。例如，工业企业要进行生产；商业企业要从事商品经营；学校要实施教育，等等。

4. 结构性。社会组织，特别是正式的社会组织，都有一定的组织结构。为了有效实现其目标，发挥其功能，社会组织都会根据各自特点建立相应的有机结构。例如，企业有决策、指挥、执行和监督四大系统，有多个职能部门。

5. 环境依存性。任何社会组织都不可能生存在真空之中，它们总是处在一定的环境中。

社会组织的类型

按社会组织的性质和社会功能划分，社会组织可分为：①经济组织，即以营利为目的、在经济领域中从事生产、流通、服务等职能的各种经济单位，工商企业是重要的经济组织；②政治组织，即担负维护阶级利益，实现其政治目标等职能的社会组织，如政党、政府等；③文化组织，是指从事各种文化教育活动，为满足社会文化生活需要服务

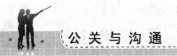

的社会组织，如学校、各种文化团体等；④宗教组织，是指以某种宗教信仰为基础，从事宗教活动的社会组织，如佛教协会、寺庙等。

在公关实践中，常以人们所习惯的社会通用的形态来划分社会组织，其具体可分为：①工商企业，指以营利为目的，从事生产、流通、服务等职能的经济法人，如各种类型的工厂、商店、公司等；②事业单位，指不以营利为目的，从事文教卫生等社会事业的社会法人，如学校、文艺团体、科研院所以及各种社会公共事业单位等；③政府机关，指从中央到地方的各级依法设立的，行使国家权力的国家政权机关，如国务院、各级政府以及各部委、各级厅局等；④群众团体，指各种政治、文化等群众组织，如作家协会、工会等。

公共关系机构与专职人员

公共关系有专门的机构和从业人员。较大的社会组织通常设有专门的拥有一定数量公关专职人员的公关机构负责公关或委托第三方公关机构负责公关。就整个社会而言，公关机构主要划分为两大类、3 种具体类型：一类是社会上的公关机构，他们是专门从事公关活动的独立法人，包括公关咨询公司和公关协会两种类型；另一类是各类社会组织内部的公关机构，如某公司的公关部。这样，公共关系机构包括公关咨询公司、公关协会和社会组织内部的公关部门 3 种类型。上述 3 类机构中，专门从事公关的人员即是公关专职人员。

公共关系主体——个人

公共关系主体除社会组织之外，还包括参与公共活动、同公众打交道的个人。

作为公关主体的个人的特征

首先，具有现代公关意识。作为现代人，应坚持以人为本的理念，高度重视公众关系的建立与维系，应具有较强的情商和积极对待公共关系的态度。

其次，正视与自己具有关联性的社会性问题，需要与公众打交道。当社会组织面临社会性问题时，与之关联的组织成员（指非公关专职人员）就要面临公关问题；或者是社会的某一独立个体，也会面临这样或那样的社会性问题。如一个大学毕业生求职过程中要同多个用人单位、中介机构或政府部门打交道。

最后，要拥有一定的决策、运作的权力与资源。处理公共关系问题，总要涉及某种决策性质的问题。要有效运作，需要一定的权力与资源。没有这些条件，就无法有效地开展公共关系。

个人公关主体的范围

首先，是那些拥有一定地位、威望、权力，控制一定资源的公众人物，如政界领导人、企业家、文艺与体育明星等。他们可能有更多的社会性问题要处理，公共关系对他们是极为重要的。

其次，是各个社会组织中的成员。任何社会组织作为公关活动的实践者，其每个成员都成为公关工作体系中的一员。尽管有专职公关人员存在，但是，"全员公关"对于现代组织而言更为重要。例如，一位政府公务员的粗暴作风会败坏政府的形象。同时，这些组织成员，作为参与社会性事务、与公众打交道的个人，也有独于组织之外的个人需要和目标。因此他们不可避免地以个人身份进行公关活动。如一位公司的营销人员在与客户打交道过程中，除了要树立好公司形象，争取更多订单之外，还要谋求与客户建立良好的个人关系，受到客户的尊敬，表现出自我价值等。

最后，是社会上的普通成员，即所谓的一般人。普通人也有其特定的社会公众，他们与这些公众发生千丝万缕的关系，也需要处理公关问题。如大学毕业生求职，其公关能力与成果对其应聘是否成功具有重大影响。在现代社会，要提倡"全员公关"，每一个理智、聪明、谋求成才、成功的人，都应该积极开展公关，以求更有效率地实现个人的目标，并促进社会的和谐与进步。

公共关系对象——公众

社会上的广大公众就是各类社会组织或个人开展公关活动的对象。所谓公众，是指与社会组织具有直接或间接关系、对组织的发展以及目标实现有着现实或潜在影响力的个人或组织。公众既可以是社会组织，又可以是单个自然人。

公共关系的最终目标是通过在公众心目中建立良好的组织形象，来建立与维护一种公关主体与公众之间的最佳关系状态，而衡量这一状态好坏的最终标准是公众对公关主体的态度。只有当公众对公关主体持有极好印象与态度时，公关才处于极佳状态。因此，检验公关活动是否有成效，要看公众对公关主体持何种态度。

公关工作，必须着眼于公众，一切工作从公众利益和需求出发，最后以公众满意为归宿，切实树立公众至上的思想意识。

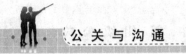

公众的属性和特征

公众的属性和特征如下。

1．同质性。公众的一个本质特征是它们都面临共同的问题，存在着共同的利益关系，这是公众构成的基础。例如，百货商场的顾客，他们都面临购买商品这一共同问题并同商场发生由买卖引发的利益关系。虽然每个公众各具特点，但因为他们与公关主体发生利害关系而都面临共同的问题。公关主体与其公众的关系对共同问题的解决有重大影响。

2．多样性。公众的同质性是就他们都面临共同的问题而言的。从他们的构成、态度等因素看，公众之间有很大的差异。公众是一个多样化的组合系统。首先，公众的构成不同，不同时期其公众也是不同的；其次，不同类公众的态度、意见不同，有时同一类公众的态度、意见也不相同；再次，不同公众对公关主体的作用以及重要程度不同，这样他们之间的联系性质与密切程度也不相同。

3．松散性。公众是不同个人或群体的集合，它构成的只是一个松散的系统。一般来说，公众不像作为公关主体的社会组织那样是一个紧密型系统，而只是由于面临共同问题才聚集或联系到一起。公众之间没有紧密的联系，更没有严密的组织结构关系和领导隶属等硬约束关系，而是一种松散性的软联系。

4．变动性。公众由于其构成基础的非长久性和构成方式的松散性而具有不稳定性。公众经常处于变动之中。因为公关主体的目标、任务和环境的变化，其公众也必然随之变化。某类人昨天是你的公众，今天可能就不是你的公众了，而另一类人可能成为你的新公众。

5．互动性。公关主体与公众以及公众与公众之间相互影响、相互作用，存在着广泛的互动效应。首先，公关主体自觉地给公众做工作，主动地去影响公众；而公众也必然有所反馈，反作用于公关主体；其次，同一公关主体的公众之间，也相互影响、相互作用；再次，公关主体与某部分公众之间的行为会作用于其他公众，形成交叉作用。例如，人们常说："满意的顾客"是最好的广告，就形象地说明了公众之间相互影响的作用有多么大。

公众的类型

社会组织的公众种类繁多，按照不同的标准可以划分为不同类型。

1. 按照重要程度划分，可分为：①首要公众，是指对社会组织的生存和发展有决定性作用的公众，是社会组织最重要的公众，如企业的内部职工、用户和顾客等；②次要公众，是指对社会组织的生存发展产生影响，但不起决定作用的公众；③边缘公众，是指与社会组织只有较少联系，影响作用更小的公众。

2. 按照对组织的吸引程度划分，可分为：①受欢迎公众，是指与社会组织有着完全一致的共同利益，相互支持，关系密切的公众，例如，股份公司的股东、贷款给企业的银行等；②被追求公众，是指社会组织感兴趣、愿意接近和联络的公众，例如，新闻界是多数企业追求、愿意接近和联络的公众；③须回避公众，是指那些一厢情愿地接近社会组织，而社会组织不愿意接近的公众，例如，一些不受欢迎的要求赞助者。

3. 按组织形态划分，可分为：①组织性公众，是指由社会组织充当的公众，如某工厂就是供应其原材料公司的组织性公众；②非组织性公众，是指无明确组织形态的个人的总和，它具体又分为流散型公众、聚散型公众、同期型公众、稳定型公众。流散型公众，是指处于不断流动之中的极不稳定的公众，如旅客、游客等；聚散型公众，是指为某一目的在一定时间和地点临时聚集，然后又分散开的公众，如参加各种会议的人员；周期型公众，是指按照一定周期性规律聚散的公众，如企业中的季节性工人；稳定型公众，是指虽然分散，但长期相对稳定的公众，如某些服务机构的经常光顾的老主顾。

4. 按与组织态度一致程度划分，可分为：①顺意公众，是指与社会组织的态度一致，支持组织的公众，组织应当努力维系和发展与这类公众的关系；②逆意公众，是指与社会组织的态度不一致，不支持甚至反对该组织的公众，组织应当努力说服他们，使他们转变态度；③中立公众，是指对社会组织持既不反对也不支持的态度的公众，组织应当做好相关工作，争取这类公众的支持。

5. 按公众的显露程度划分，可分为：①非公众，是指与社会组织互不影响的公众，实际上不是社会组织的公众；②潜在公众，是指那些将来可能与组织发生联系且尚未意识到的公众；③知晓公众，是指那些已经意识到将与组织发生联系的，但尚未采取行动的公众；④行动公众，是指那些已经采取行动，与社会组织正在发生各种联系的公众。

6. 按组织内外范围划分，可分为：①内部公众，是指组织内部的利益相关者，如企业内部的员工、股份公司的股东等，内部公众是一切社会组织最首要的公众；②外部公众，是指社会组织成员以外的各类公众，他们对社会组织的生存发展也具有重要作用，其主要有以下几种：顾客，从广义上讲是指一切社会组织的服务对象，如商店的顾客、

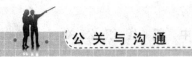

医院的患者、学校的学生等，对社会组织的生存和发展具有非常重大的影响；新闻媒体，主要指报纸、电台、电视台等，是社会组织进行信息传播的重要媒介；政府，是社会组织的纵向隶属型公众，对社会组织的生存与发展具有重要的影响作用；社区，是指社会组织生存空间地域内的各类公众，社会组织与所在社区相互作用、相互影响。

公共关系媒介——传播

社会组织利用一定的媒介或手段作用于公众的过程就是传播。公关人员总是借助一定的传播手段或媒介实现其目标。如人员拜访、新闻宣传、劝导说服等。公共关系在本质上是一种信息传播过程。公关过程的实施，公关目标的实现，社会组织与其公众关系的建立、改善和维系，都必须以传播为手段。公共关系中的传播既有单向传播，又有双向传播。本书第五章将专章论述传播。

公共关系目标

公共关系目标是公共关系系统中最重要、最核心的要素。一切公关行为与活动都要围绕公关目标进行，都要以公关目标为出发点与归宿。

关于公共关系目标的多种表述

对公共关系目标，学者们进行了大量研究，作出了多种表述，有代表性的观点有以下几种。

美国公共关系学者格鲁尼格在《卓越公共关系与传播管理》一书中提到："一些人认为公共关系的目标就是操纵舆论，另一些人认为是信息的传递、冲突的解决，或是对某种理念的推广。"[1]作为"管理说"学派的代表，他认为公共关系的目标是促进组织的有效性，即"我们增加了公共关系的卓越性这一研究议题：怎样实现公共关系和运用传播职能，才能使其对组织的有效性发挥出最大的效能？"[2]

美国公共关系学者斯科特·卡特李普在其著作《有效公共关系》一书中提出公共关系的目标是："认定、建立和维持某个组织与各类公众之间的互利关系。"[3]

---

[1] 詹姆斯·格鲁尼格. 2008. 卓越公共关系与传播管理. 卫五名等译. 北京：北京大学出版社：6.

[2] 詹姆斯·格鲁尼格. 2008. 卓越公共关系与传播管理. 卫五名等译. 北京：北京大学出版社：3.

[3] 斯科特·卡特李普. 1988. 有效公共关系. 汤滨等译. 北京：中国财政经济出版社：8.

中国公共关系学者孔祥军提出应建立中国式的"发展公共关系学",他认为:"公共关系的一般目标和使命是关注公众、社会组织和社会的协调一致发展;其最高目标和使命是关心作为公众的人在社会组织和社会中的全面发展。"[①]

上述观点从不同角度或层面反映了公共关系目标期望。为完整地理解和表述公共关系的目标,应从系统的观点出发,分层次地去研究公共关系的目标。

公共关系目标体系

社会组织或个人开展公共关系可能有多个目标。公共关系的目标是一个多元化的目标体系。主要分为三个层次:表层目标、中间层目标和核心层目标,如图 3.2 所示。

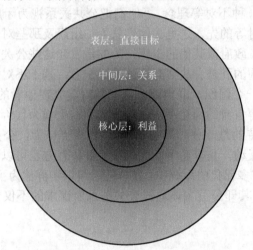

表层:直接目标

中间层:关系

核心层:利益

图 3.2 公共关系目标体系

1. 表层目标。这是处在目标体系最外层的目标,主要包括各种公关活动项目、阶段的直接目标,以及各种业务性目标。前者如宣传政治主张,扩大企业知名度,增强个人影响力等;后者如提高市场占有率、激励员工工作积极性等。

2. 中间层目标。中间层目标是指通过直接目标的实现而进一步达到关键性目标,主要指与公众之间关系的预期状态。简言之,公共关系的中间目标就是预期"关系"。组织或个人在公众中的形象,实质上也是关系的一种表现形式。本书对公共关系所下的

---

① 孔祥军. 2007. 发展公共关系学. 北京:人民出版社:7。

定义就强调了"关系"目标。在这一定义中所提出公共关系的目标就是"谋求公众的认同与合作"。它包括以下含义：①通过公关使公众正确地了解、认知公关主体；②使公众认可公关主体的行为，使公关主体树立良好的社会形象；③实现双方思想感情的沟通以及思想、情感、态度的高度一致；④在行动上积极支持与配合公关主体。

3．核心层目标。这是中间层目标的升华，它与相关利益问题紧密联系。相关利益问题是公共关系的核心问题。无论何种公共关系活动或形式，归根到底，都是公关主体与公众之间的利益调整与平衡问题。因此，公共关系的核心目标就是谋求组织或个人的利益。若从哲学或世界观层面去研究公共关系问题，则涉及利益相关者——主体与公众——谋求利益的价值取向。在公共关系领域主要有两种观念模式，即不对等理念和对等理念。

传统的利益观是一种不对等理念。"他们把公共关系视为矛盾的社会群体之间的斗争工具，这是一种不对等的先入之见。他们认为，组织及那些对立性的群体利用公共关系去劝服或操控公众、政府或其他的组织，为的是发起这些公关项目的组织的利益，而非其他群体或双方共同的利益。从博弈论的观点来看，基于不对等的先入之见的公共关系是一种零和博弈：一个组织、群体或公众的获得建立在他者的损失之上。"[①] 即公关主体通过公关只想谋得自身的利益不惜以对方的利益受损为代价。

现代公共关系坚持的是一种对等理念。"这种观点认为，公共关系是一种非零和博弈，如果双方正确地互动，具有竞争性的组织或群体双方也可以都有所得。在这种意义上，公共关系是一种在多元化的系统中，竞争性的组织和群体为了共同的利益彼此互动、管理冲突的工具。"[②] 其即公关主体通过公共关系所谋求的不仅仅是自身的利益，而是追求互惠共赢。

公共关系环境

公共关系环境是指开展公共关系的过程中涉及的所有物质与精神因素、条件等。如一个企业总是处在一定的经济（市场）、技术和社会环境之中。组织与个人的生存和发展无不受其内外环境的影响或制约。

公共关系环境的重要作用

公共关系环境对公共关系活动的开展有着重要的影响，具体内容如下。

---

① 詹姆斯·格鲁尼格.2008.卓越公共关系与传播管理.卫五名等译.北京：北京大学出版社：8。
② 詹姆斯·格鲁尼格.2008.卓越公共关系与传播管理.卫五名等译.北京：北京大学出版社：8。

1．无论是公关主体还是公关对象，无论是公关过程还是公关目标，无不受到环境的影响。因为这 4 个因素与环境之间存在着很大的相关性与依赖性。环境因素的细微变化都可能导致这 4 个因素中某个或某几个发生重大改变，从而对公关的成败产生重大影响。

2．环境对公共关系的影响无时不有、无处不在。公关活动是在一定的环境中开展的，它自始至终都会受到环境的影响，所以在开展公关活动的过程中必须考虑环境对公关活动的影响。

3．尽管公关活动受制于环境，但是人们并非完全被动而无所作为。在开展公关的过程中，人们可以根据客观规律巧妙利用环境，因势利导，能动地影响、改变环境，使它朝着有利于公关目标实现的方向转化。

公共关系环境的内容

公共关系所涉及的环境是极为广泛和复杂的，它主要（并非所有）包括以下内容。

1．自然环境，是指公关活动涉及的地理位置、气候、物质设备以及其他相关自然物质。

2．经济环境，是指公关活动涉及的宏观经济趋势与政策、行业的发展状况与竞争态势、关系双方的经济实力与运行状况等。

3．社会环境，是指与公关活动相关的政治、法律、宗教、文化等因素，也包括关系双方各自内部的价值观念、处事风格、行为特点等因素。

4．心理环境，是指公关对象的思想境界、道德水准、心理状态等。

以上提及的环境因素总会在某种程度上影响公共关系的开展。

公共关系职能与程序

公共关系的职能

公共关系职能是指通过开展公共关系活动所产生的特定影响与作用，或实现公关目标的基本活动或程序。社会组织的公共关系主要有三大基本职能：传播与沟通、联络与协调和咨询与引导。

传播与沟通

公共关系最基本的职能是传播与沟通，即社会组织为有效实现公关目标，在社会组织与其公众之间传递与交流信息的行为。

传播与沟通职能的基本要求如下。

1. 掌握传播规律，提高传播的有效性。信息传播是一门科学，要进行有效传播，就必须认真学习和掌握传播规律，按照传播规律的要求选择传播途径和方式，讲究传播艺术与技巧，提高传播与沟通的科学性和有效性。

2. 传播要有针对性。信息传播的有效性要求社会组织有针对性地把特定的信息传递给特定的公众。社会组织在不同时期，由于任务、公众不同，应选择相应的传播内容与方式。

3. 信息传播要准确和及时。信息传播的基本要求是准确，即把准确的信息准确地传递给目标公众。同时，信息传播是有时限要求的，传播过时信息是没有意义的。

4. 传播的双向性。公关信息传播应是双向的。社会组织向公众发布信息，同时又要接收对发布信息的反馈。这种双向性传播有利于公关职能的发挥以及公关目标的实现。

5. 交流思想，改变态度。公关主体与公众之间通过信息传递与反馈，交流思想，影响态度的改变，直至行为的改变。这是公关最核心的职能。

联络与协调

联络与协调是公共关系的一项经常性职能。它是指社会组织与其公众进行的人员交往、融通感情、改变态度、协调关系等行为。如公司举行大型联谊会，邀请各界公众参加，以增进感情，协调关系，维系友谊。

联络与协调职能的基本要求如下。

1. 以感情融通为基础。在人员交往和关系协调过程中，极为重要的职能就是与公众融通感情。只有以诚待人，满腔热情，实现有效的感情融通，联络与协调行动才会有成效。感情融通是执行联络与协调职能的基础。

2. 掌握和运用社会学、心理学规律。人员联络与关系协调，说到底是处理人与人的关系。每个成员都是有思想、有情感、有需求的，他们的思想和行动都受社会学和心理学规律支配。因此，公关主体必须掌握社会学和心理学规律，运用科学的联络与协调的艺术与技巧，提高联络与协调的科学性与艺术性。

3．注意广交与深交的统一。社会组织要实现组织各项目标，就需要得到社会各界的广泛支持。因此社会组织要与社会各界广泛交往，以求获得社会各界的广泛支持。但由于时间、精力等条件的限制，不可能将与所有公众的关系都发展到很深的程度。因此社会组织在与公众广泛交往的同时，还应该选择那些对组织的生存与发展有重要影响的首要公众进行深入交往，建立深厚的友谊。这样，在社会组织面临重大困难时才有深交的朋友鼎力相助，使组织得以顺利渡过难关。

咨询与引导

咨询与引导是公关的高层次性职能。它是指社会组织或其公关人员解释说明、提供建议、参与决策以及教育诱导等行为。如公关人员就公司发展战略问题为领导层提供咨询服务或决策建议。

咨询与引导职能的基本要求如下。

1．以信息服务为主。公关人员无论是向公众还是向本组织决策层提供咨询，都以提供有价值的信息服务为主。公关人员只有对信息进行广泛的搜集和科学的筛选并及时向相关各方提供他们所需要的信息，才能真正有效地发挥咨询与引导这一职能的作用。

2．建议必须富有创意。公关部门或公关人员除了要向一般公众提供一些常规性的咨询服务以外，还要向一些特别的公众提供一些富有创意的咨询和建议。公关人员必须善于运用创造性思维，提出一些不落俗套的新思路、新点子和新建议，以提高咨询与引导的层次和水平。

3．要有全局观念。公关部门或公关人员在向决策层提供建议时，不能只站在本部门角度看问题，要从组织全局的角度进行认识和分析问题，以实现组织的总体目标为出发点，进行全局统筹、综合策划，从而提出有价值的建议。

公共关系的程序

公共关系作为一种有目的、有计划的活动，有科学、完整的工作程序。虽然具体的公关活动千差万别，但有一些普遍适用于各类公关活动的基本工作程序。

公关活动的基本程序主要有前期调查、制订计划、组织实施和反馈与评价四大阶段。

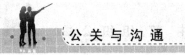

前期调查

公关活动始于调查分析。要制定正确的公关目标和行动计划，必须对公关状态以及各种主客观环境有深入的了解。这些调查分析是开展公关活动的必要前提，在正式开展公关活动之前必须进行前期调查。

公关前期调查是指为正确拟定公关目标和计划，调查本组织公关状态，分析影响公关活动的主客观因素，预测公关的未来发展趋势等一系列活动。

1. 调查本组织公关状态。组织的公关状态是指本组织在社会广大公众心目中的实际状况。了解公关状态是开展公关的前提。只有了解了本组织的公关状态，才能确定切合实际的公关目标，才能制订科学公关行动方案，才能有效地开展公关活动。在开展公关状态调查中要注意以下问题：①要制定正确的评价指标，要准确地评价本组织的公关状态，就要制定出科学的评价指标，其中组织的知名度和美誉度是常用的两大评价指标，这两大指标还可以根据实际需要进行进一步分解；②要选用科学的调查方法，科学的调查方法可以提高公关状态调查的准确性和有效性，公关状态调查的科学方法主要有民意调查法（民意测验）、重点调查法、新闻调查法等；③坚持实事求是的原则，无论采用何种方法调查，都必须以事实为基础，实事求是，如公关状态不好，也要冷静分析和认真对待。只有通过实事求是的调查，才能切实把握组织的公关状态，作出全面、客观的分析与评价。

2. 分析主客观因素。社会组织的公关状态要受多种因素影响和制约，既有社会组织自身的主观因素，又有社会组织以外的客观环境因素。主观因素主要有：①有形资产，如组织的厂房、设备以及产品等；②无形资产，如人员素质、员工士气、技术水平、企业信誉等；③组织职能，如组织的性质以及社会功能等；④公关条件。如组织对公关的重视程度以及组织处理公关事务的能力等。客观因素主要有：①公众自身因素，如公众的目标、行为、个性以及心理等；②社会环境，如国家的相关政策、政治经济形势、社会风气、文化习俗等；③时空等因素。如公关专题活动所需的时机与空间等。在公关状态调查中必须对这些因素进行全面的且有重点的分析与评价。

3. 预测未来发展趋势。在调查公关状态和分析影响因素的过程中，既要静态地分析和了解一些因素的现状，又要动态地预测和把握其发展变化的趋势。

制订计划

制订计划，即公关策划，是公关程序中最为关键的一个环节。它直接决定着公关活动的水平和实效。因此，公关活动需要精心策划和周密安排。

在制订公关计划过程中，要做好以下相关工作。

1．确定计划类型。在经过前期调查的基础上，根据本组织公关任务的要求确定计划的类型。公关计划的类型主要有：①公关的长期计划，也称公关的战略计划，即关于本组织在一个较长时期内（一般5年以上）公关活动的安排与部署的计划，这种计划具有长期性和战略性，是关系公关的长远目标的重要计划，它是制订其他各种公关计划的依据；②公关的短期计划，是关于在较短时期内组织公关工作的安排与部署的计划，它包括年度计划、半年计划、季度计划、月份计划等；③公关项目计划，是关于具体公关项目的安排与部署的计划，项目计划要主题明确，措施与安排要详细具体。

2．拟定公关目标。任何公关活动的开展都要围绕目标进行。公关目标是指公关主体开展公关活动所希望达到的公关状态。公关目标要在前期调查的基础上，根据本组织总体目标、公关任务的需要、本组织的公关状态以及其他主客观条件来确定。

3．选择公关活动内容和方式。为实现既定的公关目标，需要选择适当的公关活动内容和公关活动形式。这要根据目标要求、本组织的自身条件以及公众与社会环境的特点去选择和设计新颖的内容和有效的形式，以保证公关目标的实现。

4．制订具体方案。它是指根据公关目标以及公关活动内容与方式的要求制定出具体的实施方法与步骤。

5．制定预算。要对公关计划所需资源作统筹安排，需要对所需费用进行预算。公关活动经费预算项目主要包括重大活动项目经费、日常性开支、器材购置费以及人员工资费用等。公关经费预算的方法有：①提成法，即按公司营业额的一定比例提取公关费用的方法；②目标法，即根据确定的公关项目计算出所需经费的方法；③增长速度法，即根据以往公关费用增长的速度推算出计划期内公关费用的方法。

组织实施

完成公关计划的制订之后，便转入实施阶段。组织实施就是实际开展公关的过程，

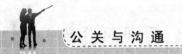

这一阶段是整个公关工作中最基本、最重要的阶段。在组织实施的过程中，应重点抓好以下几个环节。

1．选择恰当的时机。某些偶然事件的发生会对公关活动效果产生重大影响。所以，选择恰当的时机，适时地开展公关活动就显得极为重要。例如，若某事件的发生有利于公关活动的开展，那么当该事件发生时或发生后公关主体就应当把握住恰当的时机开展公关活动。

2．精心组织。在计划实施的过程中，必须精心组织，狠抓落实。①要根据计划的要求，抓住实施要点，切实保证工作按计划进行；②要协调好具体相关工作并把握好其进度；③要特别注意对相关人员的有效激励，调动他们的工作积极性，充分发挥他们的聪明才智，并使他们在推进组织公关工作的同时个人社会心理需求得到相应的满足。

3．充分发挥创造性。由于计划的制订与计划的实施在时间上有脱节，以及内外环境的不断变化，在实施计划过程中，公关人员只有充分发挥其创造性，才能使计划得以有效实施。其具体要求是：①要结合具体情况，运用创造性思维，提出有创意的新举措，使公关活动开展得更加有效；②在尊重客观规律的基础上，巧妙地运用一些公关技巧，充分发挥公关艺术的作用，以提高公关活动的实施效率；③要有较强的应变能力，以应对突发事件，保证在任何情况下都能实现公关目标。

反馈与评价

为保证公关目标的顺利实现，在组织实施的过程中以及实施过程结束后，要及时进行反馈并作出正确评价。

1．在实施过程中要实行跟踪控制。在计划实施过程中要随时进行监督与控制。当发现执行出现偏差时，应及时纠正；当发现计划与实际不符时，应及时进行调整。

2．计划执行完毕后要进行综合反馈。公关计划实施结束后，要搜集有关计划执行结果的信息（特别是有关目标实现程度方面的信息），调查组织实际所达到的公关状态。

3．进行效果评价。根据搜集到的相关信息，依据预先制订的标准，全面地进行公关效果的评价，从而正确了解目标实现的程度、所达到的公关状态以及存在的问题等。

实际上，第四阶段（即反馈与评价）与第一阶段（即前期调查）是相互衔接、相互交叉的，即前一个公关活动的评价阶段就是后一个公关活动的前期调查阶段。公关活动程序是一个封闭的循环系统，如图 3.3 所示。

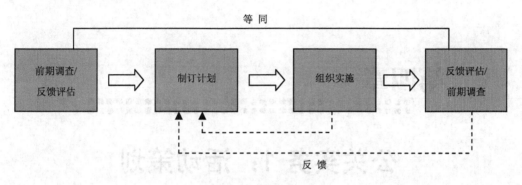

图 3.3　公共关系程序

第四章

公关实务 1：活动策划

公关策划创意机制

公关策划与创造性思维

公关策划的含义

所谓公关策划，是指公关人员为实现公关目标，在调查分析的基础上，对未来公关的活动内容与方式以及相关资源的配置所进行的运筹与谋划。

公关策划是一种运用创造性思维的智力运筹过程。公关策划包括以下要素。

1. 策划者。策划者是指具有一定公关知识与技能、履行一定公关职责的人员。公关策划作为一种运筹过程，是策划者用脑思考、筹划的过程。策划者的素质条件以及运筹的深度决定着公关策划的水平与效果。

2. 策划依据。公关策划最主要的依据是公关目标。策划是为实现公关目标服务的，所以必须围绕目标进行策划。公关策划依据之二是有关环境条件的调查分析结果。公关活动是在一定的环境下进行的，环境对公关活动具有重大影响。

3. 策划内容。策划内容主要包括：①公关活动总体策略，是指为有效实现公关目标，在总体上对公关活动进行谋划；②公关活动内容，即公关活动的具体事项；③活动形式，即以何种方式、手段或形式开展公关活动，同时它还涉及地点的安排和时机的选择等；④资源配置，即为有效开展相关活动而对人力、物力、财力等资源进行合理的配置。

4．策划方式。在策划过程中要遵循一定的程序，采用科学的方法和技术。

上述 4 个要素有机结合，构成一定的策划行为。

公关策划的作用

策划在公关活动中具有重要作用，主要表现在以下几个方面。

1．策划可以增强公关活动的计划性。公关活动，特别是大型公关活动，涉及多种要素和条件，必须有科学和严密的组织与规划。而通过预先运筹规划，使公关活动根据预定程序有效地进行，以克服活动开展的盲目性和增强活动开展的计划性。

2．策划可以提高公关活动的层次与水平。公关活动开展的实际效果在相当程度上取决于预先的策划。通过精心的策划，充分发挥创造性思维的作用，设计出新颖独特的活动方案；通过选择适当的活动形式和有利的时机，以及对资源的优化配置，可以提高公关活动的层次与水平。

3．策划可以提高公关活动的有效性。策划既是一种计划行为，又是一种预先控制。即在活动尚未开始之前对活动内容、形式、环节、时间、空间以及人力、财力、物力资源等进行科学运筹，合理配置，以使公关活动顺利开展和公关目标有效实现。

创意及其形成过程

公关策划的核心环节在于运用创造性思维，设计出有创意的"点子"，进而形成体现创意的有价值的公关方案。

1．创意的含义。创意是指在创造性思维活动过程中所创造的、用以解决问题或谋划未来的独特设想与构思。它以创造性思维活动为前提，对所谋划的事项提出全新的、独特的设想与构思（或称"点子"、"高招"）。它可能是关于所要解决的问题的一种思路、一种对策、一条途径、一种方案等。

2．创意的形成过程。创意作为创造性思维的结果，其形成过程就是针对具体管理目标的创造性思维的活动过程。它主要包括以下几个步骤：①创意的准备。从公关目标或需要出发，大量搜集与处理相关信息，界定所要解决的问题与任务要求，明确客观环

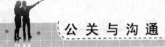
境与主观条件，理清创意的大致方向；②创意的酝酿。遵循公关目标与创意的大致方向，依据自身或群体的知识、经验、想象力以及创造力，运用多种创造性思维形式，通过极度活跃的思维活动，多角度、全方位地分析与判断、分解与综合、替代与重组，大胆设想，以期产生大量不同的新奇想法；③创意的闪现。在创意酝酿到一定程度时，会升华出某种具有灵感性质的新奇构想，这就是创意的雏形或内核，这一步是最具有决定意义的，将直接决定创意的产生及其价值的大小；④创意的确定，对所闪现出的新奇构想运用理性思维，进行深入的思考、分析和论证，创意的确定有两条最重要标准：一是它必须有效地服务于公关目标；二是它必须可行；⑤创意的完善，创意的基本构想确定后，还必须通过各种有效形式，充分研讨，加以补充、修改与完善，并最终形成具有可操作性的活动项目、实现方式或工作方案。

创意与创造性思维

成功的公关活动，来自有创意的公关策划；而有创意的公关策划又要靠创造性思维。没有创造性思维，就没有成功的公关策划。创造性思维是公关策划的灵魂。因此，研究创意机制，实际上就是研究创造性思维的机制。

创造性思维不是特指某种独立的思维形式，而是就其属性、特征而言，是带有创造属性和特征的一些思维过程。创造性思维是指打破思维定式，能产生突破或创新的思维过程。人们在大量运用逻辑思维的过程中，形成一些难以突破的较为稳定的思路或思维方式，这就是思维定式。而创造性思维，必须打破这些思维定式，以全新的思路或方式进行思维。创造性思维的核心是"突破"，没有突破，就没有创造性思维。创造性思维的创造价值大小，主要取决于突破的力度与效果。突破是创造性思维的本质特征。

创造性思维机制

国内外一些学者对创造性思维机制进行大量研究，取得丰硕成果。我国学者陶伯华、朱亚燕的《灵感学引论》，对灵感产生的过程、引发机制和认识规律的一般模式进行了很有价值的研究。

创造性思维在本质上是越轨思维

人们认识事物的过程即由感性认识到理性认识、由现象到本质是一次质的飞跃。这一飞跃是由两种思维形式完成的，即循规思维和越轨思维。

1. 循规思维。当大脑中积累的感性材料已丰富到足以揭示事物的未知的本质联系时，人们的思维就可以严格按照形式逻辑的推演轨道，从感性上升到理性，这就是循规思维的渐变式，用公式表示为

$$A \to X \to F_a$$

式中，X 为所要解决的问题，按照常规从已知材料 A 中找到答案 F_a。这是一种最为普遍的、常规的逻辑推理过程。

2. 越轨思维。当大脑中积累的感性材料 A 不足以揭示事物未知的本质联系时，当然，就不能按常规从 A 中揭示 X，这时只有用反常越轨思维的方式跳出已知材料 A，以便借助与 A 不同的信息 B 找到正确的答案 F_b。X 与 F_b 之间没有直接的过渡态，而表现为一种间断的突变式。其过程可用公式表示为

$$A \to X \to F_a \| B \to F_b$$

这种越轨思维正是典型的创造性思维。

自觉越轨思维与非自觉越轨思维

越轨思维依据其自觉性的不同，可分为自觉越轨思维和非自觉越轨思维。

1. 自觉越轨思维。自觉越轨思维就是在显意识控制下，自觉地借用类比推理等方法，主动寻找有希望的信息 B，并从中推导出答案 F_b。自觉越轨思维主要运用类比、想象、联想等发散型思维形式。

2. 非自觉越轨思维。非自觉越轨思维主要指在潜意识条件下，靠突发的顿悟而形成的灵感思维。它主要靠信息块的布朗运动，有相当大的突发性和偶然性，即无规律性。

人们通常借助自觉越轨思维形式和非自觉越轨思维形式进行创造性思维的。

信息的积累与有序化

创造性思维虽然在本质上是一种越轨思维，但绝不是毫无基础的随机思维活动。无论是自觉越轨思维，还是非自觉越轨思维，都必须建立在大量的信息积累的基础之上。

1. 信息积累是创造性思维的前提。无论何种创造性思维，都必须占有大量信息、拥有丰富知识和经验，正是这些信息的大量积累，才能为创造性思维提供可以加工处理的材料，才会产生飞跃。

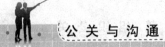

2．信息系统的有序化。从动态的角度看，信息系统的有序化过程就是通过思维进行创造的过程。这种有序化有两种形式：①从大脑中所感知到的各种杂乱的现象中抽象出反映事物本质与规律等信息内容，如新的科学理论的建立；②将不同系统中某些有序信息组合加工成一个新的有序信息系统。如通过移植等手段治疗坏死的器官。这两种有序化的过程都是创造性思维的过程。

3．信息块最佳有序结构。从静态的角度看，创造性思维对应着信息块最佳有序结构的形成。人们在获取大量信息基础上，经过大脑的加工处理，将相近及相关的信息概括为信息块储存于记忆库中。众多信息块纵横相连构成网状结构。当一个创造性问题出现时，如果正对应于一个信息块最佳有序结构，则通过自觉越轨思维或非自觉越轨思维，会形成突破和创新，从而完成创造性思维过程。

创造性思维的基本形式

自觉越轨思维主要指发散型思维，但也包括收束型思维；非自觉思维主要指灵感思维。

发散型思维

发散型思维是指为解决某一问题而尽可能放开思路，从多视点、多方向、大范围，多途径去寻找解决方法的一种开放型思维形式，如图 4.1 所示。

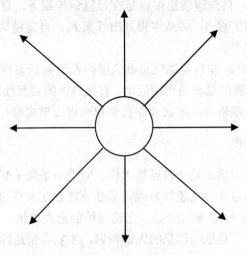

图 4.1　发散型思维

发散型思维有以下一些具体形式。

1．直观思维。直观思维是在对研究对象进行直接观察之后引发的一系列思索。它具有生动性、具体性、直接性的特点，是开发创造性思维的基础。它是一种形象思维，是一种通过对研究对象的观察而产生或概括出新的形象的思维过程。

2．立体思维。立体思维是指突破一维直线或二维平面的思维定势，从三维立体空间的多角度去分析和思考问题的思维活动。例如，面对到处是广告林立的局面，有的企业打破只在地面做广告的思维定势，发明了用飞机或焰火在夜空做广告，收到了显著的效果。

3．想象思维。想象思维是指在掌握了大量有关信息的基础上，凭借丰富的想象力，产生有创意的思路的一种思维活动。丰富的想象力来自于对大量经验和信息的占有和知识智力的运用以及对思维定式的突破力。要敢于"异想天开"，放开想象，寻求创造性成果。

4．联想思维。联想思维是指借助事物间的某种共同属性来将它们联系起来，并使其产生新事物的思维过程。世间许多表面看起来没有任何联系的事物或属性、类别差别很大的事物之间都存在着某种相同、相似或相关属性。因此可以通过联想将它们联系起来，相互借鉴、移植和改造，从而产生全新的成果。

5．联结思维与反联结思维。联结思维是指将相关的或表面看起来不相关的事物以某种方式组合起来，从而产生功能增多或功能变异的新事物。例如，将播放歌曲伴奏录像与个人歌唱有机结合，就形成了一种备受人们欢迎的自娱形式——卡拉 OK。反联结思维是指通过分解，改进整体或利用整体中的一部分，从而生成新事物。

6．替代思维。替代思维是指通过局部替换或整体替换的方式，产生新事物。例如，当交涉某事遇到障碍时，可变换某个条件或要求，采用新的方案，从而打破僵局并使事情得以解决。

7．求异思维。求异思维是指打破常规，敢于标新立异，突破现有事物的界限，寻求变更和差异，从而产生新事物。如当各家商店都大肆宣扬自己商品如何如何好时，有的商店却标新立异，公开向顾客讲自己商品的缺点，反倒能产生刺激顾客购买欲望的特殊功效。

8．回转思维。回转思维是指利用人们发牢骚、不满、讨厌等不如意事件作诱发材料，适时捕捉其中的信息、线索，从而产生新设想、新创意。如有的公关人员在公众发牢骚时，受到某种启发，创造出能满足公众需要的某种新事物。

9．逆向思维。解决问题时，若改变原来的思路，即向相反的方向思考，可能使问题迎刃而解。例如，圆珠笔发明以后，曾风行一时，但由于笔珠书写磨损到一定程度时就会出现漏油。为解决漏油问题，自然要解决笔珠耐磨问题，但久攻不下。此时，日本人中田腾三郎却丢开笔珠耐磨问题，研究笔珠在多长时间内被磨损，然后，减少笔芯装油量，在笔珠被磨损前就及时更换笔芯，从而解决了漏油问题。缺乏创造性头脑的人，大多属于那种只沿着一个方向思考，"一条道走到黑"的思维"定向"的人。逆向思维是一种极为重要的创造性思维形式。

10．侧向思维。侧向思维是指在研究某一事物时从离研究对象较远的事物中获得启示而产生新设想的思维方式。例如，第二次世界大战中专家们研究用火炮打飞机，就是受到猎人用猎枪打兔子的启示，即先进行一段瞄准跟踪，当两者行动同步时，即可击中目标。

收束型思维

收束型思维与发散型思维是相对应的，收束型思维是指尽可能利用已有的知识和经验，将众多信息、设想，进行分析、整理和综合，以最终实现最优化和系统化。发散型思维是从一点出发，向多维方向扩散；而收束型思维是将多维方向的思路、材料向一个焦点集聚和综合，如图 4.2 所示。

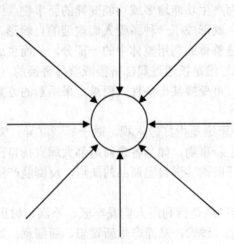

图 4.2　收束型思维

收束型思维实质是一种抽象思维。一般来说，它本身并不直接产生创造性成果，但任何创造性成果的产生都离不开收束型思维的运用。因为收束型思维是运用逻辑规律，将发散型思维产生的各种新思路、新设想加以分析、整理和综合，使其条理化、逻辑化和系统化。这样，才能使由发散型思维得到的新思路、新设想成为科学的、有用的成果，创造性成果才能成为现实的、有价值的成果。因此，收束型思维是任何创造性思维过程所不可缺少的思维形式。

　　灵感思维

　　灵感是一种特殊的非自觉思维形式。它是以已有的知识和经验为基础，在一种极为活跃的精神状态下，人的思维产生突发性飞跃和敏锐的顿悟。这种顿悟会产生许多独特的新思想、新成果。灵感思维是极为重要的一种创造性思维。

　　灵感思维具有以下特点：①突发性，灵感一般是在无法预料的一刹那，突然闪现、转瞬即逝的；②积累性，灵感虽然是在瞬间突发的，但绝不是没有任何基础而随意出现的，灵感总是在拥有了大量信息，积累了丰富经验，经过长期认真思考之后，在一定时机下闪现出来的；③非逻辑性，灵感不是一般逻辑思维的产物，它是智慧在摆脱常规逻辑思维方式束缚后的突然跳跃；④独创性，灵感思维打破常规，通过一种跳跃式的越轨思维，产生一种独特的新思想、新成果，这是灵感的一条最本质的特征；⑤模糊性，灵感思维不是非常精确的，它是在瞬间产生的顿悟，它只能是一种模糊的东西，但是，可以通过其他科学的思维方式，对它进行加工、提炼，使其成果确定化；⑥偶然性，灵感是在非特定时机下出现的，它具有极大的偶然性。

　　灵感思维主要是一种潜意识活动，而且是在偶然间触发的，但这并不是说灵感思维完全处于无法控制的任意状态，相反，只要掌握有关规律，也可以积极促进，自觉诱发灵感。要诱发灵感思维，需注意以下几点。

　　1. 拥有广博的知识和信息。任何灵感，虽然是大脑偶然间的思想闪现，是一种非自觉越轨思维的创造活动，但它离不开大脑的知识与信息的储备。例如，一个没有任何科学知识的农民是绝不会产生关于原子裂变的任何灵感的。只有平时努力学习相关知识和广泛地积累相关经验，在解决难题时才有可能产生有价值的灵感。

　　2. 积极深入地进行思索。灵感虽然主要是潜意识活动，但它却要靠自觉的显意识活动所造成的诱发势态来启动。因此，对所解决的难题必须进行大量的、长时间的、深

入的思索和分析，并形成强烈的解决欲望，造成优势的诱发势态。这是灵感产生的不可缺少的条件。

3．创造适时的松弛。灵感产生于高度紧张后的小憩。因此，在经过长时间、深入的思考之后，要注意适当的休息和放松。只有在放松的条件下，创造一种环境的转换，促成大脑优势兴奋中心区的变换，才能创造出激发灵感的最佳时机。

公关策划中的创造技法

为提高公关策划的艺术水平，增强公关策划的创造性，必须充分运用创造性思维以及各种创造技法，开拓思路，大胆想象，提出有创意的新点子和新思路。创造技法是创造性思维的具体运用，是完成创造活动的途径和手段。在公关策划中可以运用的创造技法主要有以下三大类。

智力激励法

智力激励法，也称"头脑风暴法"、"理想法"、"BS 会议法"等。它是 20 世纪 30 年代由美国创造学家奥新本发明的。这种方法已在各个领域广为运用，是最基本的一种创造技法。所谓智力激励法，是指以会议形式，最大限度地创造思想活跃、自由发言的气氛，促使每一个成员充分放开思路，大胆设想，各抒己见，标新立异，并相互启发，激发联想，以寻求更新、更多、更好的设想和方案的一种方法。

智力激励法的基本做法为：①以会议的形式进行，人数在 5～10 人之间，时间一般在 0.5～1 小时之间；②要提前几天将会议议题、要求、时间等通知与会人员，会议成员一定是知情者或专家；③会议进行时要有一名主持人，主持的重点是创造一种鼓励每个人积极发表意见，畅所欲言的良好气氛，要禁止批评或过分赞扬别人的意见，每个人都可以尽情发表意见，并互相激励和启发，促成各种创造性设想的连锁反应，并做好记录；④会后进行归纳、整理，提出可供选择的各种设想和方案。

在实践中，人们结合各自的实际和需要，改进和发展了 BS 法，创造了许多 BS 的改进型方法，具体如下。

1．默写式 BS 法，又称"635 法"，即会议由 6 人参加，每人在 5 分钟内提出 3 个设想。然后，相互传阅、启发，再在第二个 5 分钟内，写出 3 个新设想。以此类推，则半小时产生 108 个设想。

2．卡片式 BS 法，即将个人的设想写在卡片上，并在会上宣读，以互相启发、激励，具体有不同的程序，从而，使这种方法又分为 CBS 法与 NBS 法等。

3．MBS 法。这种方法是日本三菱树脂公司发明的。与会者填写 1～5 个设想，然后轮流发表自己的设想，互相启发后写出正式提案并允许互相质询，最后大家共同讨论以形成最佳方案，这种方法已在许多方面比一般的智力激励法前进了一大步。

4．逆 BS 法。此法打破禁止批评的规则，对别人的意见可以批评，使得设想或方案更加完善。

在公关策划的过程中，可采用某种形式的 BS 法，以便提出尽可能多的想法或方案。在此基础上再进行必要的评估和综合，从而形成有效的策划方案。

列举法

列举法是指按一定程序，将某些要素解剖分析，发现规律，以寻求突破的一类方法。具体包括以下方法。

1．分项检核法。分项检核法是指在解决问题时，列举出一系列相关问题，然后，逐项回答、核对和讨论，从中获得解决问题的一些有创见的设想和方法。例如，在进行整体形象策划时，可以提出以下问题进行检核分析：①企业的形象定位是什么？在多大程度上实现了这种定位？②这种定位合适吗？有更好的定位吗？③企业形象应作哪些调整?怎样进行调整?④适应形象调整，公关的目标公众是哪些？他们有什么特点和需求？⑤适应上述目标要求,企业公关的工作内容是什么?什么主题最能打动目标公众？⑥选择什么样的公关形式最适宜，最受公众欢迎?有哪些具体的传播渠道？

当然，还可以提出一些其他问题。通过这样的提问，逐项检核，寻求产生一些有创见的设想和方案。

2．缺点列举法。缺点列举法是指通过发现缺点，并以有针对性地逐一解决问题的方式寻求获得创造性成果。缺点和优点是相对应的，缺点的克服就是优点的形成。从需要解决的问题出发，通过发现、认识、分析和克服缺点，就可以取得某些创造性成果，就可以有效地实现改进与完善事物的目标。其具体做法是：采取召开小型会议的形式，让大家列举研究对象的缺点；并通过分析归纳，找出主要缺点；再发动大家针对主要缺点，寻求解决办法；最后，形成综合的改进方案。在公关策划中，主要是找出公关状态存在的问题、目前公关工作方式上存在的缺点等，逐项进行分析，寻找解决问题的对策。

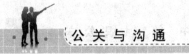

3．希望点列举法。希望点列举法是从主观期望出发，即从目标出发去寻找解决问题的办法和创造新事物一种方法。例如，在公关策划中，不是仅限于公关状态和工作方式的现有状况，而是从公关目标，从希望点出发，选择工作模式和手段。这种方法的优势是可以跳出现有状态的小圈子，从目标期望的高度进行思考和运筹，此法较缺点列举法更能取得一些具有较大创造性的成果。

变 换 法

变换法是指变换思维角度、利用事物联系、运用分解组合等手段创造新成果的方法。变换法具体包括以下一些技法。

1．类比发明法。类比发明法是指对存在某种内在联系的不同事物进行类比分析，寻求共同属性与机理，以创造出新成果的方法。这是一种从同中求异，从异中求同，不断产生新设想的方法。具体的类比方法有：①拟人类比，即模仿人的机能创造一些事物的新功能、新特点等，如机器人的发明；②直接类比，即从自然界或已有的发明成果中，寻找与创造对象相类似的东西，通过直接对比，创造新事物，如仿生学的一些研究成果；③象征类比，即在创造过程中，将一定的抽象概念或思想感情赋予创造对象的具体形式之中的一种类比方法，如在建筑设计中以一定形式来体现民族风格；④因果类比，即依据一事物的因果关系来推出另一事物的因果关系，从而创造出一定的新成果；⑤对称类比，就是利用某些事物的对称性，创造出新成果；⑥综合类比，即综合事物的相似特征进行类比，以创造出新事物。

2．组合法与分解法。组合法是指将两个不同的事物组合到一起，从而产生功能不同的新事物；分解法则是将一个整体事物分解，使其局部成为新事物。例如，在公关策划中，可以将几种不同的常规性公关活动以某种特殊的方式组合成一种具有独创性的专题活动；也可以将某项成型的公关项目或活动分解开来，形成几种别具特色的公关小项目或公关小活动。

3．逆向发明法。逆向发明法是指在解决难题的时候，改变正常的解决思路，向相反方向思考，寻求一种突破常规的解决办法。例如，当企业因失误被媒体曝光时，不是考虑怎样加以掩盖，而是"将计就计"，借媒体与公众高度关注之机，做转化形象工作，使"丢脸"变成"露脸"。

4．多向思考法。在解决问题时，要突破单向思考的限制，进行多角度思考。例如，

"三向法"，即从正面思考，从反面思考，从侧面思考，以开阔视野，拓展思路，多渠道寻求解决问题的办法。

以上介绍的只是一些基本的创造技法，在公关策划实践中，通过创造性思维和基本的创造技法的创造性运用，可以创造出更多、更实用的创造技法。

公关策划原则与方法

公关策划的原则

在各种公关活动中，公关策划的要求是各不相同的，但有一些共性的规律在公关策划中是需要遵守的。这些共性的规律就是公关策划的原则，主要有以下几种。

1．目的性原则。公关活动是为实现公关目标服务的，因此，在整个策划过程必须突出目的性，即紧紧抓住公关目标。一切公关活动的安排和计划，都必须从公关目标出发，围绕公关目标运筹，最后落脚点必须是有利于公关目标的实现。

2．独创性原则。公关策划的最高价值在于能形成独创性的构思、点子或思路。如果设计的方案没有新意，落入俗套，则这种策划就没有多大价值。在策划中，最重要的是充分发挥创造性思维的作用，敢于标新立异，另辟蹊径，设计出新颖的主题和有效的行动方案。

3．适应性原则。公关活动要想奏效，必须适应公众的需要。从活动主题到每个活动细节的安排，都要从公众需要出发，以满足公众需要为标准。所以，在公关策划过程中必须认真研究公众的情况，分析他们的特征，特别是其需要，以提高策划的针对性。

4．客观性原则。客观性原则，一是指在策划公关活动过程中，一切从实际出发，办实事，说真话，绝不可弄虚作假；二是指所有设计和安排的活动一定要符合实际，具有可行性和可操作性。

5．系统性原则。公关活动，特别是大型公关活动，都是一项系统工程，涉及诸多方面。在公关策划中必须坚持系统性原则，从组织的总目标和公关目标出发，全面分析和规划有关要素，实现各环节、各要素的衔接与平衡，使公关活动有序化和系统化。

6．灵活性原则。在策划的过程中，总是以一定的预测或条件假设为前提，而在公关活动实施的过程中，这些条件总是会发生这样或那样的变化，使得当初策划的方案出现某种不适应性。而且，由于相关环境的不断变化，策划方案出现某种不适应性几乎是

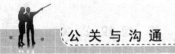

必然的。因此，在策划的过程中，注意加进一些可调变量，留有适当的余地，增强策划方案的灵活性，以保证在实施中能够最大限度地适应环境的变化。

公关策划的程序

任何公关活动都有策划过程。一般小型公关活动没有严格的策划过程，只有一些短促的非规范的用脑过程；而大型公关活动则需要一个科学完整的策划过程，具有明显的阶段。一般来说，规范的公关策划过程主要包括以下基本程序。

确定目标，明确公众

在公关策划过程中，首先需要做的工作就是确定公关目标和明确相关公众。

确定目标。策划的第一步就是要明确目标，即根据组织的总目标，确定公共关系的目标。如果是策划专项公关活动，就需要确定这项活动的具体目标，并将目标具体化以及尽可能定量化。

明确公众。公共关系是对目标公众开展工作的活动，不针对目标公众的公关活动是盲目无效的公关活动。所谓公关的目标公众，是指某一时期或某项公关活动所预期影响的对象。明确目标公众，依据目标公众的特点和需求选择适当的活动内容、主题、方式、手段和时机等，以增强策划的针对性。

明确目标公众的技术方法是公众细分化。公众细分化的基本步骤如下。

1. 按照一定的标准对组织的公众进行划分。根据不同的划分标准，可相应地把公众划分为若干大类，对其中每类公众再作进一步的小类划分。有时根据公关目标的需要，还要对小类公众作更细的划分。例如，顾客还可按性别、年龄、职业、偏好等特征细分。

2. 依据公关目标，选择目标公众。

3. 对目标公众的特征和需求进行深入分析。一是要掌握目标公众的需求，特别是基本需求；二是要了解目标公众与公关活动相关的一些特点或规律；三是要了解目标公众对本组织的态度。只有摸清公众的态度，才能了解组织的公关状态，才能有针对性地策划出有效的公关活动方案。

开动脑筋，创造"点子"

确定了公关目标和明确了目标公众后，接下来就是选择或安排公关活动项目或内容。为了使公关活动富有新意或创造性，需要运用创造性思维获得富有创意的新"点子"，这是公关策划的核心环节。

新"点子"是创造性思维的产物。要创造出好的"点子"，必须充分运用大脑的智慧，积极进行富有创造性的思维，并借助一些科学的创造性技法，大胆设想，提出大量富有创造性的新"点子"。

在获得大量富有创意的新"点子"的基础上，根据公关目标、公众需求以及其他主客观条件，用严密的逻辑和科学的方法进行推理与归纳，剔除不合理因素，保留合理因素，形成可行有效的新"点子"。用这些新"点子"，为公关活动方案的设计提供新思路。

提出方案，评审选择

有了这些新"点子"后，接下来要做的工作就是公关活动方案的设计。它主要包括以下内容。

1．选择活动项目，拟定活动主题。根据新点子的要求，选择最有利于实现公关目标的活动项目，确定具体活动内容，并拟定一个鲜明的富有创意的活动主题。

2．提出具体的活动方案。根据新"点子"提供的思路，结合目标要求和内容特点以及其他主客观因素，提出多种富有创意的公关活动方案。

3．方案的评审与选择。根据目标性、可行性、经济性等原则，对所提出的方案进行审查、评估，确定各方案的价值大小以及优点与不足，并在此基础上对这些方案进行再综合、再创造，争取提出更有效的新方案。最后，选择这些方案中最有效的方案作为公关活动的执行方案。

CI 设计

CI 设计，也称 CI 战略，起源于美国，是现在风靡全球的关于组织整体形象塑造的重要战略。CI 设计有狭义和广义之分。

狭义的 CI 设计

"CI"是英文"corporate identity"的缩写，原意是指企业的标志系统。作为一种公关战略，它在实践中不断完善和拓展。就狭义而言，CI 设计指"企业统一标志系统"，即企业的所有标志的设计要统一，形成一体化、系列化，给社会公众一个便于识别的整

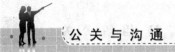

体形象。例如，黄色的"M"字是麦当劳的标志，这家世界最大的汉堡包经营公司遍布全球的分店均采用这一统一标志。无论在地球的哪个角落，只要一看到这一标志，人们马上就能意识到这是麦当劳的分店，经营的是汉堡包。

企业标志的构成包括企业名称、厂徽、产品名称、商标和代表色等。根据 Cl 设计，应最大限度寻求这些标识的统一化。

企业标志的统一化的作用表现在：一是有利于企业宣传，节约费用，提高宣传效率；二是统一标志便于公众识别和记忆。这种统一化设计对于树立组织形象具有重大推进作用。凡是闻名于世界的著名公司，其标志几乎都是按 CI 设计，实行统一化的。

广义的 Cl 设计

广义而言，CI 设计指"企业统一体系"，即通过精神、行动和视觉 3 个识别系统的统一化设计，全方位塑造组织的整体形象。前面所讲的狭义的 CI 设计，是侧重视觉识别系统的统一设计；而日本人在运用这一战略时，将其从单一的视觉识别系统的统一设计，扩展到精神和行动识别系统的统一设计，使 CI 设计的内涵与外延都发生了重大的改变，成为一种更高层次的战略。

企业统一化体系包括 3 个子系统：一是企业观念识别，即企业全体员工应向公众显示统一的价值观念；二是企业行动或行为识别，即企业的经营和社会行为应在公众心目中造成统一的预期印象；三是企业视觉识别，即企业的各种标志的统一化，并将这三者统一规划，融为一体，有效塑造企业的整体形象。

根据企业统一化体系要求进行统一设计，可以大大提高传播的效率和效果，对于在公众心目中树立组织整体化形象具有显著作用。

CI 设计要领

CI 设计的基本原理，就是通过将有关组织的全部信息统一化，在传播过程中实现对公众的反复性和一致性刺激，以强化整体形象。即企业的观念识别系统、行为识别系统和视觉识别系统全部实现统一化和规范化，以保证组织输出信息的一致性，形成有效的形象塑造作用。

1. 标志统一化。①实现标志的同一性，企业应尽可能做到使厂名、厂徽、产品名称、商标等可视标志统一化、标准化；②标识要简单明了，便于识别和记忆，一是要尽可能简单明了，不要搞得太复杂；二是最好有某些规律性，有利于识别和记忆；③标志要突出特色，一是要个性鲜明，明显不同于其他组织的标志；二是尽可能反映本组织的某些性质或特征，有象征意义，例如，我国铁路的标志造型像火车头，从内容上看是由"工人"两字所组成；④标志要富有美感，组织标志除了有区别功能外，还具有装饰美化功能，因此，设计标志时，一定要注意造型美、色彩美等，使公众看到能获得一种美的享受；⑤标志要尽可能广泛应用，统一的企业标志要广泛应用在厂房建筑、产品包装、设备设施、办公用品、员工制服与证章、各种媒介广告、运输工具等，企业统一标志的广泛应用，可以有效地强化公众对企业的整体形象。

2. 理念统一化。组织的全体员工必须从组织的宗旨和目标出发，建立共同的群体意识和价值观念。①组织要制定深入人心的宗旨和经营方针；②培养共同的价值观念，形成统一的思想；③建设健康向上的组织文化，形成全员公关意识。这样，必然在广大公众心目中产生良好的影响，树立可以信赖的组织形象。

3. 行为统一化。要实现整个组织所有成员的行为的统一化，应从以下方面着手：①经营行为统一化，企业组织的主要行为是经营行为，企业组织要以对社会公众高度负责的精神，运用现代化技术向广大顾客和用户提供适销对路的商品和优质的服务，并使企业组织的所有业务或行为都服务于这一目标，从而实现经营行为的统一化；②公关活动统一化，根据 CI 设计、组织的总目标和公关目标的要求，统一运筹和有效运用各种公关手段，积极开展协调一致的公关活动，有效地树立或强化本组织在广大公众心目中的良好形象。

专题活动策划

公共关系中的专题活动，或称媒介事件，是指社会组织以扩大组织声望或实现既定公关目标为宗旨，以特定内容为主题，借助能引起公众广泛注意的媒介事件或有利时机，以活泼新颖的形式开展的各种公关活动。例如，借助企业开业庆典，开展形式独特的大型纪念活动，举办街头服装表演，等等。

专题活动的类型

公关专题活动主要有以下几种类型。

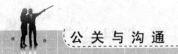

仪式类活动

1．庆典。利用值得庆贺的喜庆事件，举行隆重的庆祝活动，以扩大影响。如开工典礼、竣工典礼、开业典礼以及开幕典礼等。

2．签字仪式。为某些重要的联合行动、合作事项等举行正规而隆重的签字仪式。

3．命名、授奖仪式。为一些重要命名、重大奖励举办隆重的仪式，以有效宣传受表彰者或扩大有关组织的声望。

展示类活动

1．展览，即各类社会组织为达到组织目标或社会目标，举办各种图片、文字、实物等展览活动。

2．展销，即把商品展览与商品销售结合起来，既扩大商品影响，又扩大商品销售。

3．各种特殊形式的专题性促销活动，例如，在商场举办新产品现场操作演示活动，在服装商场举办服装模特儿表演，等等。

4．开放参观，组织让公众参观本企业，向公众介绍新技术、新产品或展现职工的精神面貌。

聚会类活动

1．联谊会。邀请有关公众参加交谊联欢性质的聚会，以增进了解，加深友情。

2．表演会。举办各种形式的文娱表演会、文体比赛活动等。

3．研讨会、报告会。以某个社会公众普遍关心或目标公众关注的问题举行研究讨论和报告会等。

4．记者招待会。邀请新闻记者参加会议，发布或披露重要新闻，回答记者提问，以通过新闻媒介来影响社会舆论。

公益类活动

1．赞助活动。为支持社会公益事业，社会组织捐助款项或财物。

2．组建文体团队。社会组织为支持社会公益事业和扩大组织影响，出资组建一些文体团体。

3．设立公益基金。社会组织为履行社会责任和提高组织形象，设立各种公益基金，资助或奖励那些在学术、科技、文体界以及其他公共事业中有突出贡献或有培养价值的人员或组织机构。

活动主题选择

公关专题活动策划,最重要的就是公关专题活动主题的选择与确定。有了意义积极、富有创意和引人耳目的主题,整个活动才能运筹好,取得成功。

公关专题活动的主题,是对公关专题活动内容的高度概括或简明而精确的表述。研究公关专题活动主题的选择问题,实际上就是研究如何选择和确定公关专题活动的内容问题。进而再研究对已确定的活动内容如何进行科学表述和概括的问题。选择与确定公关专题活动的内容和主题应注意以下要求和技巧。

主题要服务于公关目标

1. 根据公关目标选择公关活动内容。公关专题活动是为实现公关目标服务的,要根据公关专题活动的具体目标选择公关专题活动的内容,然后概括出公关专题活动的主题。

2. 主题用语要尽可能与公关目标相关联。在公关专题活动主题时,既要考虑能完整、准确地将活动内容加以概括,又要注意尽可能采用与公关目标直接相关联的用语,以强化、突出公关目标。例如,为纪念"母亲节",营造婆媳关系和谐的家庭或社会氛围,山东省即墨市举办了别开生面的"首届婆媳运动会"。他们设计了"媳妇给婆婆穿衣服","媳妇背婆婆过桥"、"婆媳拦腰拉手跑"等比赛项目,热闹非凡,引起了社会广大公众(特别是妇女们)的极大兴趣,取得了巨大成功,完全实现了活动的预期目标。这项专题活动从内容的选择,到主题的设计,无不体现了促进婆媳关系和谐、形成良好社会风气的公关目标。

活动内容和主题要富有创意

只有富有创意的、新颖独特的、别开生面的活动内容和主体才能令公众耳目一新,引起注意,产生轰动效应。

选择有创意的活动内容和主题有两大基本途径:一是利用社会上现有的媒介事件,大加渲染;二是"无中生有",利用企业自身条件和外部环境,适时地制造出特定的媒介事件。所谓媒介事件,是指公关人员可以用来制造新闻,吸引公众,扩大影响的人的活动或事件。公关专题活动本质上就是利用媒介事件，制造新闻，影响目标公众的活动。

在公关实践中，利用或制造媒介事件的方法和技巧很多，以下一些方法和技巧可以借鉴。

1．寻找话题。开展专题活动，最重要的是要选择恰当的媒介事件。这种媒介事件应与公关目标一致，而且能有效吸引目标公众注意。这种事件在现实生活中大量存在着，关键在于公关人员能否及时发现，加以利用。许多事情看起来毫无意义、不足挂齿，但如果找准视角，善于挖掘其新闻价值并巧加利用，也会成为能产生轰动效应的媒介事件。因此，在公关实践中要注意以下几点：①留心观察，公关人员需要特别留心观察各种事件，无论是国内外发生的重大事件，还是身边发生的日常琐事，都要注意观察，及时捕捉有价值的信息；②抓住轰动事件，一些意义重大的，为社会所广泛关注的轰动事件是最理想的媒介事件，必须高度重视，适时设计出相应的公关专题活动；③巧用反面事件，由于社会组织自身出现失误，或者出现社会公众对社会组织的误解，从而发生有损社会组织形象的反面事件时，如果运筹得好，搞"家丑外扬"，使不利于组织的反面事件变成扩大组织正面影响的媒介事件，反倒更能吸引公众的特别注意，使专题活动的效果更加明显，例如，广州万宝电器公司在 20 世纪 80 年代因产品质量问题引起一场"万宝事件"。北京的几家大报对其产品质量问题进行大曝光，厂长抢起大锤当众将不合格产品砸碎，全厂受到极大触动，并将这一天定为"厂耻日"，每到这一天，全厂上下大搞质量评比活动，纪念"厂耻日"，使产品质量明显提高，同时利用新闻媒介进行报道，由于是纪念"厂耻日"，大搞"家丑外扬"，引起公众广泛关注，使产品质量明显提高的信息传遍社会，有效地重塑了产品和公司的形象。

2．借题发挥。对于可以用来传播的媒介事件，要运用创造性思维和创造技法，进行扩展性构思与科学处理，最大限度发挥和利用其新闻价值，以求得尽可能大的轰动效应。其具体要求是：①善于挖掘，对于可以用来制作公关专题活动的生活素材，要从公关目标和专题活动的要求出发，进行剖析，深入研究，利用"一滴水就反射出太阳的光辉"这一小中见大原理，积极挖掘其新闻价值；②增强媒介事件的目的指向性，对于所选择的材料进行必要的加工提炼，突出其服务于公关目标实现的内容，增强媒介事件的目的指向性，使专题活动内容更切主题；③恰到好处的"节外生枝"，这里所讲的"节外生枝"，不是指对有关事件的事实进行歪曲、造假或搞"画蛇添足"，而是指在尊重基本事实的基础上，做一些必要的拓展、加工和渲染工作。例如，当美国联合碳化钙公司一座高达 52 层总部大楼竣工后，正在策划如何将这一信息广泛传播出去之际，有人发现一大群鸽子飞进了这所大楼的一间房子里。这本来不算什么大事。正当有关工作人员要把这些鸽子清出去，以打扫房间卫生之际，公关人员觉得机会来了，可以"小题大作"一番。他们立即通知"动物保护委员会"和多家媒体记者。当动物保护委员会工作人员前来捕捉这些鸽子的时候，大批新闻记者及公众都已云集在这座新建的大厦前。记者们又搞现场采访，又搞现场直播。这里一下子成了全城舆论关注的焦点。从捕捉第一只鸽子到最后一只鸽子，这座大厦整整风光了3天，完全达到了向社会公众宣传大厦竣工的预期目的。

3．发挥名人效应。在选择专题活动的媒介事件和增大媒介事件宣传效果的过程中，应注意如何利用名人效应问题：①关注名人动向，要利用名人效应，制造媒介事件，首先要注意名人的动向，名气很大的名人，单独邀请难度是非常大的，最好是利用名人自己的安排，使双方都便利，这就要留心名人的动向，适时设计和开展公关专题活动；②要选择与目标公众贴近的名人，名人都是相对而言的，名人总是在一定的专业或活动领域内，对崇拜他的公众的影响力很大，因此，在利用名人开展公关专题活动时，尽可能挑选那些非常受目标公众喜爱，影响力极大的名人。例如：1992年5月18日，坐落在杭州西子湖畔的"皇宫"酒店隆重举行开业典礼，原本定于5月上旬开业的酒店为何选中了这个日子?原来酒店刘经理在一个偶然的机会，得到一条信息：5月18日中国台湾著名女作家琼瑶女士偕丈夫平鑫涛先生要来杭州。刘经理觉得这是天赐良机，如果借这位在大陆名气极大的女作家来杭州之际酒店开张，一定能取得很大的轰动效应。于是她一面同有关方面联系，表示要在酒店为琼瑶安排精美丰盛的接风洗尘宴会，一切费用由本酒店负责；一面广泛联系新闻记者。到5月18日下午4点半，琼瑶夫妇来到"皇宫"酒店，同时酒店举行隆重开业典礼。众多名人志士及新闻记者光临。琼瑶出席"皇宫"酒店开业典礼，一时成为整个杭州城的热点新闻。

4．求新寻异。选择专题活动的内容和主题，最首要的标准是新颖奇特，引人注目。没有新意和特色的公关活动是低效或无效的。可以通过以下方式进行求新寻异：①敢为天下先，首先要敢想，敢干，敢做他人从来没有做过的事，这样才有新鲜感，才有可能吸引广大公众，跟在他人的屁股后面，照搬他人的做法是很难奏效的；②突破常规，要突破思维定式，发挥创新思维的作用，求新寻异，另辟蹊径，有时一些近于荒诞的想法可能会为突破常规提供新思路；③充分联想，大胆移植，对于手头拥有的材料和信息，在分析思考的基础上充分发挥想象力和广泛联想，对于可以借鉴的相近或相关因素进行大胆移植，从而产生新的事物，这是选择专题活动内容和主题的一种重要方法。

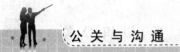
5．利用竞争中的信息。有许多专题活动是根据竞争中的形势，有针对性地进行灵活安排的。因此，捕捉竞争中有关竞争对手的信息，比较双方的优劣，从中选择适当的公关目标和内容是极为必要的。利用竞争中的信息要注意以下几点：①注意跟踪竞争对手的动态，利用竞争中的信息，了解竞争对手的行踪，研究竞争对手的动态，捕捉竞争对手的信息，及时发现其失误和不足，以便有效利用；②比较竞争双方优势劣势，要分析竞争双方的实力、策略和动向，从中发现双方各自的优势和劣势，以便扬我所长，攻其所短；③采取有针对性的对策，即在搜集、分析和处理有关竞争信息的基础上，拟定有效的应对策略。

主题要适应公众的需要

公关专题活动是向公众开展工作，进行传播的形式。只有适应公众口味，满足公众需要的主题，才能引起公众的注意，才能使公众产生共鸣。因此，选择与确定主题必须适应公众的需要。

1．处理好目标公众需要与普通公众需要的关系，要做到：①考察目标公众需要，并将适应目标公众的需要作为选择主题的重点；②兼顾普通公众需要，任何专题活动虽然都有其特定的目标公众，但其目标公众不是绝对的，是可以与普通公众相互转化的。因此，对目标公众以外的广大普通公众也不可忽视。否则，一味迎合目标公众的需要，有时会在广大普通公众中引起强烈反感，使专题活动遭致失败。

2．认真分析公众的需要和口味。要适应和满足公众的需要，就必须首先分析、研究公众的实际需要。对于公众的需要前文已有相关论述，此处就不再赘述。但需指出的是要注意公众的从众心理。公众的需求有时会在一定程度上受从众心理的影响。一些公众作为公众领袖人物，他们的态度与行为倾向，可能很快就会成为广大公众的态度和行为倾向。因此，公关人员在全面分析广大公众需求的同时，还要注意公众领袖人物的立场和态度，进而预测广大公众的态度倾向。在分析研究公众需求的基础上，选择适合公众口味的活动内容和主题，这样才能吸引公众并引起公众的注意，才有可能获得组织所期望的公众反应。

主题应符合社会潮流

主题不但需适应目标公众需要，还要符合社会大潮流。只有符合社会大潮流，才能受到各级政府的重视和支持，才能得到广大社会公众的普遍支持和拥护，才能更好地发挥专题活动的作用。

1．主题要符合党和国家的大政方针。开展公关活动只有在党的政策和国家法律允许的范围内才是可行的。有时，借助党和国家的重大方针政策的"大势"开展公关专题活动，其效果会十分显著。

2．主题要体现地方政府意图。开展以推动地方经济建设和公共事业发展为公关主题的公关专题活动将会得到地方政府的大力支持和社会公众的积极拥护。

3．主题应顺应社会风尚与潮流。良好的社会风尚是广大公众关注与追求的热点。公关专题活动主题顺应这些热点，就会引起广大公众的浓厚兴趣，从而使专题活动收到较为理想的轰动效应。

4．主题要简明生动。主题表述用语既要简明扼要，又要鲜明生动，这样，既有利于引起广大公众的注意，又有利于公众理解和记忆。从而有利于广大公众更好地接受，并留下更深刻的印象。

活动形式选择

公关专题活动的效果，不仅取决于其内容和主题，还取决于所采取的实施方式。有效的活动形式是使公关专题活动吸引公众、强化传播效果的最基本的手段，因此，必须高度重视，精心设计。

选择活动形式的依据

策划专题活动，在具体选择与设计活动形式时，主要应把握以下要领。

1．适于活动内容与主题的表达。形式由内容决定，形式为内容服务。选择专题活动形式依据中最重要的一条就是活动形式必须适于表达活动内容和主题。例如，在抗日战争前的上海，我国产生的一种"三星"牌白兰地酒，由于受到外国酒倾销的影响，销路较差，公司亏损，濒临倒闭。于是厂家决定开展一次以提高"三星"牌白兰地酒知名度，促进销售为主题的专题活动，为了有效实现这一目标，他们选择了在报纸上公开有奖征集对联这种形式，他们将拟出的上联"五月黄梅天"登在报上以重金买下联，引起广大读者和社会各界公众的踊跃参与，征集到大量下联，而最后"三星白兰地"成为最佳下联获金奖。这一下联不但对得工整恰当，而且直接点出该厂产品的品名和商标，宣传效果显著。从而使"三星白兰地"名声大振，销路大增，完全达到了预期目的。这主

要是由于所选择的重奖征集对联的形式，非常好地服务于活动主题的结果。

2．迎合公众的喜好。只有使广大公众乐于接受的专题活动才会取得效果，因此，选择活动形式必须从公众的喜好和兴趣出发。要认真研究公众的类型与特点，掌握公众的需求与心理，了解他们的喜好与兴趣。然后，有针对性地选择能使公众感兴趣、能吸引公众注意、受公众欢迎的形式进行专题活动设计。

3．新颖奇特。只有所选择的活动形式新颖奇特，不落俗套，活泼生动，才能吸引广大公众，引起他们的浓厚兴趣，进而使其接收信息，受到影响，从而有效达到预期目标。

4．发挥优势，量力而行。在选择和设计专题活动的形式时，要充分注意资源或条件问题，不能不顾一切而一味"贪大求洋"，追求轰动效应。要认真分析本组织的优势和不足，扬长避短。同时，要量力而行，将资源进行优化配置，使公关专题活动的效益最大化。

专题活动形式设计要领

设计公关专题活动形式时，还要注意一些值得借鉴的规律和技巧。

1．善于运用创造性思维与创造技法。在选择和设计活动形式时，要运用创造性思维，放开思路，大胆想象，灵活运用各种创造技法，去寻找或设计新颖奇特的活动形式。

2．学习和借鉴他人的经验。在设计活动形式的过程中，虽然强调创造性，但并不排斥学习和借鉴他人的经验。通过学习借鉴而受到启发，然后结合实际加以移植或再创造。但是绝不可生搬乱套，跟在他人屁股后面走。

3．从现实出发，善于升华。有一些出色的公关专题活动形式是精心设计的全新创意形式，但大多数专题活动是各种常规形式的变换、重组和改进。因此，在选择与设计活动形式时，应留意身边的事物，善于从平凡中见非凡，将现实存在的形式，加以改进、变换、重组，使其升华成新颖有效的形式。例如，日本电通广告公司从银座的旧楼搬到筑地的新大厦，这本来是一件极普通的事。但电通公司竟然别出心裁，特地选择公司成立66周年纪念日这一天搬迁，除了大造各种舆论外，在这一天，公司总经理还率领2000多名职工，高举"谢谢银座各界人士过去的照顾"和"欢迎筑地各界人士以后多多赐教"的条幅，浩浩荡荡地由银座向筑地行进，沿途吸引了大批行人，日本各大报、各电视台纷纷报道了"电通"的乔迁之喜，特别是这种别开生面的热闹场面。对此，许多人不禁赞叹："真了不起，到底是电通!连公司搬迁都成了新闻报道的最佳题材。"

4．集思广益，群策群力。成功的专题活动形式，往往是多个人共同研讨、思索与加工的结晶。在设计活动形式的过程中，应尽可能发动群众，把题目交给大家，用"头脑风暴法"等形式，广泛讨论，集思广益。这样，既可以获得多种方案，又可以相互启发，使好的点子不断升华，最终形成汇聚集体智慧的有效方案。

有效利用强化效果的辅助形式

当设计了专题活动的基本形式之后，还应选择一些可以增强活动效果的辅助形式。

1．新闻媒介。每一项大型专题活动，都离不开新闻媒介的作用。在设计活动形式时，应充分考虑新闻媒介的运用问题；要使活动形式符合新闻媒介传播的要求，有利于提高新闻价值；并积极与新闻媒体联系，争取得到他们的大力支持，通过新闻媒介强化专题活动的效果。例如，按照惯例，外国元首访华，其盛大的答谢宴会总是在人民大会堂宴会厅举行。而 1984 年美国总统里根访华的答谢宴会却在刚落成不久的北京长城饭店举行。原来这是北京长城饭店大力开展公关的结果。北京长城饭店开业后，由于知名度不太高，高级宾客来得不多。当他们得知美国总统要访华时，决定利用这个机会大搞一番公关活动。经过积极争取，终于实现使美国总统里根访华时在长城饭店举办盛大答谢宴会的目标。当宴会举行之际，来自世界各地的 500 多名中外记者云集北京长城饭店，向世界各地报道美国总统里根访华的答谢宴在北京长城饭店举行的消息，并通过电视实况转播，使上亿观众将长城饭店看个清清楚楚。这一精心策划的公关活动大大地提高了北京饭店的知名度，特别是强化了其"涉外、豪华"饭店的形象。

2．情感。在开展公关专题活动的过程中，有关人员之间的情感因素起着重要作用。因此，在设计活动形式的过程中，要十分重视有关人员之间的情感问题。例如，增加一些个人间的接触，强化感情融通机制，使大型专题活动与活动过程中人员之间的感情有机结合起来，以相关人员的情感来加强对公众的影响，强化专题活动的实际效果。

3．其他手段。在专题活动形式设计中，还要注意一些附加手段的运用。例如，场所、气氛、时间和程序等因素的有效运用。

第五章

公关实务 2：信息传播

信息传播机制

communication 是一个具有丰富内涵，而又难以界定的概念。把它翻译成中文"传播"，引发了很多的争论。中文"传播"一词的直义就是"散布、推广"。可是在传播学（现在通用的提法），特别是在公共关系学中，将 communication 译作"传播"，可以发现 communication 的英文原意与中文"传播"一词原意有很大的差异。在众多英汉字典中，communication 被译为通信、交通、联络、交流、共享等，而不是"散布、推广"。它们的主要差别在于：中文"传播"的含义更强调信息发布者对信息的单向传递；而 communication 更强调信息的双向交流、共享。把 communication 译作"传播"，似乎非常符合这一学科建立初期单向的"新闻代理/宣传"模式的含义。笔者认为，在公共关系学中，communication 主要具有中文中"传播"与"沟通"共通的含义。如果硬要"造出一个词"来表示的话，可以用"传通"表示。这里的"传通"是指以信息传输为载体或基础实现思想与情感的交流、沟通。其实，港台学界就曾将 communication 译作"传通"。美国传播学大师威尔伯斯拉姆的真传弟子余也鲁博士也把 communication 译作"传通"，认为"传通"就是传播加沟通。[①] 当然，语言是一种约定俗成的交流工具，如果

---

① 阿莱克斯·穆奇艾利.2009.传通影响力：控制、说服机制研究.宋嘉宁译.北京：中国传媒大学出版社：5～6。

全世界的华人都认为"传播"具有"交流"、"沟通"的含义，那么"传播"转义来代表communication的准确含义，也就不足为怪了。因此，本书也仍然沿用"传播"这一概念。

公共关系传播是以一般信息传播模式为基础的，而一般信息传播模式反映的是申农创建的通信机制。

信息传播基本机制

信息传播要素

信息传播是一个由多要素构成的动态系统。其构成要素如下。

1. 信息。信息是传播的内容，是整个传播系统的核心。所谓信息，通俗地讲，就是能带来新内容、新知识的消息。按照信息论的观点，信息能够解除系统状态的不确定性，即有助于确定系统的状态。信息论创始人申农研究信息的度量时借用了物理学中关于"熵"的概念，熵是系统不确定性的度量。某系统信息量的不断增加，表明系统不确定性在减少，有序化程度在增强，因此，信息可以看作是负熵。从广义上讲，信息是"意义"（内容）与"符号"（载体）的统一，即信息既包括信息的内容，又包括信息的载体。例如，报纸上刊登了某地区发生地震的消息。那么，"某地区发生地震"就是信息的"意义"或内容；而反映这一内容的报纸版面就是这条信息的"符号"或载体。从狭义上讲，信息只指信息的"意义"，而相应使用"信息符号"表示信息的载体。信息是指所传播的内容，信息的外在形式多种多样。例如，同一条消息，可以登报纸，也可以上广播。

2. 信源。信源是发出信息的主体，即传播者，是制造或提供信息的人或系统。例如，一个广告策划人拟定广告信息，一家企业发布关于新产品的信息，此时这个广告策划者和这家企业就是信源。信源是传播过程的起点。

3. 编码。编码就是将信源发出的信息的形式转换成适宜传输的信号的过程。一般信源发出的信息形式，不能或不适宜传输，这就需要依据一定的规范将原有的信息形式加以转换，使其成为能够或有利于传输的信息形式。例如，拍发电报必须首先将电文编码，转换成电波形式发出。再如，企业需做广告时，将企业的有关信息拟成广告稿，转换成文字、图形、音响或录像等形式进行传递。从广义上说，凡为便于传输而进行的信息形式的转换过程都属于编码过程。

4. 信道。信道是指信息传播的渠道或载体。信息总是要借助一定的渠道或载体进行传输的。例如，电报、电话、报纸、电视等都是传输信息的渠道或载体。信道也称媒

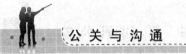

介，主要包括符号媒介、实物媒介和大众媒介。

5. 信宿。信宿是指信息的传播对象或受传者，或者说是接收信息的人或系统。如接收公关信息的公众，接收广告的受传者等。信宿是信息传播过程的终点。

6. 译码。译码是指将接收到的信息符号转换成能够或便于信宿接受的信息形式的过程。如电报的译码，秘书对会议内容做书面记录等。

以上六大要素的有机组合构成了信息传播系统。

信息传播机理

信息传播模式是建立在申农所创建的通信模型和机制基础上的。

申农将信息定义为系统状态不确定性的排除。信息反映了系统状态的不确定性的某种变化，而信息从信源系统传输到收信系统，实质上是变异度的"传输"。但这并不意味着真有某种"热质"一类的"信质"在传送，而是信源系统的可能状态集对应了传输系统（信道）的可能状态集，而传输系统的可能状态集又对应了收信系统的可能状态集。于是，在这两种对应过程中，信息源的变异度被"传输"了。人们把前一种对应称为编码，后一种对应称为译码，把通过某一种变异度了解另一种变异度的过程称为传递消息，把体现消息的物质载体称为信号。可以用集合论的符号表示编码和译码过程。

信息源系统的状态集为 $X = (X_1, X_2, \cdots, X_n)$，信号表示的消息集为 $X' = (X'_1, X'_2, \cdots, X'_n)$。对应就是变换，用变换算子 T 表示，它的逆算子为 T^{-1}。

编码过程为

$$X' = TX$$

译码过程为

$$X = T^{-1}X'$$

信息论指出，对于一个封闭系统来说：变异度在传输过程中只会减少，不会增加；只有一一对应的变换，才可以使变异度不减少；原则上讲，只要在编码中不减少变异度，总可以找到合适的译码方式使消息完全传到。例如，在一个企业经营系统中，如果想把企业产品更新换代的信息传输给顾客，那么可以借助一些反映升级状态的指标，尽可能地用近似一一对应的方式，把信息传输给顾客。而且指标越全面、真实、与实际系统一一对应，就越能准确地反映产品升级换代的变异度，就越能使顾客全面、准确接收到产品升级的信息。

信息传播过程

基于上述机理，申农创建了通信系统模式。这一模式揭示了信息传递的过程，是信源通过信道，将信息传送给信宿的过程，如图 5.1 所示。

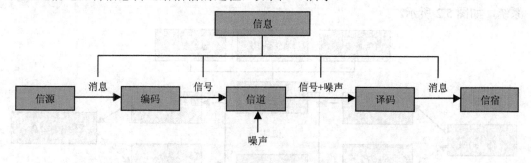

图 5.1　信息传播基本模式

信息传输的过程，实质上是系统不确定性的排除——系统不确定性的变异度的传输过程，而这一过程又是通过各个传输系统的可能状态集的一一对应实现的。这一实质过程具体表现为以下几个阶段。

1．发出信息。信息是由信源发出的。无论是个人还是社会组织，将掌握的信息通过信道发往信宿。

2．信息编码。为使信息有效传输，将消息形式的信息转换成特定的符号形式。

3．信息传输。信号借助一定的信道向信宿传输。在这一传播的过程中，常常会使一些噪声进入信道，干扰信息传输，造成一定程度的信息失真。此时，在信道中传输的是信号与噪声。

4．信息译码。经过译码，再将信号转换成便于信宿接收的消息。

5．接收信息。信宿将传输过来的，并经过译码的消息加以接收。至此，完成了信息传播的过程。

6．信息形式的多重变换。在整个传播过程中，信息的本质内容是没有变化的，但其存在形式或外在形式却经过多次变化，其表现为消息—信号—消息的过程，即是一个借助信号传输，最后还原为消息的过程。

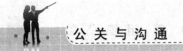

公关传播系统模式

　　公关传播系统模式，是以信息传播机制为技术支撑，以谋取公众认同与合作为目的，由公关主体（传播者）向公关对象（受传者）进行双向信息传播的机制与过程的结构化系统，如图 5.2 所示。

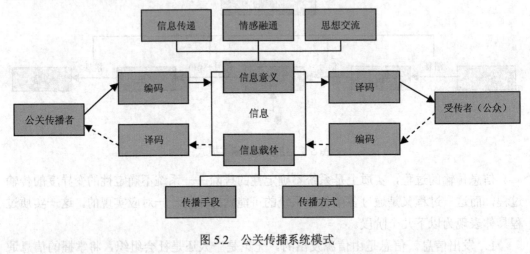

图 5.2　公关传播系统模式

　　传播机制

　　公关传播以公关传播者（社会组织或个人）、信息（含信息意义与信息载体）、受传者（公众）等基本要素构成的信息传播结构为基础，以系统不确定性的变异度的传输为机理，实现公关信息的传播。详见前文的相关论述。

　　传播过程

　　社会组织或个人作为公关传播的主体——传播者（信源），根据组织的总目标和公关活动的目标自觉发出各种相关信息，经过编码（传播者的筹划与技术处理）后进行传输；传输中的信息包括信息的意义（信息意思、情感、思想），还包括信息借以存在与传输的载体（传播媒介，如报纸、广播、电视、交际等）；受传者——公众（信宿）对接收的信息译码（技术处理或理解），接收信息，并作出反馈。公共关系中的传播是双向的，公众接收信息后会作出回应：仍然沿着"编码——信息传输——译码"的过程向公关主体反馈信息。而这样的双向传输过程是多次反复的。这就是公共关系传播的基本过程。

信息意义

作为公关传播中的信息包含信息意义与信息载体两个层次。意义或称意思，是信息的内容；而载体是信息的符号或存在形式，或称传播媒介。

在公关传播中，所要交流的信息，主要包含 3 个层次的意义。

1. 信息传递。它是指公关主体向其公众传递信息。传递信息既可以是单向的，如社会组织向其公众发布消息；又可以是双向的，如营销人员拜访客户时的相互交谈。信息传递的过程就是信息在传播者和受传者之间传输的过程，其目的或结果是影响公众的认知，即改变公众对公关主体及相关问题的认知，进而影响公众的情感与态度。这一过程是所有公关行为的基础。

2. 情感融通。所谓情感融通，是指公关主体与其公众之间在情感上的相互交流与沟通。在公关实践中，通常是公关主体主动与公众进行沟通行为。但是，随着交流与沟通的深入，双方可能都积极地进行交流与沟通。如公司经理主动与员工联络感情；员工备受感动，也主动与经理联络感情。情感融通的过程是传播者与受传者之间情感交流的过程，其目的或结果是增进与公众之间的感情，拉近相互之间的心理距离。情感融通是以信息传递为基础的，它对公众的态度与行为产生重要影响。

3. 思想交流。它是指公关主体与其公众之间在思想观念上的相互交流与沟通。这是一种更高层次的交流。如两位同事就公司的工作交流意见或看法。思想交流的过程是思想观念的相互交流与影响的过程，其目的或结果是态度上的改变，进而导致行为的改变。显然，这是公关传播中最重要的传播行为。思想交流以信息传递为基础，并受情感融通影响。

信息载体（传播媒介）

在公关传播中，信息意义是借助信息载体（或称传播媒介）进行传播的。传播媒介对信息传播的效率与效果具有重大影响和作用。传播媒介主要包括传播手段和传播方式。

1. 传播手段。传播的基本手段可分为两类：一是语言传播手段，指用来将公关信息由社会组织传送给其公众的口头语言和书面语言，它是公关传播最基本的手段；二是非语言传播手段，指用来将公关信息由社会组织传送给其公众的各种体态语言、类语言

和空间运用等手段，是公关传播的有效辅助手段。

2．传播方式。传播方式主要有三种：①大众传播，是指社会组织借助大众传媒将公关信息传送给其公众的方式，如一家企业通过电视广告向公众介绍其新产品；②人际传播，是指社会组织不是借助大众传媒，而是通过人际之间的直接交往将公关信息传送给其公众的方式，如公关人员为联络客户感情而登门拜访；③综合传播，是指大众传播与人际传播的有机结合而形成的一种组合传播方式。

公关信息的有效传播

有效传播的衡量指标

公关传播是否有效，主要表现在以下几个方面。

信息质量

信息质量是指所传播的信息的真实性和准确程度。传播不真实的信息，或不准确的信息是没有意义的，甚至是有害的。要使信息传播有效，首先是要传播真实、准确的信息。

信息数量

信息数量是指在某项公关活动过程中或一定时期内所传播信息的多少。若传播的信息是实现公关目标所需要的，那么传播出的信息越多，说明传播的功效越高。

传播速度与时效

传播速度是指公关信息由社会组织传达公众的快慢程度；时效是指公关信息送达公众的有效期限。信息传播速度越快，说明传播功效越高。但只有保证信息在有效期限内传达，信息传播才是有效的。

接收率

接收率是指公众实际接收到的公关信息占由社会组织向公众发出的公关信息总量

的比率。显然，该比率越高，即接收率越高，说明传播的效果越好。接收率是公关传播功效最重要的指标之一。凡是不能为公众所接收到信息的信息传播，都是没有意义的无效的信息传播。

影响力

影响力是指社会组织发出的公关信息对影响公众情感，改变公众态度起到的实际作用。这是传播功效高低的最终评价标准。因为公关信息传播的最终目标就是通过传输公关信息，影响公众的情感，改变公众的态度。只有实际发生了预期作用的信息传播才是最有效的信息传播。

上述五个指标是公关传播功效高低的构成要素，是评价公关传播有效性的基本标准。要提高上述五个指标水平，增强公关传播的有效性，必须认真分析传播系统模式的基本构成要素和相关辅助因素，把握其运作的内在机理，实现最佳组合与运作，优化公关传播过程。

传播者与有效传播

公关传播主体，即发出公关信息的各类社会组织及其公关人员，其自身的一些因素对传播功效有着重大的影响和作用。传播者对传播有效性的影响主要来自两个方面：一是发出的信息是否清楚、有效；二是对于传播对象而言，是否有较高的信誉度。这两个方面具体又由以下因素所决定。

传播者的专业权威性

人们接收信息，首先看信息提供者是不是有关专业的行家。行家提供的信息有较高的可信度，容易为传播对象所接受。例如，在做药品广告时，请有关医学专家来推荐，较易使广大公众相信。

传播者的道德水平

传播者个人道德水平的高低，如是否忠厚老实，是可信度的重要决定因素。对于忠诚可靠的人所提供的信息，公众是很容易相信的。而对于狡猾奸诈的人所提供的信息，是很少或没有人相信的。

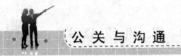

传播者的性格与态度

若传播者性格外向，则直言快语，其提供的信息容易使人相信；若传播者性格内向，则讲话委婉含蓄，其提供的信息有可能被怀疑。态度谨慎、说话讲究分寸的人提供的信息容易让人相信；而态度随意、夸大其词的人提供的信息不易让人相信。

传播者提供信息的动机

传播者提供信息的动机，对于传播效果影响极大。若传播的信息与传播者有重大的利害关系，那么公众是不会轻易相信的；而传播的信息与传播者没有利害关系或甚至不利于传播者的利益时，人们就容易相信。例如，营业员向顾客介绍某种商品具有优越性，顾客总是不太相信的，因为这难免有"老王卖瓜，自卖自夸"之嫌；若这是由一位顾客说出来的，就很容易使人相信。所以，在日本流传的"满意的顾客是最好的广告"的说法是极为有道理的。但是个别奸商正是利用这个道理，让自家人充当"顾客"说其商品如何好以使顾客上当，这就是群众所说的"牵驴"现象。

传播者的知识

传播者所要输出的信息要由传播者进行必要的加工处理，并选择和确定具体的输出形式，这些对于传播效果有重要的影响。而传播者的知识水平、经验阅历对于信息的加工过程有重要的影响。例如，对于同一个事件不同专业和阅历的人可能有不同的视角，当他们向外界提供这一信息时，会有不同的侧重点，甚至差异很大。

传播者的权力

传播者是否拥有一定的权力及权力大小，会直接影响信息传播速度、接收率和影响力等。传播者可以通过手中拥有的权力对传播过程施加影响，从而影响传播的功效。

传播者的传播能力与技巧

这是指传播者在确定信息内容、选择信息形式、利用传播手段等方面的实际能力以及相关技巧。传播者的传播能力与技巧是决定传播功效的重要因素之一，它对传播质量、数量、速度，特别是接收率和影响力有着重要影响。

受传者与有效传播

传播对象，即信息传播中的信宿，是公关传播中的公众，可简称为受传者。传播效果最终要体现受传者接收信息并受到影响作用。因此，受传者的许多因素及其与所传播信息的关系将对信息传播的有效性产生重大影响。

受传者对信息的接受能力

受传者要有一定的接收、分析、处理和运用信息的能力，才能有效地进行接收、译码和采用。这种能力的高低，直接影响传播的实际效果。对传送来的同一信息，由于信息接受能力不同，传播的功效就会有所不同。例如，A、B 两家公司都派遣人员到同一个太平洋岛上推销鞋，可到那里一看，岛上的所有居民都不穿鞋。A 公司的人员大失所望，立即向公司总部拍回电报："此岛居民全不穿鞋。明天即返回国。"而 B 公司的人员则喜出望外，也立即给公司总部拍了一份电报："此岛居民全部没鞋，此地市场大有可为。"同是获得"全岛人都不穿鞋"的信息，但 A、B 公司人员对这个信息的分析、处理和运用竟然大相径庭。可见受传者的接受能力对传播功效的影响之大。

受传者的知识

受传者的知识专业领域和水平的高低以及实践经验的多少，也会影响到接收信息的效果。当传输的信息与他们的专业相同或相近时，接收效果就好得多，反之亦然。信息传播者的知识水平要与受传者的知识水平相衔接，否则，收到的可能是"对牛弹琴"的效果。例如，1941 年春，新四军四师骑兵团接到师部的一道命令："带 5 个连兵力，星夜行军，到司令部受命。"当时团长不在，副团长看后将命令放入口袋中，继续捕鱼。2个多小时后，参谋长看到命令，着急地说："怎么还不出发？"副团长大笑着说："慌个啥，才上午 10 点多钟，离星星出来的时候还早呢？"参谋长忙解释说："星夜行军是日夜兼程、紧急行军，可不是等星星出来再走啊!"结果白白耽误了小半天时间，贻误了战机。由于知识水平的不同，对"星夜行军"有不同的理解。可见，受传者的知识水平也会对传播功效产生重大影响。

受传者的性格与思维特点

受传者若性格开朗、思路活跃，则接受反映新事物的信息可能较为容易；而性格内

向、思路封闭的受传者，接受反映新事物的信息可能会困难得多。

受传者的价值观念

接收信息是一个思想活动过程，受传者在接收信息时，总是自觉或不自觉地根据自己的价值尺度对信息进行选择和处理，按自己熟悉、习惯的方式解释信息。凡是与其自身价值观念一致的信息可能很容易被吸收；凡是与其价值观念不一致的信息则可能会进行某种程度的抵制。因此受传者的价值观念可能会对传播功效产生重大影响。

受传者对传播者的情感

传播虽然是一个信息传输的过程，但由于传播者与受传者都是有情感的人。因此，传播过程不可避免受到传播者与受传者双方情感因素的影响。人们可能较容易接受来自与其关系密切的传播者的信息，而可能会自觉或不自觉地抵制来自与其关系不好的传播者的信息。例如，一个人很容易相信他的一位朋友提供的信息，而难以相信一个同他闹别扭的人为他提供的信息。

受传者对信息的需要与兴趣

受传者对信息的需要与兴趣对于信息接受率和影响力具有明显的作用。当人们对某条信息很感兴趣、有强烈需要时，就会对信息的接受产生一种强烈的欲望，对信息内容进行更深入的理解，从而大大提高信息的接受率和影响力。而对于不感兴趣，或没有需求的信息，则缺乏接受的积极性，其接受率和影响力都不会太好。例如，由于公众的具体需求和兴趣不同，同一广告信息对不同公众的影响和作用有所不同。

信息形式是否适合受传者口味

所传输信息的具体形式是否适合受传者的口味，对受传者接收信息的效果也有很大影响。一般来说，以受传者喜欢或习惯的信息形式传播的信息更容易被受传者接受。如果以受传者反感的信息形式传播的信息，则不易使受传者有效接受。

传播手段与有效传播

在所有影响传播功效的因素中，传播手段是影响传播功效的最直接的因素。传播手段可分为语言传播手段和非语言传播手段。这些手段的艺术技巧将在以后的章节中作深入研究和介绍，这里重点研究这些传播手段对传播功效的影响。

传播手段的有效性

1．传播手段质量决定信息质量。传播手段的好坏直接决定着所传送出去的信息的质量。最基本的传播手段是语言。在公关传播中对语言的第一位要求是准确，即能准确无误地将所要输出的信息表达出来。如果语言运用不当，输出信息不准确，那么就容易被误解，信息传播就难以达到预期目标。

2．传播手段类型与质量影响传播速度。传播手段对传播速度有重要影响。这主要是指用准确、简洁的语言来表达信息，使受传者更快、更好地接受这一信息。而含混不清、极其啰唆的语言，会增加受传者接收信息的难度，降低信息传播的速度。

3．传播手段促进情感传递。情感是公关传播中的重要内容。应充分发挥语言与非语言手段在传递情感、影响情感上的作用，通过艺术化传播手段，增进传播双方的感情。而且还使受传者得到一种心理上的满足。

时空手段的运用

1．空间距离。空间距离是公关传播中的重要手段，属于非语言传播手段。空间与距离的巧妙运用，可以对处于传播之中的受传者产生微妙的影响，进而影响到传播的效果。

2．时机。在传播过程中，时机既是一种条件，又是一种非语言性传播手段。在有利的时机进行信息传播，可以大大提高信息传播的功效。时机是关系公关传播功效的重要变量。例如，"保灵"公司正在为如何推销天然花粉食品"保灵密"大伤脑筋时，先后传出两条消息。一条是美国总统里根的女儿透露："10 年来，我父亲冰箱里的花粉从未间断过，他喜欢每天下午 4 点吃一次天然花粉食品，长期如此。"另一条消息是，据里根的助理说："里根总统在健身问题上有自己的秘诀，那就是：吃花粉，运动多，睡眠足。于是"保灵"公司抓往这一有利时机，利用这位美国历史上年纪最大的总统的这一偏好大做文章，造舆论，做广告，利用名人效应，使其产品迅速占领市场。可见利用时机对传播效果是何等重要。

传播方式与有效传播

传播方式对公关信息的传播也会产生明显的影响。人际传播、大众传播和综合传播等传播方式，这些特点从不同的角度和程度影响传播效果。

传播方式对传播有效性的影响

1．传播数量和速度。不同的传播方式传播信息的数量和速度不同。如通过广播、电视以及网络等传播信息，短短的时间内就可以传播大量的信息，而人际传播的速度和传播信息的数量是比较有限的。

2．信息传播面。采用不同的传播方式，信息所能传播到的范围有所不同。如大众传播的传播范围较广，受传者的数量较大，而人际传播一般只是个别人对个别人或者对少数一部分人进行传播，其受传者的数量比大众传播少得多。从这个角度看，大众传播的功效要比人际传播的功效高。

3．反馈与调整。不同的传播方式，其信息反馈的速度有明显的差别，而反馈迅速的传播方式有利于及时地进行具体调整。人际传播在信息传输的过程中，传播者可以及时得到受传者的信息反馈，若有不妥之处，可立即进行具体调整，从而提高信息传播的有效性。

4．感情交流。人际传播具有明显的感情交流优势，信息传播者与受传者直接进行人际交往，有利于相互之间的感情交流。

传播媒体对传播有效性的影响

传播方式涉及如何有效地运用媒体问题。这里讲的传播媒体是指公关人员传播信息所借助的载体，主要包括两大类：印刷媒介和电子媒介。印刷媒介有报纸、杂志、小说等；电子媒介主要有电视、广播、电影、录像、网络等。这两大类媒介各具特点，而且每一类中的每一种也各不相同。不同的媒介，其传播的功能和效果不同，因此，应根据需要选用适当的媒介或媒介组合。

媒体影响传播的因素有以下几种。

1．中立公正性。一般来说，媒介本身是作为信息传播的中介存在的。受传者有时会怀疑传播者所传播的信息是否正确，但由于媒介通常是以中介人身份出现的，具有较强的中立公正性，更能赢得受传者的信任。所以，选择信誉高的媒介有利于保证传播的有效性。

2．权威性。媒介的权威性是加快信息传播，增强信息可信度的重要因素。越是权威的媒介传播的信息，受传者越容易接受。一般来说，选择权威较大的媒介进行信息传播，传播效果会好些。

3．对象针对性。不同媒介各有其特点，这些特点又决定着其特定的服务对象。因此，在选择媒介时必须注意何种媒介最受何种公众欢迎。只有善于利用目标公众喜欢的媒介传播信息，才能获得良好的信息传播效果。

4．内容适应性。不同的媒介有不同的传播特点，应根据公关目标和任务内容的要求进行选择。选择最适合表达所要传播的信息的媒介，会使得这一传播过程更加有效。

传播途径——大众传播

从基本传播方式来说，公关传播主要包括大众传播和人际传播。由于本书下篇专门研究人际传播（主要是人际沟通），因此，这里只研究大众传播的基本形式，主要是宣传与新闻传播、公共关系广告等。

宣传与新闻传播理论

传播效果理论

传播学者对大众传播进行了大量研究，取得了丰硕的成果。其中对传播效果的研究可以大致分为三个阶段：早期提出"枪弹论"，也称"皮下注射论"，认为大众传播对公众有强大的影响力，公众是很容易被传播的信息所击中的，从而达到传播的预期效果。后来，随着研究的深入，学者们感到，公众及其受到的影响是复杂的，大众传播的威力远没有人们想象的那么大，于是形成了有限效果模式。更新的研究对前两个阶段的思想作了进一步的修正，在有限效果模式的基础上又进一步强调了传播的威力，被称为适度效果论，较有代表性的有议程设置理论、教养理论（cultivation theory）等。

议程设置是指运用媒介赋予那些特定议题的显著性或重要性,借以引导舆论的现象或规律。这里所讲的"议程"是指人们对问题的重要程度或显著程度所排列的顺序;"设置"则是指媒介有意识的选择与设定。社会现实中的重要问题与人们实际关注的重要问题并不总是一致的。媒介总是根据特定目的来选择与突出其"议程";而这些"议程"将显著地影响公众的关注重点,从而使得公众关注的问题不一定就是社会实际重点问题,而只能是媒介关注或有意识引导的问题。1972 年,麦库姆斯和肖发表了关于议程设置理论假设的第一项研究成果。他们对 1968 年总统竞选期间的议程设置情况进行研究,结果显示:在主要新闻类别,媒介对某一议题的强调程度与选民对某一议题的感知程度之间的相关系数是 0.967。可见,媒体的议程设置对公众的影响是非常大的[1]。

宣传技巧

对于如何利用大众传播手段进行宣传,美国传播学者归纳为 7 种宣传技巧[2],这些技巧大都利用"外周途径"(第十章将讲到,意指利用一些外围线索,让公众不假思索地接受)。

1．光辉泛化法,即有意识地将所宣传的事物与好的事物或字眼儿联系起来,不经证实就接受或赞同这一事物。许多商品起非常好听的名字,如商品住宅小区起名"幸福家居",营养液起名"脑白金"等;一些商业促销行为使用更加高明的词儿,如推广分期付款买东西,不说是"负债",而称为"信用";将在管理中的一些改变、调整称作"改革"、"创新"等。

2．辱骂法,即有意识地将想贬低或攻击的事物加上一个不好的标签,或同不好的事物联系起来。如现在国际上,某些国家把与自己作对的国家称作"支持恐怖主义国家",以便在全世界范围加以孤立。

3．转移法,即将令人尊敬或喜好的事物的权威、认同和情感转移到所宣传的事物之上以使其更容易被接受。如在电视商品广告中,将所售家具置于豪华装修的房子中,将豪华装饰的美感转移到家具上,从而使公众提升对家具本身的评价值。

4．生活方式营销,即将人们的生活方式转移到所宣传的事物上,以增强公众对美好生活的追求与体验,从而使其更愿意接受所宣传的事物。如住宅的营销广告中,将所要出售的房子与室内外美好的环境及美好的生活情景融为一体,会有效激发购买者的欲望。

5．洗牌作弊法,"是指通过对事实或谬误、例证或干扰物,以及合理的陈述或不合

① Werner J. Severin, 等. 2006. 传播理论——起源、方法与应用. 5 版. 郭镇之等译. 北京:中国传媒大学出版社: 191。

② Werner J. Severin, 等. 2006. 传播理论——起源、方法与应用. 5 版. 郭镇之等译. 北京:中国传媒大学出版社: 97~110。

理陈述的选择和使用，以期对某观点、项目、人物或产品作尽可能好或尽可能坏的说明[①]。"如人们为了宣传自己的观点，通常会把接触到的大量事实、观点、论证等资料，按照自己的意图进行挑选和整理。有利于自己观点的要强调（甚至明知是伪造的），而不利自己的材料则舍弃，以实现自己的宣传意图。

6. 平民法，即传播者竭力把所宣传的人物打扮成平民形象，或极力把所宣传的观点掩饰成"平民立场"、"平民观点"，以争取更多公众的支持和接受。

7. 乐队花车法，即将所宣传的事物或立场说成是受到所有人的接受或认可，自然而然地引导公众不假思索地接受或认可。取意：大家不假思索地加入到"乐队花车"行列一起快乐。

新闻传播与新闻媒介

在大众传播中，最典型、应用最普遍的就是新闻传播。

新闻传播的概念与模式

所谓新闻传播，是指为有效实现组织的公关目标，利用新闻媒介，向社会公众发布新闻的一种大众传播方式。

新闻传播是社会组织向公众传播信息，影响社会舆论，树立良好组织形象的重要渠道。新闻传播过程是：作为传播主体的各种企事业单位等社会组织，为了实现公共关系目标，向新闻媒介提供大量有关本组织的信息；报纸、广播、电视单位等新闻媒介接收这些组织信息后，按照新闻要求进行选择与编辑加工、删改（怀特的"守门人"模式）、制作，其间新闻媒介要同新闻提供者沟通；然后由他们以新闻信息的形式发布、传播出去；公众则是这些新闻信息的接收者，接收这些信息后，将对有关社会组织形成一定的认识或印象；最后，这些关于组织形象的信息再反馈给社会组织。这一完整的过程如图 5.3 所示。

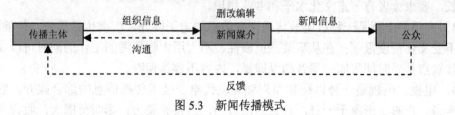

图 5.3　新闻传播模式

---

① Werner J. Severin, 等. 2006. 传播理论——起源、方法与应用. 5 版. 郭镇之等译. 北京：中国传媒大学出版社：105。

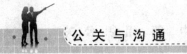

新闻传播的特点

新闻媒介在公共关系活动中极为特殊的作用，是由新闻媒介传播的特点决定的。新闻传播具有以下特点。

1．客观公正性。新闻媒介属于中间人，站在第三者的立场报道新闻，通常给人以客观公正的印象。即使发表评论，一般也被认为是公允的。报纸、广播、电视上宣传哪个单位好或者坏，广大群众就会在相当程度上相信其结论，主要原因则在于认为新闻媒介是公正的。

2．导向性。由于新闻媒介是党和政府的"喉舌"，对党和国家的路线、方针、政策体会得比较深，并捕捉社会信息和预测事物的发展趋势。因此，人们认为新闻媒介传布的信息，代表着一定时期事物发展的方向性。

3．可信性。新闻媒介每天都会得到大量的、多种多样的信息，他们有条件对信息进行筛选、检核和提炼。因此，由他们公开发表的信息都是比较可靠的、重要的、有价值的，能够引起公众的注意。

新闻媒介的种类

新闻媒介主要包括以下类型。

1．报纸。报纸是用文字来传播信息的纸质载体。其优点是发行量大，宣传覆盖率高；便于读者重复阅读，反复使用。其缺点是传递速度慢；不够生动形象，不能直观地报道新闻事件。

2．杂志。杂志也是一种以文字来传递信息的纸质载体。杂志的优点是专业性强，读者范围比较固定；报道内容深入细致，还可配以必要的图片和图表。其缺点是出版周期较长，要求读者有一定文化水平和专业知识。

3．广播。广播是一种以电波传递声音信息的电子媒介。广播传播迅速，传播面广，几乎不受文化程度限制；在从事某些机械性、不大用大脑思考的工作的同时可以收听广播。其缺点是受时间限制；播音稍纵即逝，内容不容易保存。

4．电视。电视是一种以视频和声频等现代电子技术传播信息的综合媒介。它集文字、声音、色彩、形象于一身，并且是动态的，最富感染力；影响范围大，收视人群最为广泛。其主要缺点是节目有固定的时间，稍纵即逝；节目制作成本高昂。

组织应依据各种新闻媒介自身的优缺点，再结合传播信息的具体情况，进行恰当的选择。

新闻稿件

　　要有效利用新闻传播，其中关键的一环就是要抓住时机，及时提供高质量的新闻。

　　善于发现组织内具有新闻价值的事件

　　组织的有关人员要想通过新闻媒介宣传报道本组织的消息，必须善于从本组织各项工作中挖掘新闻价值，这样才会为新闻机构所采用。新闻价值就是通过传播客观事实，对读者、对社会施加舆论，影响舆论。新闻价值的构成要素有四点，即及时、重要、接近以及新意。

　　1．及时。及时就是新闻要"新"，必须是客观外界新近发生或正在发生的变化。新闻的时效性是与新闻价值成正比的。体现新闻及时性的要素通常有如下情况：①事实或事件是突发性或跃进性的，一旦发生，立刻予以报道；②新闻事实的发生和发展是渐进性的，表现为一个过程；③事实早已发生，因种种原因未被人们及时发现，或从各方面考虑未能及时公开报道；④预告一件事实的变动即将发生。

　　2．重要。新闻重要是指一事物或事件在同类事物中处于重要地位。组织内的信息的重要性，一般是指在当时当地的情况下发生的，与较多的人有利害关系的事实，或者说一个组织的成绩、经验、科技发明的价值、人物的重要性等超乎寻常，从而引起社会关注。

　　3．接近。新闻接近是指新闻发生的地点与新闻的传播对象闻知地点空间距离的接近，或者新闻的发生与新闻传播对象有着紧密的联系。人们往往特别关注自己所熟悉的东西和自己所接近的事物。因为，离传播对象越近的事物，越能影响传播对象本身的工作、生活和切身利益，与传播对象的利害关系越大。新闻的接近性具体包括三个方面：①事件与传播对象的接近，即实际生活中尖锐的、亟待解决的问题；②新闻人物与传播对象的接近；③新闻发生地与传播对象的接近。

　　4．新意。新闻有新意是指新闻所反映的事实本身要有新意，即事实本身的变动性和异常性。变动性是同一事物的不同发展阶段相比较的变化程度；异常性是与常理的差异程度，能引起人们的惊异与关注的程度。变动越激烈，异常性越强，产生的信息量越

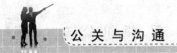

大，新闻价值就越高。

组织的有关人员必须以敏锐的眼光和创新精神，从本组织平凡的工作中发掘有价值的新闻。

新闻稿的撰写

新闻稿最基本的形式是新闻消息，此外还有新闻通讯及特写、经验性新闻等。撰写新闻稿必须从公关目标出发，并结合新闻特点，精心构思。

1．服务于公关目标。撰写新闻稿，最重要的是对新闻的价值点进行深入挖掘，特别要使其价值点能更好地服务于组织的公关目标，并将这一原则贯穿于写作的全过程。

2．写稿时要注意新闻报道的"五要素"，即：事件发生于何时？事件发生于何地？牵涉何人？所发生者为何事？事件发生的原因？总之要将事情的来龙去脉、前因后果、经历过程交代清楚。

3．符合新闻稿的规范结构。一般的新闻稿的结构为：①标题，标题一定要鲜明、简要，使读者一目了然，并受到吸引与震撼；②导语，导语应是对新闻价值点的高度浓缩，采取"开门见山"的手法，吸引读者看下去，然后按照其重要性将各点依次交代，导语偶尔也采用精辟的议论来唤起公众的注意，并以此引出事件的发展过程；③主体，即按照一定的思路或顺序说明新闻的内容或过程。主体部分的结构有两种形式：一是按事件的重要程度为序组织材料，即"倒金字塔"形结构，这种结构是先写最重要、最新鲜的内容（导语），再依次写其他内容，这种结构适合于写动态新闻；二是以时间先后为序组织材料，这种结构便于记录事件发展的来龙去脉，适于对重要事件与活动过程的报道。

4．使新闻稿具有奇特性、趣味性、普及性。所谓"奇特性"，就是消息要写得富有特色，要有新鲜感，而不能平平淡淡，"文章宜曲不宜直"就是这个道理；"趣味性"是讲报道要引人入胜，要有趣味；"普及性"即新闻写作要尽量少使用专业术语，少使用抽象数字、专业化词汇，而用形象生动的语言表达出来，让普通人一看就懂。

新闻发布会与记者招待会

新闻发布会

新闻发布最典型的形式是新闻发布会。新闻发布会具有严肃庄重的特点，通常是组织有重大事项需要向社会发布时召开新闻发布会；新闻发布会还具有联系范围广的特点，参加会议的人员，除新闻单位外，还有政府有关部门、一般群众等其他社会公众。

组织新闻发布会，重点要做好以下工作。

1．确定主题。新闻发布会的主题，应选择既对社会组织关系十分重大的内容，又符合社会大潮流的内容。一般不宜以本组织做好事之类内容作为主题搞"自吹自播"，如组织取得服务于社会的重大成果时也可以举行新闻发布会；或者是组织正当权益受到侵犯时举行新闻发布会，如发现产品被假冒等事件，需要向社会公众提供足够证据澄清事实，借社会舆论的压力和有关部门采取措施，迫使不法组织停止侵犯行为。

2．准备材料。新闻发布会必须以事实说话，准备充分的、令人信服的材料是至关重要的。广泛搜集、充分准备所需材料是新闻发布会成功的关键所在。重点准备好以下3 类材料：①背景资料，以说清事件的来龙去脉；②说明性材料，以清晰的逻辑、严谨的推理进行论证或说明；③证据性材料，以实物、原始记录、视频、照片等证明材料来强化可信度。

3．选择时机。要精心选择时机，适应社会大气候，借势发布。当然还要考虑组织发生紧急事件等时间因素。此外，也应照顾到新闻单位、社会相关人士的时间安排。

4．选择与邀请参会人员。新闻发布会参会的主体当然是各新闻媒介的记者。要根据新闻发布的需要，选择适当的媒介，包括有较好合作关系的记者。此外，根据需要也可选择政府有关部门负责人、重要客户、社区代表、社会知名人士等。要提前邀请，以便参会人员早做安排。

5．准备好新闻稿。最重要的是核实所发布事项事实与资料的真实性、准确性和完整性；挖掘和提炼主题，突出"卖点"；要鲜明而精练，切不可繁杂、沉长；态度自信而谦恭，注重情感联络。

6．现场组织。要特别安排好接待，对所有参会人员要安排专人接待，切不可使到会者有被忽视或受到冷遇的感觉；通常要向到会者分发本次新闻发布会的新闻稿；要严格按照程序进行，一般新闻发布会按照宣布开始、发布新闻、答记者问、宣布结束的程序进行，有的还有会后活动安排；主持者严格掌握会议进度，按时召开，按时结束。

记者招待会

记者招待会是社会组织邀请一定范围的新闻记者参加的会议。记者招待会比新闻发

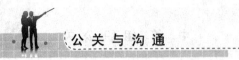

布会在程序上更随意一些。会上由组织发布某方面信息，或公开本组织某方面情况，或对一些事情进行解释。

举办记者招待会应注意下列事项。

1．为了使记者们能够对社会组织所公布的消息有充分的理解，会前需准备相应材料。这些材料包括口头的、文字的、实物的、感受的。有时由于时间关系或便于记者记忆，招待会还要发放产品研制过程或介绍产品功能的文字材料，有时还要拿出实物或播放录像来向记者们展示，增加其感性认识，若是该产品是食用性的或是日常生活用品，还可以让记者品尝或试用，使他们的报道更加具体生动。

2．准备好主持人的发言稿。总的要求是简明、扼要、鲜明、生动。

3．及早发出请帖。应提前三四天把请帖送到邀请对象手中，请帖最好写明招待会的目的，会场发言主要人物的姓名，举行日期、地点，召开机构及其电话，以便记者们在会前有充足的准备。

4．准备好录音、电话、电传、电源及其他设备，提供给不同的新闻机构（如广播电台、电视台）记者使用。

公共关系广告

公共关系广告的特点

广告是用金钱来购买新闻媒介的使用权（如版面、播出时间），然后用它传播信息给公众，而其他新闻宣传形式则是提供新闻素材让新闻媒介机构选用，不需要花钱。因此，其他形式会更经济，而且会收到"客观"传播的效果。但是广告在花钱买得使用权后，可以完全以自己的立场去讲话，可以选择适当的时机去传播消息，这就是利用广告开展公关的好处。

公共关系广告是指通过购买的方式，传播组织信息，提高本组织的知名度和美誉度，塑造组织形象的一种特殊广告形式。公共关系广告与产品广告的区别主要如下。

1．以塑造组织形象为目的。产品广告的目的在于直接推销产品，其总是直接列举产品的种种优点，力图说服人们去购买。公共关系广告则不直接推销产品，它的主要目的在于唤起人们对企业或机构的注意、兴趣、信赖、好感、合作，意在创造一种购买气氛。

2．广告内容广泛、丰富。产品广告只介绍与产品密切相关的内容，如产品的质量、特点、性能等。公共关系广告内容广泛、丰富，如宣传组织的精神、组织的经营原则和方针等。

3．效果的潜在性、长期性。产品广告的效果可以在短期内直接显现或衡量。而公共关系广告则不能在短期内作出直接的定量的评价，而要作长期的综合的观察，才能看出效果。

公共关系广告的形式

按表达内容的性质划分，公共关系广告的形式大体上可以分为以下五种。

1．祝贺性广告，一般是借某公司或商场新开张之际，其他一些企业以同行的身份联名在报上登广告，致以热烈祝贺。祝贺广告不但使开张单位受益，而且也提高祝贺单位见报率，从而提高其知名度。还有些组织为社会公益文化事业提供赞助，以及在节日向公众表示祝贺等。

2．响应性广告，主要指社会组织对政府的某项政策措施，或者当前社会生活中的某个重大主题，以组织的名义表示响应，以表达本组织愿意为社会或本地区的繁荣作出努力，以求得各界公众的理解和支持。

3．创意性广告，即以组织名义率先发起的某些能对社会风气带来良好影响的新观念或新行为的宣传推广活动。社会组织借此向社会表明本组织以优化社会风气为己任，树立良好的组织形象。

4．致歉性广告，这种广告采取的是"以退为进"的策略。当社会组织在生产经营中发生了某些对不住公众的事，通过报刊、电视等媒介向公众表示歉意，以谋求获得公众的谅解乃至新的信任和合作。还有的企业在经营上取得了很大成就，但也做"致歉广告"。例如，广东富力美运动食品公司曾在报上发了一个广告："近日来在我省许多城市发生富力美营养食品脱销之事，使众多顾客未能如愿，我们深表歉意。我公司目前正加紧安装一条新生产线，投产后将使产量提高八成，想必能更好地满足大众的需求。"这类广告的妙处在于把本来应当夸耀的事做成了致歉广告，从而以毫无自夸的方式完成了自夸。

5．宣传组织内部情况广告。这类广告又包括两方面内容：①宣传组织精神，如经营方针、原则等；②介绍组织经营情况，如经营范围、先进设备和设施、经营特色等。

第六章

公关实务 3：网络维系

公共关系网络互动机制

在社会联系日益密切的现代社会,任何组织的生存与发展都不可能离开社会网络。社会网络是一切组织的生存发展空间,与组织生死攸关。公共关系的根本目的就是谋取社会的认同与合作。实现这一目的最基本的举措就是建设并维系组织的公共关系网络。

公共关系网络概述

公共关系网络的含义

所谓公共关系网络,是指以社会组织为本位,在组织生存发展的过程中所形成的、由各利益相关者组成的和谐关系网络系统,即前文所述"关系场"。例如,海尔集团作为世界知名企业,不但有庞大的由顾客、供应商、同业或异业各类企业、政府、社区、以及员工等利益相关者组成的国内公共关系网络,还有由世界上多个国家和地区的各类组织组成的世界公共关系网络。正是这一庞大的、跨国的关系网络支撑着海尔在全世界范围的快速发展。从本书所倡导的泛公共关系的角度看,每一个积极开展公共关系的个人也拥有自己的公共关系网络,如一位工作多年、颇有经验的营销人员拥有自己的很大的关系网络。这成为支持其个人发展，提升营销业绩的最重要的资源。

公共关系网络的功能

公共关系网络最基本的功能就是为组织创造生存与发展空间，具体表现在以下几个方面。

1. 社会组织树立良好形象的载体。组织的社会形象，从本质上看，是社会组织在其公众心目中的综合印象。而这种综合印象的好与坏，是由公众所组成的公共关系网络决定并衡量的。通过信息传播与关系协调，组织与其公众关系和谐，使组织受到其公众的普遍认可，整个公共关系网络和谐，组织拥有良好的形象。反之亦然。因此，公共关系网络具有承载与衡量组织形象的功能。

2. 促进事业发展，实现双赢。通过组织的公共关系网络的建设与维系，使组织获得广阔的生存与发展空间，会显著地促进组织各项事业的快速发展，并且通过全面合作，实现网络中各方的双赢或多赢。例如，一家企业，与其供应商、客户、相关企业与组织建立了和谐、稳定、长期合作关系，不但确保了这家企业的长期发展，而且也会促进这一网络中各个企业与组织的发展，实现多赢目标。因此，公共关系网络具有促进发展功能。

3. 有利于组织、个人和社会的发展。公共关系的基本准则是社会利益至上，平等互惠。按照这一原则建立和维系的公共关系网络，会对网络中的成员——组织与个人，乃至整个社会产生重要的影响作用。人们的存在决定人们的意识。长期生活在这种尊崇社会责任、人本价值、平等合作的社会网络之中，会使社会组织强化社会责任意识，努力为社会做更大贡献；会使个人提升个人的社会价值，努力为组织和社会贡献力量；社会组织与广大社会成员的共同努力，必然促进整个社会现代意识与人本理念，乃至整个社会的发展。社会上无数个大大小小的公共关系网络是构成整个社会关系与文明大系统的细胞。

公共关系网络建设与维系的基本途径

公共关系网络建设与维系，是指社会组织或个人为获得公众的认同与合作，维持与增强原有公众的关系，并不断结交新的公众，精心维护与发展与其公众共同建立起来的关系网络，持续保持和谐、共赢状态。

要实现这一目标,有各种各样的方法与途径。为了与其他章节内容的衔接,本章从宏观与微观两个层面上研究公共关系网络的建设与维系途径。

1. 宏观层面:通过有效传播,树立良好的组织形象。

2. 微观层面:通过各种沟通,协调与各类公众之间的关系。

公共关系网络结构

公共关系网络的构成要素

公共关系网络是一个复杂的社会系统。其基本构成要素如下。

1. 网络节点,即关系主体,包括作为公共关系主体的社会组织,以及在泛公共关系概念下的个人;作为公共关系对象的公众,即组织与个人。

2. 位置,即关系主体在网络中所处的位置。公共关系网络是以公关主体为圆心,呈放射性形成的;作为公众,由于其在网络中处于不同的位置(主要是按照与圆心距离的远近划分的),发挥着大小不同的功能与作用。

3. 联系,即各节点之间的关系与相互作用。这些联系是以利益为基础的,联系的性质包含意义、情感、态度、行为等,复杂多样;作用的方向是双向、交互、循环反复的。正是这些交互作用,建立、维持、变更着多种多样的关系状态。

公共关系网络的基本结构

社会组织的公共关系网络是一个多维、多层、复杂、动态的结构,如图6.1所示。

首先,公共关系网络是一个多维的系统。从关系主体构成上看,其包括作为能动主体的各种社会组织(从泛公共关系角度还包括个人),其所对应的是形形色色的公众,而公众既包括组织又包括个人;从利益关系上看,其包括一致的利益关系、对立的利益关系、模糊与变动着的利益关系;从各关系主体之间沟通的内容上看,其包括信息传递(意义的沟通)、情感交流和态度沟通。

其次,公共关系网络是一个多层次体系。从关系主体所处位置上看,大致可划分为紧密层、松散层、中间层。其中处于网络中心的紧密层为公共关系网络的核心层,是对组织生存发展起最重要决定作用的公众,如企业的股东、员工、顾客等;而处于离组织较远位置的松散层公众,对组织虽有影响,但作用较小或不太直接,如所在社区、业务联系不多一些组织或个人；而处于这两大层次中间地带的是大量的有着中等程度关系的公众，如供应商、中间商、竞争对手、新闻媒介、政府等。当然这种划分只是说明公共关系网络上位置的梯次性，严格意义上说，它们更多地体现为一种交叉、变动的状态。

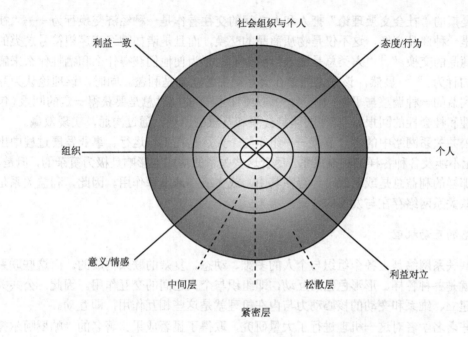

图 6.1　公共关系网络多维、多层、复杂、动态结构

最后，公共关系网络是一个复杂、动态的系统。上面所论述的多维性、多层次性也就决定了公共关系网络的复杂性与多变性。特别是由于公共关系网络是一个以人为核心的系统，而人又是由思想、情感、态度决定行为的，这就大大增加了公共关系网络的变数。同时这种动态性还表现为处理关系的"对策性"，即每一个关系主体处理关系的行为都是其对手处理关系行为的函数。例如，在计划经济时代，是卖方市场，企业的供应商是企业的"上帝"；而在市场经济时代，是买方市场，顾客才是企业真正的"上帝"。市场上两个竞争得你死我活的对手，由于某一方或第三方的兼并，则变成了"生死与共"的生命共同体。一个拥有广大而忠诚的顾客群的企业，会由于一次偶发的产品质量事故，而遭致其广大老顾客的强烈反感和投诉。

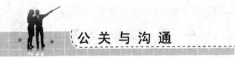

公共关系网络的互动机理

公共关系网络以利益交换关系为基础

霍曼斯的"社会交换理论"把人和人之间的交往看作是一种经济交换行为——"社会行为是一种商品交换，这不仅是物质商品的交换，而且是诸如赞许或声望符号之类的非物质商品的交换。"[①] "人类总是通过指明他们的行为使他们获得什么和牺牲什么来解释他们的行为。"[②] 显然，该理论强调社会互动中的基础是利益。同时，该理论认为互动往是利益的一种调整与平衡；在交往中，人们在投入的同时总是要获得一定的回报（包括精神性和社会性的回报）；交往要坚持公平和互惠的原则，通过沟通，实现双赢。

在公共关系网络中的各个节点——组织与个人，是在工作运行、事业发展过程中出现的，无不涉及各种各样的利益关系。尽管这些关系的构成与影响是极为复杂的，但是，这样或那样的利益总是或明或暗地存在其中，或大或小地发挥作用。因此，利益关系是整个公共关系网络存在与发展的基础。

网络的互动机理

公共关系网络是由各个组织与个人的多维、动态、复杂的联系构成的。而这些联系实质上就是各种各样、形形色色的互动，即组织与个人之间的交互作用。因此，公共关系网络建立、维系和变动的核心动力与内在机理就是这些相互作用，即互动。

一些著名学者对这一机理进行了大量研究，取得了显著成果。著名的"帕罗阿尔托小组"提出了"互动关系模式"。传播学者格里高利·贝特森、保罗·瓦茨莱维奇曾在加利福尼亚州的帕罗阿尔托建立"精神研究所"，他们从控制论视角研究传播问题。他们的研究指出，在传播中人们是通过互动的方式来定义他们之间的关系，即在互动的过程中，"创造出一整套对自己和他人行为的期望。有时候你是在强化自己原来的期望；但另一些时候，你则会参与到新的互动模式当中，从而建立起对未来互动新的期望。"[③] 互动关系模式强调："关系的基本单位不是某个人，也不是两个人，而是互动，即相互回应对方行为的行为。经过一段时间，关系的本质是通过一系列互动，即彼此之间接连

---

① 克特·W. 巴克.1984. 社会心理学. 南开大学社会学系译. 天津：南开大学出版社：89。
② 克特·W. 巴克.1984. 社会心理学. 南开大学社会学系译. 天津：南开大学出版社：89。
③ 斯蒂芬·李特约翰，凯伦·福斯.2009. 人类传播理论. 史安斌译.北京：清华大学出版社：225。

不断作出的回应——形成或者说被'创造'出来。"[1] "帕罗阿尔托小组"将互动归纳为两种模式：对称关系和互补关系。所谓对称关系，是指关系双方用同样的方式来彼此回应。如一家公司真诚对待其顾客，顾客也以持续购买其产品来回应。所谓互补关系，是指关系双方用相反的方式来彼此回应。如一个官僚主义的领导者粗暴地对待下级，他的下级却忍声吞气。为了使"对称关系"和"互补关系"概念的具体化，又进行了"关系控制"的研究。研究的中心问题是：关系当中的控制是如何成为一个可控的过程的？"不能仅仅用一个人的行为来定义'控制'。换言之，任何关系中的控制并不取决于某一个人的行为，甚至也不取决于他的人格。相反，我们要考察的是双方在一段时间内所形成的行为模式——即他们是如何以可控的方式来彼此回应的。"[2] 他们提出的主张是：理想状态的"关系"应当是一种长期以来形成的对称型的互动模式。

对关系的动态管理

美国传播学者斯蒂芬·李特约翰和凯伦·福斯认为关系都是经过协调的，关系中的各方都应主动而积极地管理紧张关系。"如何管理紧张关系？具体说来，我们应当在何时、以何种方式来管理有'关系'的信息？何时应当透漏信息？何时则应当保守秘密？如何处理'自我'与'他人'之间的紧张关系？如何协调各种不同的关系模式？如何管理谈话和'趋同'的倾向？如何协商和管理相似性和差异性？上述这些问题都可以归结为一点：关系中的各方应当主动而积极地管理各种矛盾性势力。"[3] 他们用巴赫金的"对话理论"来分析"关系"需要管理的必要性。俄国的哲学家米哈伊尔·巴赫金把日常现实生活称为"散文般的"，但会受到各种竞争性势力的影响，有的把人们向前推进，有的把人们拉向后退。他并借用物理学概念来阐明影响人们日常生活的两种总体性势力：向心力能促进建立日常生活的秩序；离心力则破坏日常生活的秩序。他感兴趣的是如何如通过互动或对各种"势力"的管理，"构建和整合出一个有秩序的整体"。

斯蒂芬·李特约翰和凯伦·福斯引用莱斯利·贝克斯特的"关系的辩证理论"作进一步分析。贝克斯特认为"关系是人们管理各种矛盾的场所"[4]。"人们可以经过协调的

---

① 斯蒂芬·李特约翰，凯伦·福斯. 2009. 人类传播理论. 史安斌译. 北京：清华大学出版社：226。
② 斯蒂芬·李特约翰，凯伦·福斯. 2009. 人类传播理论. 史安斌译. 北京：清华大学出版社：227。
③ 斯蒂芬·李特约翰，凯伦·福斯. 2009. 人类传播理论. 史安斌译. 北京：清华大学出版社：257。
④ 斯蒂芬·李特约翰，凯伦·福斯. 2009. 人类传播理论. 史安斌译. 北京：清华大学出版社：243。

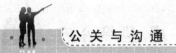

谈话来管理人际关系当中自然形成的各种紧张关系。"① 贝克斯特作了进一步分析："具体来说，我们通过对话来管理'离心力'与'向心力'之间的动态的相互作用。那些'离心力'把我们分隔开来，而那些'向心力'又把我们聚合在一起。"②"在长期的发展过程中，双方都创造和管理着各种不同势力。这些势力定义和塑造了关系。"③

公共关系网络的建立、维系与变动，实质上是一种对各节点互动行为的管理的结果。只有有效地管理互动行为，才能实现公共关系网络的目标。

下面将从两个层面进行公共关系网络的建立和维系：一是从宏观层面研究怎样在公众心目中树立良好的组织形象；二是从微观层面研究同各类公众如何协调关系。

组织形象塑造

协调好与公众的关系，最根本的就是使组织在公众中树立良好的形象。如果公众对公关主体的印象和评价不好，那么就不可能有相互之间的良好关系。

组织形象的构成与作用

组织总体形象的含义

公共关系的基本目标是在公众心目中树立良好的组织形象。一个社会组织的总体形象是该组织最重要的软资产，是其生存、发展的生命线。

社会组织的总体形象是指社会组织在其公众心目中所形成的综合化、系统化的印象。例如，某家公司给其公众的印象是实力雄厚，讲究信用，产品一流，服务上乘，那么，这家公司就拥有了一个极好的形象；反之，有的公司给公众的印象是管理混乱，技术落后，产品质量低劣，服务水平低下，那么，这家公司的形象就是极差。

组织总体形象的构成

社会组织的形象包括总体形象与具体形象。一般社会组织的具体形象主要包括以下

---

① 斯蒂芬·李特约翰，凯伦·福斯. 2009. 人类传播理论. 史安斌译.北京：清华大学出版社：244。
② 斯蒂芬·李特约翰，凯伦·福斯. 2009. 人类传播理论. 史安斌译.北京：清华大学出版社：245。
③ 斯蒂芬·李特约翰，凯伦·福斯. 2009. 人类传播理论. 史安斌译.北京：清华大学出版社：245。

几个方面。

1. 产品与服务的形象，这是指工商企业所生产经营的产品和向顾客提供的服务在公众心目中的形象。它是工商企业组织形象最基本、最重要的组成部分。一个生产质次价高产品的企业无论如何不能在公众心目中形成良好形象。影响产品形象的因素包括品种、式样、质量、适用性，特别是商标的名气等；而影响服务形象的因素包括服务态度与服务质量等。

2. 资源实力形象，主要指组织的生产技术是否领先设备是否先进、资金实力是否雄厚、组织规模大小、发展潜力大小、市场竞争力强弱等。

3. 领导人与员工形象，一个社会组织的领导者个人的资历、才能、品德、威望、名气等是构成社会组织形象的重要因素。例如，一个知名度很高的企业家会使其所领导的企业名声斐然；相反，一个声名狼藉的企业家会使其所领导的企业威信扫地。同时，员工队伍的形象也是至关重要的。员工形象是由员工队伍的整体决定的，但每一个员工其言行举止都会对社会组织的形象产生影响。在某些特殊场合下，个别员工的言行举止会对社会组织的形象产生重大影响。

4. 外观形象，指社会组织的物质环境在公众心目中的形象。例如，厂房、建筑、园区等。这是社会组织向公众展现的最直观的形象。一家花园式的工厂，自然给人以美的感受，并使公众感觉到其有较强的实力和较高的管理水平。

以上是从组织要素角度划分的。根据组织形象所涉及的领域或类别，组织形象可以划分为以下几种：

1. 商业形象，是指社会组织的经济实力，特别是其经营行为在公众心目中的印象与获得的评价。其核心是商业信誉。企业的实力强、信誉高，可以使伙伴愿意与其合作，使顾客放心购买其产品。

2. 文化形象，是指社会组织所形成的具有特色的文化在公众心目中的形象。组织文化主要指组织成员在长期工作和生活过程中形成的群体意识和价值观念。这些精神风貌在公众心目中的反映就是一种文化形象。如大庆精神、丰田精神等。

3. 社会形象，是指社会组织在履行社会责任方面所建立起来的形象。例如，一家公司大力扶植地方经济，或积极响应地方政府号召，支持公益事业等，有助于树立公司良好的社会形象。

以上这些具体或专门领域形象的有机综合，就是社会组织的总体形象。总体形象是

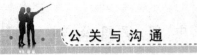

由具体形象构成的，公众正是通过一个个具体形象综合形成了对组织的总体印象；但总体形象又不是具体形象的简单相加，它是一种从具体形象中抽象出来的，具有总括性的整体形象。

组织总体形象的作用

1．良好的组织形象有利于取得公众的信任与支持。人们会信任与积极支持他们所喜欢的事物。倘若一个社会组织有良好的形象，就会获得广大公众的信任，并得到他们的积极帮助和支持，该社会组织的公关就会处于极佳状态。只有受到广大公众信任和支持的社会组织才能得以生存和发展。

2．良好的组织形象有利于提高工作效率和经济效益。组织形象作为最重要的软资产会带来巨大的经济效益或社会效益。特别是作为一家工商企业，是否有一个良好的组织形象，是否有较高的商业信誉，直接影响顾客对该企业的信任程度，进而影响对企业商品的购买数量以及满意程度，从而影响企业的经济效益。

3．良好的组织形象有利于筹集资金。投资者最关心的是投资的安全和效益。企业有良好的组织形象，增加投资者对企业的信任程度，增强投资的安全感，并能满足投资者追逐高利的需要，必然吸引投资者，有利于企业资金的筹措，从而，保证企业的发展需要。例如，有人说过，如果遍布全球的可口可乐公司的工厂一夜之间被大火烧光，那么，第二天的头条新闻将是：各国银行争相为其提供贷款。这是因为可口可乐公司具有良好的企业形象，是人们长期信赖的企业。

4．良好的组织形象有利于吸引人才。"人往高处走，水往低处流。"现代人才有极强的成就感和自我实现的追求欲。他们渴望到组织形象好，有发展前途的组织中去任职，去实现自己的远大抱负和社会价值。因此，一家形象极佳的社会组织，对人才有极大的吸引力。只有树立了良好的组织形象，才能广泛吸引人才，才能使事业繁荣兴旺、飞黄腾达。

组织形象塑造原则与途径

组织形象塑造的原则

社会组织在设计和塑造组织形象过程中应遵循以下原则。

1．服务目标原则。目标原则是指要从社会组织的总目标和公关目标出发，设计和选择组织形象，使其有利于目标的实现。一个社会组织的形象具有一定的客观性，但这种形象并不是完全自然化形成的。社会组织出于本组织的总目标的需要，以及公关目标的需要，要有目的、有针对性地设计本组织所期望的形象。在广大公众心目中树立这一形象，可以有效地促进组织目标和公关目标的实现。

2．发挥优势原则。优势原则是指设计与选择组织形象，必须充分分析和把握本组织的各种条件，特别是要扬长避短，发挥优势，做到量力而行。没有哪个组织不希望有个非常完美的形象。但是，由于受到客观条件的限制，又不可能都作出太高的选择。社会组织只有冷静分析主客观条件，发挥优势，实事求是地设计组织形象，才能使所期望的形象在公关实践中变为现实，真正在公众心目中牢固地树立起较为理想化的组织形象。倘若好高骛远，脱离实际，那么不管设计出多么好的形象，都不可能在实践中取得成功。

3．突出特色原则。特色原则是指所设计的组织形象一定要有在某方面具备与众不同的特色，从而使其形象更加鲜明，更易传播，对公众有更大的吸引作用。所有组织都选择完美的形象不太现实，因为要受到各种主客观条件的制约。但每个组织都可以在认真研究的基础上，选择自己的突破口，在形象构成的某几个要素上形成特色，树立特色形象。这种特色形象既可以便于公众识别，引起注意，增强记忆，又可以增强其美誉度，备受公众的喜爱和欢迎。例如，北京香格里拉饭店为自己设计了一个特色形象——北京香格里拉新闻中心。围绕这一目标，他们从宣传到实际活动，都努力塑造成重要的国际新闻中心形象。自 1989 年以来，他们先后承办过 10 余次新闻中心，其中有 7 次是为来访国家元首和政府首脑设立的，如美国前总统布什、英国前首相梅杰，联合国前秘书长加利等。这些活动使香格里拉的名字频频见于新闻界。人们一听到香格里拉就会联想到新闻中心。联合国秘书长加利访华时就主动到香格里拉联系新闻中心和记者招待会等事宜。

4．"虚""实"结合原则。在形象塑造上，既要克服过分倚重宣传，"只说不做"，只做"虚功"的倾向；又要克服"酒香不怕巷子深"，"只做不说"，忽视宣传的倾向。既要真抓实做，又要大力宣传，切实把好的真实形象传播出去。

5．与公众联手原则。无论是形象设计还是建设，必须树立"公众至上"理念，一切服从于、服务于满足公众社会心理需要，并与公众联手建设公众所喜好的形象。社会组织的形象，归根结底是社会组织行为在公众心目中的反映，公众的心理是这一形象的

最终决定因素。只有组织的形象适应公众的需要，受到公众喜爱，才能提高其知名度和美誉度，良好的组织形象才能成功地树立起来。

组织总体形象的决定因素

一个社会组织的总体形象的形成主要取决于三个因素。

1. 社会组织的性状与行为。社会组织的形象是公众对社会组织的存在形态的一种反映，决定组织形象最基本、最首要的因素是社会组织自身的状况，主要指社会组织的宗旨、性质、功能以及具体行为。例如，一个社会组织，自觉承担社会责任，致力于公益事业，热心为广大公众服务，自然能赢得广大公众的信赖和支持，在公众心目中树立良好的形象。反之，只注重维护小集团的利益，损害社会和公众的利益的社会组织，就是再会运用传播手段，也难以树立起良好的组织形象。

2. 传播过程。社会组织的形象，是通过一定的媒体，经过多种形式的传播，将组织的信息传送给公众而形成的。因此，传播过程是决定组织形象的重要因素。"酒香不怕巷子深"的观点在现代社会是站不住脚的。在现代市场经济条件下，企业成功的行动必须通过传播，让公众知道，才会在公众心目中形成对组织的良好形象。传播有效性直接决定着组织形象的树立。若要在公众心目中树立好的形象，就必须善于运用传播手段，努力提高传播的有效性。

3. 公众。决定组织形象的第三个因素，也是非常关键的一个因素是公众。说到底，组织形象是公众的一种心理反映，本质上是一种对客观存在的主观反映。因此，公众自身在这一心理反映的过程中是非常重要的。影响社会组织形象的因素，包括公众对信息接收、加工、处理的能力，社会组织与公众的利益关系、对有关问题的价值取向以及公众社会心理需求的满足程度等。例如，同一个社会组织的某种行为，会由于公众自身因素的差异而在不同公众心目中形成不同的印象。

组织形象塑造的基本程序

1. 组织形象定位。组织形象定位是指公关人员通过调查分析，测定本组织在公众心目中形象的实际状态，并确定组织预期形象的过程。理解这一概念，要注意：①定位是测定在公众心目中组织形象的实际状态；②形象的实际状态，既包括形象是何种类型的，又包括达到何种程度或水平；③定位既是组织整体形象策划前必备的基础工作，又是总体形象策划效果测定与评价的基本手段；④在测定实际状态的基础上，根据目标设计组织所期望的形象。

在调研的基础上，要明确组织自我期望形象和组织实际社会形象。组织自我期望形象是指社会组织根据公关目标，经过策划与设计，预期在公众心目中树立的组织形象。这只是一种目标形象、预期形象，它反映了策划的成果，而不是已达到的现实形象，但这是组织形象定位的重要参照系。组织实际社会形象是指社会广大公众对社会组织实际作出的评价，是社会组织在公众心目中的真实形象，它是由社会公众对社会组织所作出的评价和现实态度构成的，是评价组织总体形象策划效果的依据。通常用组织自我期望形象（策划本身的成果）与实际社会形象（策划带来的最终效果）做比较分析，从而确定本组织形象的实际状态以及公关的实际效果。要按照形象设计的原则，为本组织选择和设计恰当的形象，完成形象定位。

2．组织形象建设。在组织总目标和公关目标的指引下，要按照形象构成要素，分项建设，全面推进，确保建设到位。

3．组织形象传播。一方面要充分运用各种大众传媒，宣传组织的理念与文化、取得的创新成果、为社会所做的贡献等，影响社会舆论，以求在广大公众心目中建立良好的形象；另一方面要充分利用各种人际传播的渠道与机会，与公众进行有效沟通，协调各类公众关系，传递信息，融通感情，交流思想，从微观层面更深层次地影响公众的心理，以便在公众心目中树立亲和的组织形象。

公众关系协调

建设与维系公共关系网络，除了利用大众媒介等手段塑造组织形象外，还需要在工作和生活实践中，同各类公众打交道，协调与各类公众的关系。

顾客关系协调

在公共关系中，顾客泛指社会组织的一切服务对象，如企业的客户和顾客、医院的病友、影剧院的观众、图书馆的读者、宾馆旅社的房客、学校的学生等。所谓顾客关系，是指社会组织与其服务对象（即顾客）之间的关系。

顾客关系是社会组织最重要的外部关系

顾客是社会组织生存发展的基础。以企业为例，顾客是企业的衣食父母。一个企业能否生存，能否发展壮大、兴旺发达，关键取决于有没有顾客以及顾客的多少。如果能协调好顾客关系，维护顾客的利益，购买其产品的顾客就多，企业就有了生存、发展的基础；反之，企业失去了顾客迟早会倒闭。

顾客是最权威的公众。顾客是与企业接触最频繁、数量最多、分布面最广、影响最大的公众。顾客是企业产品或服务质量最有权威的检验者。企业的产品和服务质量是否合格，是否是优质名牌，顾客最有发言权。

为顾客提供高质量的产品和服务

提高产品质量和服务水平是搞好顾客关系的基础。建立亲密的顾客关系必须以高质量产品和高水平服务作保证。企业要协调与顾客的关系，最首要的就是向顾客提供高质量的产品。所谓高质量，一是适应顾客需要，这是衡量产品质量的首要标准；二是产品外观和内在质量高；三是性价比高，即以较经济的价格购买能满足需要的产品。同时，要主动热情为顾客服务，使顾客在购买产品的同时获得受到尊敬的感觉和愉悦心情。此外，还要为顾客提供良好的购物环境。

如果主体是政府机关，就要高度重视民生问题，认真解决群众的各种实际问题；如果主体是各类事业单位，就要在各自业务范围内，向公众提供高质量的服务。

分析顾客心理，满足顾客需求

在众多的顾客当中有不同的心理和需求，企业应认真分析，从不同角度把顾客的购买行为划分为不同类型，对不同类型的顾客采取不同策略和方法，对症下药，投其所好，满足其需求。按购买行为的心理特征划分，顾客可分为理智型、冲动型、习惯型、选价型、想象型、不定型；按对新产品的敏感程度划分，顾客可分为创新采用型、早期采用型、中期采用型、晚期采用型、落后采用型。要在观察分析的基础上，区分顾客类型，有针对性地加以满足。

加强与顾客的信息沟通

企业与顾客的关系，并不仅局限于业务室或营业室内，他们可以在更广大的范围内进行联系。因此，企业应该加强同顾客的多方面联系，特别以多种形式、多条渠道进行信息沟通。①尽量迅速、准确地把企业信息传播给顾客，使顾客了解企业；②要尽量广泛、迅速地收集顾客的信息，使企业了解顾客。

正确处理顾客矛盾

在企业经营过程，不可避免地要同顾客发生这样或那样的矛盾。因此，妥善处理这些矛盾，是协调顾客关系极为重要的内容。它主要包括柜台矛盾调节、顾客投诉的处理等。"顾客总是对的"，这是处理与顾客矛盾的重要原则。

1．企业要搞好顾客关系，就必须尽量避免与顾客发生矛盾和冲突。如果不可避免，也要让客三分，防止事态进一步扩大，并积极协调，稳妥处理，消除不良影响。

2．正确对待顾客的投诉。顾客投诉是每个企业都会遇到的问题，也是让一些企业管理者最感头痛、最难处理的问题之一。凡遇投诉，首先必须做到诚恳耐心地倾听，并边听边表示同情，争取在感情与心理上与投诉者保持一致；向投诉者表示真心实意的感谢，把他们的投诉看成是对本企业的帮助，并立即与有关部门取得联系，协调解决。

3．妥善处理影响顾客关系的突发事件。恶性的突发事件是指对企业有严重损害的突然发生的重大事件，包括重大事故，如产品质量事故、服务事故、安全事故、严重的纠纷等。首先应以预防为主，尽可能避免突发事件的发生；事件一旦发生，就要及时妥善处理。公关人员要临危不乱，保持冷静清醒的头脑，迅速作出明智的决策，采取有效措施，处理好突发事件，并做好善后工作。要尽可能减少突发事件带来的损失，避免使长期经营的公共关系成果毁于一旦。

企业间关系协调

所谓企业间关系，主要指企业与企业间在业务活动中发生的关系。协调好企业间关系，可以使企业间互相支援、互相帮助、互相促进、互通有无和共享信息，有助于企业的生产经营活动的开展。良好的企业间关系，可以为企业的生存与发展提供强有力的保障和广阔的空间，具有重大战略意义。

企业间关系的性质——"竞合关系"

企业间主要有两种性质的关系：合作关系和竞争关系。合作关系是指两个以上的企业，为了共同的目的一起工作或共同完成某项任务而形成的关系，其主要包括企业与经销商的关系、企业与供应商的关系、企业与金融机构的关系以及企业与联营伙伴的关系等。竞争关系是指不同企业之间为了取得有利的产销条件进行相互较量而形成的关系。竞争的结果是"优胜劣汰"。通过企业之间的竞争，能加速科学技术的进步，人才的开发，打破各种封锁，促进经济联合，改善企业管理水平，提高产品和服务质量，提高企业素质，推动生产力的发展。在现代市场竞争中，与竞争对手之间不应该是那种绝对的、"你死我活"的竞争关系，而应该是一种新型的、竞争与合作并存的"竞合关系"。

协调企业间合作关系的原则

要协调好企业间的合作关系，需要坚持下列原则：①互惠互利，共同发展的原则，企业应该把合作对象看成是同舟共济的伙伴，双方对于物质利益分配应该在不损害社会利益的前提下，坚持互惠互利，共同发展的原则；②互相帮助，共渡难关的原则，合作双方应互相尊重、互相了解、互相信任、互相支持和互相帮助，特别是当合作对象遇到困难，出现问题时，应主动帮助他们渡过难关、解决问题；③信守合同，避免争端的原则，在经济活动中，企业能信守合同，就可以避免和减少发生争端和纠纷。一旦真的发生了争端，也要力求在友好的气氛中获得解决。

经销商关系

对于大多数企业来说，需要依靠经销商销售其产品的绝大部分甚至全部产品。经销商包括批发商、零售商、制造代理人、经纪人等。

经销商一方面把企业生产的产品源源不断地输送给消费者，使消费者的需求得到满足；另一方面在产品的销售过程中又可以广泛听取和收集消费者对产品质量、规格、花色、品种、价格等方面的意见和要求，及时反馈给厂家，促进生产发展。

1. 加强与经销商的信息沟通。实事求是地向经销商介绍企业的情况（如企业的经营方针，企业的产能，产品的质量、品种、规格等），增强经销商对销售企业产品的信心。同时，收集经销商的意见、要求和建议，通过经销商了解企业在外界的信誉和形象，以及产品、服务状况等。

2. 技术培训与业务指导。生产厂家必须协助和敦促经销商提供优良服务，以维护产品声誉，而且还要主动对经销商进行技术培训与业务指导，如开设短期培训班、讲座等，介绍产品的性能、特点和适用范围，讲授有关技术知识，培训技术技能，以便使顾客在经销商那里得到高质量的服务。

供应商关系

供应商是否能够提供质优价廉的商品、原材料等，还直接影响着企业产品质量和服务质量的优劣。另外，供应商还可以为企业提供有关市场、原材料、新商品、价格、消费趋势等信息。因此，维持良好的供应商关系是很有必要的。

1. 加强与供应商的信息沟通。建立、健全与供应商进行信息沟通的制度；采取私人访问、举行招待会、接待来访、举行座谈会、邀请供应商参观等多种方式，加强与供应商的沟通与交往；搜集供应商对本企业政策、采购制度的意见和要求；向供应商积极提供有关资料，帮助其了解本企业的有关情况，特别是及时向供应商反馈市场信息（如商品在市场上滞销，企业要转产之类的信息），使供应商能及时把握市场需求的变化。

2. 建立稳固的供货关系。企业要和供应商建立经常性的、稳固的供货关系。特别要注意不可只看眼前利益而忽视长远利益，当某种产品畅销时不顾生产厂家的生产情况，要求多进货，快进货；当产品暂时滞销时，不管厂家怎么请求也不进货。这样不利于协调与供应商的关系，不能建立起稳固的供货关系，影响本企业的声誉和经济效益。

金融关系

金融关系是指企业与金融机构的关系，包括企业与银行、企业与保险公司、企业与信托公司的关系等。

企业与金融机构的关系是极为密切的，特别是商业企业几乎每天都要与金融机构发生联系。因此，企业与金融机构建立长期的合作关系是很重要的。

1. 银行关系。银行的一个重要业务就是服务于企业需要发放贷款，并监督企业的经济活动。企业要协调好与银行的关系主要应做到：①遵章守纪，接受监督，企业要熟悉、自觉遵守银行的各项规章制度和国家的各项财经法规，自觉接受银行的检查和监督；②实事求是，坚守信誉，要实事求是，切忌核算不实、弄虚作假，要坚守企业信誉，按期归还银行贷款；③经常联系，沟通情况，企业财会人员要熟知银行的业务范围和主管的业务内容，特别是与本企业有关的那一部分内容，主动向银行报送企业会计、统计报表以及有关资料，财务决算要主动送交银行审查；在理财方面遇到困难，及时请银行提供咨询和指导，并与银行有关工作人员加强交往，建立融洽的人际关系。

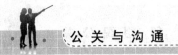

2．保险公司关系。保险公司的职能是分散风险，补偿损失，保障社会生产和生活的正常进行。企业要协调好与保险公司的关系主要应做到：①积极参加保险，支持保险事业，参加保险，企业可以解除因突发事故而产生重大损失的后顾之忧；②坚持实事求是，切忌弄虚作假，保险金额要和财产的价值相等，切忌弄虚作假，坑骗国家，一旦出现事故，要保护好现场，主动配合做好事故处理工作。

协调企业间竞争关系的原则

企业在与竞争对手的竞争中，要协调好竞争关系，改善竞争环境，创造良好的竞争气氛。使企业在竞争中发展，就必须坚持以下原则。

1．正当性原则。企业在与竞争对手的竞争中，要遵章守法，严守职业道德，必须使用正当手段。反对那种为倾轧对方而大赔血本，大杀价，以自己雄厚的实力来压倒对手，最后使之倒闭破产的做法。特别是要反对那种对竞争对手进行造谣、诽谤性攻击的不正当行为。

2．公平性原则。企业在与竞争对手竞争中，要尊重竞争对手，公平交易，要正大光明，实行开放竞争，不要把竞争关系搞成仇家关系。

3．合作性原则。在现代竞争中，必须处理好与竞争对手之间的"竞合关系"。在竞争中合作，在合作中竞争，互利互惠，寻求双赢。例如，美国纽约梅瑞公司，在它的店堂里设了一个小小的咨询服务亭。它给顾客提供很不寻常的服务，即如果你在梅瑞公司没有买到自己想要的商品，你可以去那个服务亭询问，它会指引你去另一家有这种商品的商店，也就是说，它把你介绍到自己的竞争对手那里。这种做法使该公司既获得了广大顾客的普遍好感，又争得了许多竞争对手的友谊，因此该公司生意日趋兴隆。

媒介关系协调

新闻媒介关系是指社会组织与电视、报纸、广播等新闻媒体的关系。这也是社会组织极为重要的外部公众关系。新闻媒介既是社会组织的公众，又是社会组织借以传播的媒介，具有一身二任的特殊身份。社会组织必须高度重视与"无冕之王"的关系，以充分发挥新闻媒介的社会传播作用。

积极疏通渠道，建立广泛联络网

社会组织要协调好同新闻媒介的关系，必须广开渠道，多方联络，建立起一个庞大的"关系户"网络，并通过大量工作，不断加强这种联系，发展长期稳定的合作关系。

1．广开渠道。社会组织必须通过卓有成效的努力，创建同新闻界的联系，并不断发展这种联系。例如，组织的公共关系人员，登门拜访新闻单位，主动要求建立联系；也可以通过上级主管部门介绍，建立同新闻界的联系；还可以通过社会组织已有的新闻"关系户"。与新闻界建立良好的联络关系，特别要注意寻求那些在社会公众中影响广泛、信息密度高、具有权威性的新闻媒体。

2．加强联络。对建立起来的与新闻界的关系，必须高度珍惜。应注意加强同他们的多方联络，以求建立长期稳定的合作关系，包括建立联系卡制度；加强信息交流；加强平常联络，并把它作为一项日常工作来抓，有计划、有步骤地建立长期联系；当发现记者在工作和生活中有一定困难时，应尽量帮助予以解决。

主动提供有价值的信息

社会组织与新闻媒介的联系，最根本的是能否经常交流有价值的信息，特别是主动向新闻媒介提供有价值的信息。这就要求社会组织做到以下几点。

1．提供真实、准确的信息。要及时发现和挖掘组织内具有新闻价值的事物，并能及时把它们提供给新闻媒介部门。

2．积极主动地加以配合。公共关系人员应具备一定的新闻工作者的职业观念，能够站在记者工作的角度去发现新闻，挖掘新闻，传播新闻。还有一种情况需要的是，如果记者希望采访独家新闻时，要加以配合。

3．公共关系人员要特别注意处理好不利于本组织的新闻报道。对于因记者了解情况不全面，或调查事实不清楚而造成报道本身不正确的报道，应向新闻单位提出更正要求，并向新闻单位提供所有真实材料，让记者了解全面情况；对于报道内容准确无误，确由本组织工作失误造成的，诚恳接受，并作出积极反应，通过该新闻媒介向广大公众道歉，说明造成这种后果的原因，并公布处理结果。

满足记者的社会心理需求

要尽力满足记者的社会心理方面的需求，以从思想感情上协调关系。一是满足要求"尊重"的心理。记者有很强的"尊重"心理需要。社会组织在接待记者时，态度要热情、真诚、坦率。不论记者所在单位的级别高低，都要予以礼貌的招待，并且承认他们采访的合法权利。提供新闻，应当一视同仁。记者采访时，应该做到既待之以礼，又敢

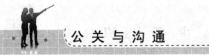

于说出自己的特点和成绩所在。二是满足要求采访对象对答如流的心理。记者是天然的忙人，希望有高效率的采访。组织要尽可能安排既掌握全面情况又能对答如流的人。三是满足要求真诚坦率的心理。"真诚"就是为记者提供的材料，要实事求是，不能做有意的隐瞒、虚报；"坦率"就是谈话要不拘于形式，想怎么说，就怎么说，不隐瞒自己的观点，建立起一种互相信任，互相谅解，有默契的融洽的气氛。

政府、社区关系协调

任何社会组织总是在一定的社区条件下生存和发展，因此，同政府、社区的关系协调，是公共关系的一项重要内容。

政府关系协调

所谓政府关系，是指社会组织同政府之间发生的各种纵向联系。各级政府作为国家权力执行机关，为了管理社会和经济秩序，必然对各类社会组织施加某种干预或影响。这种纵向关系将对社会组织的活动及其发展产生重要的影响。

1. 协调政府关系的原则。协调政府关系要遵循以下原则：①局部服从整体原则，在协调两者关系时，必须坚持局部服从整体原则，所有社会组织都必须把自己的目标与国家、政府的目标统一起来，自觉接受并服从政府的领导和管理，主动协调与政府的关系；②原则性与灵活性相结合的原则，社会组织要严格遵守各项法律、规章、制度，按规章办事，同时，在政策法令允许的范围内，主动与政府联系，寻求政府的支持与帮助，获得最好的政策环境。

2. 政策法令关系。社会组织与各级政府的关系，主要体现为同政策法令的关系。处理这一关系，主要做到：①社会组织要认真学习、理解和掌握政府的路线、方针、政策，并在工作实践中坚决贯彻；②在准确把握政策精神实质的基础上，要根据本组织的实际情况，既坚持原则，又机动灵活地执行政策；③积极做好信息反馈工作，要经常与政府沟通信息，及时反映政策、法令的执行情况；④必要时社会组织要进行游说，即通过提供信息、说明论证，提供咨询与建议，使政府能正确制定并不断完善政策法规，或制定出一些有利于本行业或本组织的政策。

3. 主管部门关系。社会组织同政府之间所发生的最多、最经常的关系是同主管部门的关系。处理这一关系，主要做到：①认真执行计划指令，主动接受指导监督；②主动汇报工作，积极发挥本组织作用；③尊重领导，搞好人际关系。

4. 政府职能部门关系。协调好同政府职能部门的关系主要包括：①与工商行政管理部门的关系，企业要接受工商行政部门的监督，要做到依法办事、依法经营管理；主动与工商行政管理部门联系，主动请工商管理部门对企业进行咨询和指导；②与税务部门的关系，任何经济组织都有向税务部门缴纳税款的义务，自觉依法纳税，接受税务部门的监督；主动接受咨询与指导，加强信息沟通；积极配合税务人员的工作，注意与税务人员搞好人际交往，保持密切的联系；③与物价部门的关系，熟悉国家的物价政策，接受物价部门的管理和监督；加强与物价部门的联系，搞好信息交流，协调人际关系；④与公安部门的关系，企业要承担治安、保卫、法制宣传的义务，主动进行普法教育；当公安部门执行的工作与本组织有联系时，要尊重公安人员，积极配合公安人员执行公务。

社区关系协调

"社区"是指人们共同活动的一定区域，如城镇、区乡、村落、街道等，具有明显的空间意义。社区关系就是指一个社会组织与其所在区域的各类公众之间的联系，主要包括社会组织同社区内各企事业单位、社会团体以及全体居民之间的关系。

任何社会组织都生活在一定的社会区域内，它的活动必然会同社区内的公众发生这样或那样的联系。因为社区是社会组织开展活动的"根据地"，是其赖以生存和发展的环境。所以，建立友善和睦的社区关系是社会组织处理外部公共关系的重要环节。

1. 沟通与交往。要协调社区关系，最基本的是加强同社区公众之间的信息沟通与人员交往：①须向社区公众宣传介绍本社会组织的情况，包括向社区公众开放本社会组织，以获取他们的理解与支持；②征求社区公众的意见和要求，了解和掌握社区公众最为关切的社会问题，借以检讨和改进各项工作；③积极参加社区举办的社会活动，如尊师重教活动、"关心下一代"活动、爱国卫国运动、防止环境污染等，以实际行动为自己树立社区好公民、好邻居的形象。

2. 承担社会责任，为社区发展做贡献。这主要表现在以下方面：①要树立以承担社会责任为宗旨的理念，赢得社会公众的好感与支持；②扶持社区经济事业发展，社会组织要发挥自己的技术、人才、资金等优势，尽力支持社区经济发展，特别是要千方百计地扩大就业门路，为解决就业问题和繁荣本地区的经济做贡献；③提供社区公益福利，组织应当责无旁贷地担负起一部分力所能及的、为社区提供公益福利的任务，如兴办教

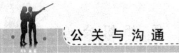

育、发展文化事业、创建公益福利设施等，在社区公众中树立本组织可亲可敬的形象，并满足社区对社会公益福利事业方面的需求；④搞好社区赞助，赞助和开展有益于社区公众的活动也是组织向社会承担责任和义务的最有效方式之一，如承办、协办或捐助体育比赛，赞助社区的文化事业，以及赞助其他社会公益事业和福利事业；⑤维护社区的环境，社会组织最起码要做到不污染人们赖以生存的社区环境，能够有效地控制"三废"，并能够帮助所在社区美化环境，增强社区的吸引力；⑥维护社区的安定，要采取多种形式进行法制宣传教育，使社区居民人人知法、懂法、自觉守法；同时增强治安保卫力量，协助社区的公安机关打击各类犯罪活动，维护社区的社会秩序。

内部群体关系协调

社会组织不仅有它的外部公众，而且有它的内部公众。内部公众是公共关系协调的最重要的公众之一。社会组织的内部关系，就是指由内部公众构成的社会组织内部纵横各方面关系的总称。它主要包括内部群体关系、内部人员关系。

社会组织内部各群体之间的关系，主要有部门之间关系、非正式团体之间关系以及部门与非正式团体之间的关系和股东关系。

部门之间关系的协调

部门之间关系协调是企业内部的横向协调，比较困难。要搞好横向协调，可以采取以下措施：①使横向各部门的业务工作标准化，并明确规定其职权范围和横向的信息流程，同时，通过工作保证体系进行横向协调；②尊重对方职权，加强沟通联络，建立有效的协调机制；③实行工作轮换，并经常召开各部门参加的联席会、座谈会、对话会等，通过互换位置和信息沟通，减少误解、摩擦和偏见，促进互相配合，互相协作；④提高协调艺术，站在对方立场上，设身处地，换位思考；主动支持，表现出竭诚合作的意愿；先有"助"于对方，再有"求"于对方；以个人友谊作为交往的基础，注意人际关系协调，尽可能直接与关键人物接触；除非万不得已，否则绝不能去找他们的上级告状；尊重对方，融通感情，增强友谊。

非正式团体之间关系协调

非正式团体是指社会组织成员在共同工作的过程中自发形成的非正式群体。这类群体是自发形成的，往往是由于情趣一致、爱好相仿、利益相近、观点相同，以及彼此需要而联结在一起。没有行政力约束，而是靠心理、情感的力量来维系。由于各自强烈的团体意识，往往导致相互之间发生各种各样的冲突。如果不进行及时妥善的处理，就会给企业活力带来不利的影响。要协调好非正式团体之间关系主要应注意以下几个方面：

1．坚持两个基本原则。一是必须找出两个或两个以上团体都同意的目标；二是应该建立非正式团体之间的信息沟通和联系。

2．非正式团体之间自觉协调。非正式团体除应注意日常的双向信息交流外，当非正式团体之间关系发生冲突时，应从组织整体利益出发，彼此提出条件与对方协商，谋求共同解决问题的办法。

3．企业的协调。在日常工作中，企业可通过集体主义教育、设立共同的竞争对象、安排各非正式团体相互交流等措施，增进彼此了解。而当非正式团体之间发生冲突时，企业可提供双方彼此交换意见的机会，帮助寻求共同点，以求谅解。

股东关系的协调

股东关系是指企业与投资者的种种关系。股东作为投资人，与企业的生存和发展直接相关，是组织内部最重要的公众关系。处理好企业与股东关系，对于企业的经营和股东利益来说都是十分重要的。

努力增加股权回报，满足股东心理需求。股东投资的首要目的是谋取回报。在加强经营管理，提高经营绩效的基础上，在保证企业长期发展的前提下，尽可能增加股东的红利，促进股票升值和长期所有者产权的最大化。这是取得股东认可的最基本因素。同时，要研究股东心理需要。股东是企业内部的一分子，他们购买了公司的股票，便自然而然地产生了一种"主人意识"，认为自己有权利知道公司的发展动向和经营成果，对有关公司的各种消息往往表示特别关切。一般来说，他们最关心的是企业利润和财务展望、新产品、新设备的发展计划，公司政策及采取该政策的原因，公司面临的问题和对策，股东的构成情况等。因此，企业在处理股东关系时，不论股东购买股票多少，都要特别注重在心理上满足他们的"主人意识"，尽量使他们了解他们要求知晓的各项具体事项，以取得股东的最大信赖。

加强企业与股东之间的信息交流。企业尊重股东权益，取得股东的信任与支持，就必须加强与股东之间的信息交流与沟通，从而稳定已有股东，吸引新股东。这可以从以下方面着手：①定期向股东汇报企业的经营情况，企业向股东沟通信息的媒介，主要有年度总结报告、召开股东大会、利用刊物介绍等形式；②广泛搜集来自股东方面的信息，并及时作出反馈，企业在向股东及时、准确地传递自己的信息的同时，又要按时搜集、整理股东的意见，做好反馈，搜集的信息主要包括股东本人的状况及他们对企业的意见和建议；对企业产品的构想，对产品售后服务的感想；社会公众对企业的反映等。企业可通过个别拜访、电话联系、邀请参加公司举行的各种庆祝集会，邮寄各种有关印刷品等方式，经常与股东保持联系，以提高他们拥有股权的自豪感，唤起他们继续投资的兴趣和对公司业务的关注。

争取股东对企业决策的参与和支持。要采取有效形式保证股东参加重大决策的制定，以获得股东对决策的支持。这需要注意：①利用各种渠道，向股东提供决策所需信息，并充分发挥社会董事的决策优势；②建立并落实股东参与决策的机制，在制度上保证股东的决策权；③对企业制定的重大决策，通过股东影响其周围的人，提高社会公众对企业决策的认可度，并形成广泛的产品销售网络，加强市场开拓，促进产品销售，从而形成社会对企业的广泛支持；④鼓励企业职工通过购买股票成为自己企业的股东，从而形成与企业生死与共、同舟共济的命运共同体。

内部人员关系协调

社会组织总是由各类人员所组成的，各类人员之间必然发生着各种联系。一般主要包括管理者之间的关系，被管理者之间的关系，以及管理者与被管理者之间的关系。

上下级关系协调

一般来说，由于管理者拥有无可争辩的权力和影响，使他在社会互动中居于主导地位，起着主要作用。但这并不意味被管理者在社会互动中只是单纯消极地被作用。恰恰相反，他也在不断发挥主观能动性，对管理者施加反作用。所以管理的效果不但取决于管理者，也取决于被管理者，取决于他们在社会互动中的作用。因此，努力搞好管理者与被管理者之间的关系协调，是组织内部公共关系工作的重要方面。

1. 扮演好上级与下级的双重角色。对于一个企业来说，管理者中除身居最高职位者外，都具有管理者和被管理者的双重身份，他们都有下级，又都有上级，因此，要处理好不同级管理者之间的关系，善于换位思考。作为上级，一方面要严以律己，尊重下级，并能用人所长；另一方面又希望下级能得心应手，有能力、有热情，出色完成交办的任务；希望下级既能认真执行自己的指令，在需要时出主意，帮助渡过难关。作为下级，一方面要服从领导，尊敬上级，特别是要提高素质，高度负责，出色完成上级交给的任务；另一方面也希望得到上级的赏识、理解和信任，得到人格的尊重和友好的关系。

2．建立与完善组织规章制度，用制度规范关系。上下级关系首先是一种工作关系，因此，必须建立健全组织规章制度，明确上下级的"命令—报告"关系，建立清晰的等级链。在管理实践中，按照规章制度办事，既有利于提高管理绩效，又可有效避免矛盾与摩擦。

3．相互尊重职权，积极主动配合。管理者之间的矛盾相当多是由于职权冲突引起的。无论是上下级之间，还是同级之间，必须充分尊重其职权，并主动配合。下级侵犯上级职权，会引起上级的不满；而上级侵犯下级的职权，会挫伤下级的积极性。特别是作为上级，不但不能侵犯下级职权，而且还应根据工作需要，向下级授权，这会极大地调动下级的积极性。

4．加强上下级之间的双向信息沟通。首先，上级管理者要把组织的目标、计划，以及实现目标、计划的措施、方法、要求等及时传达给下级，并注意收集下级的要求、愿望、意见和建议。这是尊重被管理者个人价值的表现，对下级有较强的激励作用。其次，下级也应主动与上级沟通。事前要请示，事后要汇报。这样，不但可以获得上级的更多支持，还可以拉近与上级的关系。最后，要注意进行平等协商对话，积极妥善地解决被管理者提出的问题。管理者与被管理者之间经常发生一些矛盾。管理者应以平等的身份，诚恳地同自己的管理对象开展民主对话活动，进行必要的说服引导，消除误会，交流思想，联络感情。如果属管理者的责任，就应及时、公开地进行自我批评。

5．相互尊重人格，加强感情融通。管理者和被管理者的心理特征是有差异的。如果相互之间忽视其心理和感情，必然造成双方在心理上的不相容和感情上的不和谐，进而会影响工作中的合作。所以管理者之间必须特别注意心理沟通和感情交流，创造一个令人心情舒畅的和谐气氛。特别是当工作中出现困境和漏洞时，管理者相互之间更需要充分的谅解和帮助，这样才有助于问题的顺利解决和促进相互尊重和相互信赖；关照别人的同时，也就关照了自己；并为建立一种更真诚、亲密的关系打下了良好基础。

员工关系协调

员工关系主要是指员工与员工之间的关系。一个组织内部最重要、最接近的公众是

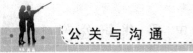

员工，他们是企业赖以存在的基础，与组织的目标和利益关系最为密切。如果一个组织内部员工之间不团结，不能把力量集中在如何使组织兴旺发达上，没有一个共同的奋斗目标，那么这个组织就难以在社会中生存，更不会有发展。

1. 为员工创造良好的社会心理环境。企业应当创造一个适宜的环境和条件，既要切实关心和解决涉及职工切身利益的各种实际问题，又要努力培养职工对企业的认同感、归属感和自豪感，使他们了解自己的地位和贡献，增强对企业的满意度和信心，使组织更有凝聚力。首先，要承认和尊重职工的个人价值，鼓励他们在实现组织目标的同时实现自己的目标。其次，要培养职工的归属感。企业可以有自己的口号、歌曲、徽章等，这种形式上的一致，可以增强职工在心理上和精神上的归属感，进而联络和协调职工之间的感情和关系，用企业精神统一全体职工的思想与行动。最后，要开展多种文化娱乐活动，注重感情投资，使职工得到精神上的较大满足。

2. 员工之间冲突的管理。首先要预防冲突的出现。要防微杜渐，把冲突消灭在萌芽状态。尽量避免发生冲突，特别是避免发生爆发式冲突。要想避免冲突，需采取以下措施：①加强思想教育，提高被管理者的思想素质；②加强思想沟通，及时化解矛盾，解除员工之间的误解与冲突。③建立健全规章制度，约束与规范员工的行为，如建立健全奖惩制度、作息制度、建议制度等，约束和规范职工的行为，保持良好的秩序，促进组织的安定团结。其次当职工发生纠纷时，要积极妥善地处理。其具体做法主要有：①"热问题"要进行"冷处理"，在协调关系时，要坚持做到人格上平等，充分理解和尊重关系的各方，创造宽松的条件和和谐的气氛，淡化各方的紧张、敌对情绪，有时，运用"冷处理"策略解决问题，会收到很好的效果；②对事不对人，就事论事，协调矛盾时，公共关系人员要公平公正、就事论事；③说服教育与规章制度相结合，使两者有机结合，互相补充。说服教育要坚持按规章制度办事的基础上进行，对违反规章制度者在说服教育的同时要按规章制度处理，切忌放弃原则，产生"示范效应"，导致出现越来越多的违纪者；按规章制度办事也要付之以说服教育，让其心服口服，使矛盾冲突得到彻底解决。

下 篇
人 际 沟 通

——作为个人或组织成员处理公众关系的行为

- 信息传播：语言与表达
- 感情融通：交际与融通
- 思想交流：说服与交涉

第七章

沟通原理：人际沟通机制与模式

人际沟通机制

人际沟通的概念界定

人际沟通的概念辨析

国内较为流行的对人际沟通的概念是："社会中人与人之间的联系过程，即人与人之间传递信息、沟通思想和交流情感的过程。"[①]

但是有的学者不赞成这一定义，认为："这种定义过于宽泛，实际上是把人际沟通与沟通等同，从而混淆了人际沟通与其他类型沟通的界线。"他们认为："人际沟通，又称人际传播，指的是个体与个体之间的信息、思想和情感的交流过程，或者说是我和他人、个人与个人之间的传播"，并分析了人际传播与组织传播、大众传播的区别[②]。

显然，上述两个关于人际传播的定义在沟通者的界定上有明显的分歧，进而导致涵盖范围的差别。前者涵盖广泛，而后者涵盖狭窄。笔者不想区分孰对孰错，或者哪个更

① 全国 13 所高等院校组. 2003. 社会心理学. 3 版. 天津：南开大学出版社：236.

② 陆卫明，李红. 2006. 人际关系心理学.西安：西安交通大学出版社：183.

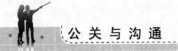

为准确。社会科学的许多概念本来就不是"唯一"或"绝对正确"的，只要其主要功能是为研究与应用这一概念界定一个内涵与外延就足够了。本书以非职业化的泛公共关系为研究对象，因此，本书提出一个加设了必要限制条件的、比第一个定义外延窄、比第二个定义外延宽的简要定义。

所谓人际沟通，是指为实现各自或共同目的，两个或两个以上的人之间所进行的双向传播活动。

人际沟通的特征

基于这一定义，本书所界定的人际沟通概念具有以下特征。

1．人际沟通是在个人之间进行的。这种人际沟通，可以是一对一进行的，也可以是一对多进行的，还可以是多对多或多对一进行的，特别是指一对一、一对多，即一个人与单个人或多个人，乃至与由多个人组成的群体或组织进行的沟通。

2．人际沟通是为了实现各自或共同的目的。人际沟通不同于一般的无意识发生的人与人之间的信息传递，它是一种有意识、有目的的沟通行为。沟通主体是为了达到一定目的而同沟通对象进行沟通的，沟通对象也是有目的地与之沟通。这种沟通可能是双方目的不同，甚至对立，要通过沟通实现一致；或者沟通伊始就抱有相同的目的，通过沟通寻求互利双赢。

3．人际沟通是以个人间信息传递（人际传播）为基础的。与其相对应的是大众传播，后者是以大众媒介为基础的。组织传播中含有甚至倚重大量的人际传播，同时也要用到大量的大众传播。从传播媒介上区分人际传播与大众传播更为科学。

4．人际沟通的信息传播是双向的，而非单向的。信息传播既包括单向传播，又包括双向传播。在人际传播中，沟通双方多是处于积极状态的，主体与对象常常相互转化与模糊化。

5．人际沟通中心理情感因素具有特殊的影响作用。人的社会心理因素对信息传播的影响是很大的。因此，在人际沟通过程中，人的社会因素会对此过程产生重大影响。

6．传播的多重性与深刻性。人际沟通与大众传播相比，其影响作用与传播效果更为显著和深刻。大众传播的效果更多地体现在信息传递的广泛性；而人际沟通除了信息本身的传递外，还会对认知、情感、态度、行为4个层次产生重要的影响。

这里所指的人际沟通，作为社会关系或公众关系的一部分，其沟通过程也是受"关系场"机制支配的。人际沟通机制具体表现为一种"多维结构、互动场力"机制。

人际沟通的多维结构

类似物理场所描述的那样，人际沟通的"关系场"中的各个要素及相互作用也是"在空间连续分布"的一种"弥空间"。其要素所构成的结构是多维的，并相应生成一种场力交互作用的机理。

信息过程结构

人际沟通首先是一种双向的信息传播过程。沟通主体作为信源发出信息；信息借助媒介（信道）进行传输；沟通对象作为信宿接收信息；沟通对象接收并理解信息后再向沟通主体反馈信息。主体与对象之间进行多次、交互传递，从而形成一个矩形结构。这是由传播要素，按照双向传播方式构成的结构，其主要功能是信息的传递，如图 7.1 所示。

图 7.1　人际沟通的信息过程结构

社会过程结构

人际沟通是一种以利益为核心的社会互动过程。需要是人际沟通的基础，是人际沟通的出发点与归宿点。人际沟通就是一个人们为了满足需要与他人进行交往、协调，实现共同利益，以满足需要为目标的过程。沟通主体作为利益相关者，是为谋取某种利益而同利益相关者（沟通对象）打交道的。这样，人际沟通过程就表现为：作为利益相关者的沟通主体为了满足需要而进行沟通；他们之间的沟通过程就是利益的调整过程；沟通的成果是实现利益共享、双赢，满足双方的需要。这是一种社会主体、各种利益等要素按照合作方式组成的三角形结构，其主要功能是协调利益，如图 7.2 所示。

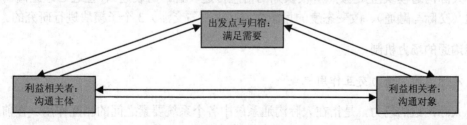

图 7.2　人际沟通的社会过程结构

心理过程结构

在更深层次上，人际沟通是一个心理活动过程。人际沟通过程是由 4 个心理层次或要素构成的，即认知、情感、态度和行为。通过这 4 个层次或要素的顺序或交叉发展，实现沟通过程，达到沟通目的。所谓各层次或要素的顺序或交叉发展，是指各层次之间有着主要的决定或顺序关系，但同时又存在一定的反作用，每一层次的发展变化总是由多种因素与层次决定的。而在这些层次或要素中，情感具有核心意义，人际沟通的本质就是人与人之间心理距离缩短的过程。人际沟通的基本过程是：借助各种信息传递，使各个沟通者认知相关者或相关事物；在认知的基础上，沟通者对相关者或相关事物产生各种情感体验；在认知与情感的双重影响下，沟通者形成、改变或维持对相关者或相关事物的态度；在态度以及其他因素的综合影响下，沟通者要采取这样或那样的行动（行为）。这样，沟通的过程完成，沟通者之间的心理距离相应变化：成功的沟通拉近心理距离；失败的沟通可能扩大心理距离。这是一种复合式心理结构，这一结构的主要功能是缩短心理距离。见图 7.3 所示。

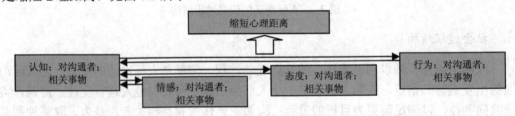

图 7.3　人际沟通的心理过程结构

在认知、情感、态度、行为 4 个层次中，人际沟通的主要内容是前 3 个层次，而行为层次主要表现为前 3 个层次的结果。

人际沟通模块，正是按照解决认知的信息传递（言语与表达）、拉近心理距离的情感融通（交际与融通）、改变态度的思想交流（说服与交涉）3 个子模块进行研究的。

人际沟通的场力机制

人际沟通的场力交互作用机理

人际沟通的场力，是指在人际沟通系统中各个系统要素之间的相互作用。在前面有关人际沟通的信息传播结构、社会活动过程结构、心理过程结构的分析中，不但指出了各自的构成要素，而且说明了各要素之间的相互关系与作用以及各种结构所形成的功能。这些构成要素之间的相互作用、各个结构之间的相互作用（功能）构成了人际沟通的综合场力作用，即人际沟通的多维结构、多向量场力、"弥空间"分布的综合"关系场"。

人际沟通的场力机制模型

人际沟通多维结构、场力相互作用机制的系统模型如图 7.4 所示。

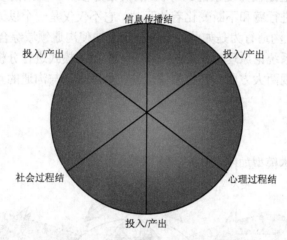

图 7.4　人际沟通的场力机制模型

1．人际沟通系统是多维结构的，其包括诸如信息过程结构、社会过程结构、心理过程结构等维度。

2．每一维度的结构都有：投入—转换—产出的系统过程。

3．系统所有构成要素以及不同系统结构之间密切关联，相互作用，形成复杂的、多向量力的、"弥空间"分布的"关系场"。

4．实际进行人际沟通必须适应这一机制的要求，进行多维度分析，运用多种手段与技巧，多维度运作，以有效实现沟通目标。

沟通中的修辞过程模型

为了深入探究人际沟通过程的实质内容及影响因素，许多学者进行了大量的、富有成效的研究。美国著名学者查尔斯·E. 贝克在深入研究的基础上，提出了沟通的修辞过程模型，从投入产出的系统模式研究沟通的过程与影响因素。

查尔斯·E.贝克认为："沟通是一个系统，在过程的每一个阶段有多种投入、多种产出，反馈贯穿过程的始终。"[①] 同时，他认为沟通是一个修辞的过程，即如何借用最恰当的语言来准确表达沟通的意图。

他认为人际沟通是极为复杂的。"人类的谈话好似一个复杂的现象，它与其他领域的不同在于它不断进行着和不断变化着的互动。它不仅仅是一个以无规律的变动和行为为特征的过程，而且沟通行为是如此广泛以至于无法使沟通领域综合化或结构化。"[②] 在他的模型中，运用系统论原理，从投入—整合—产出的模式进行分析。他把人际沟通的要素分为主观与客观两大方面，并将系统理论、修辞理论与沟通的互动性有机结合来构建他的修辞模型。

修辞过程基本模型

修辞过程的基本模型如图 7.5 所示[③]。

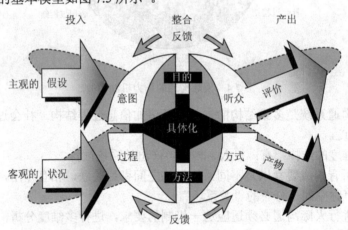

图 7.5　修辞过程模型

---

① 查尔斯·E.贝克. 2003. 管理沟通——理论与实践的交融. 康青等译. 北京: 中国人民大学出版社: 41.
② 查尔斯·E.贝克. 2003. 管理沟通——理论与实践的交融. 康青等译. 北京: 中国人民大学出版社: 40.
③ 查尔斯·E.贝克. 2003. 管理沟通——理论与实践的交融. 康青等译. 北京: 中国人民大学出版社: 41.

首先，应看到该模型是按照系统论建立起构架的。由左至右：首先是系统投入即沟通者是带着其相关假设进入这一系统的；中间是沟通的整合过程，即沟通者之间有目的的作用过程——通过一定的方法（包括过程与方法）实现特定的目的（意图和听众）；最后是系统的产出（产物与评价），这是过程作用结果的反馈，即由沟通对象向沟通主体反馈信息。这就是一个完整的沟通过程。

　　其次，图7.5从水平上划分，可分为主观与客观两大领域。上半部分为沟通过程中的主观领域，主要包括：①主观假设，反映了各个沟通者的主观因素，主要包括他们参与沟通时持有的各种观念、想象、看法、判断、偏见、估计等；②沟通的目的，是沟通主体的欲望与所求，具体包括沟通主体的意图和听众（沟通对象）的想法；③沟通评价，即听众是否接收到信息，何种程度上理解信息。而图7.5的下半部分为沟通的客观领域，表明这一沟通过程客观存在的要素与过程，主要包括：①客观状况，主要有各个沟通者的特定状态，如个人年龄、背景和经历等；②沟通的方法，在沟通所处的特定情境下，为满足特定需要而采用特定的沟通方式，以及实施怎样的沟通过程；③产物，即沟通过程的产出形式，如说出的话或写出的文字等。

　　客观状况是沟通过程中存在的各种状态、情景与结果，是由客观实在的各种要素与过程组成的。它是沟通过程得以进行的基础，没有沟通所依存的客观状况，就不会有沟通。客观状况一般是较为稳定的，即使有些因素是变化的，其变化也是较为缓慢的。

　　主观假设是沟通过程中沟通者的各种假设、目的与评价，它是由沟通者的各种心理与主观行为因素构成并决定的。虽然主观方面是在客观状况基础上发挥作用的，但在人际沟通中具有极为重要的影响作用，因为人是沟通的主体与决定者。主观假设则经常发生变化，而且也会因为不同的人或在不同的情景下有不同的评价。主观方面与客观方面相比更具有不稳定性和差异性。正是这一原因，使得人际沟通过程更为复杂多变，难以把握。

修辞过程互动模型

　　上述修辞基本模型也可以理解为主要反映的是沟通主体进行自我修辞的过程①。为了强调这一沟通过程的互动性，查尔斯·E.贝克在基本修辞模型的基础上，加进策略、

　　① 为了能系统地阐述修辞过程模型，笔者在上述分析时已加进了互动因素，与原作表述上略有差别，但实质内容没有改变。

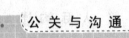
战略、整体三个层次因素，构建了更为复杂的修辞过程的互动模型，如图7.6所示[1]。

这一模型将沟通主体的自我修辞过程同沟通对象的修辞过程结合起来，双向互动，共同来解决问题。同时，这个模型也反映了策略、战略、整体三个层次所涉及的沟通问题。最内层的是策略层面，涉及的是沟通中具体的东西，如沟通者说了什么话、相互之间的具体语言与行为，这个层次是最容易变化的；战略层面则是处于中间的层次，主要涉及沟通的目的和方法，是不宜变化的，其变化速度较慢；整体层面，处于最外层，包括状况和假设，这是极不容易改变的，是较为稳定的。

这种修辞互动模型，描述了参与沟通的所有沟通者，为了实现各自目的，双向（或多向）互动，以解决各自或共同的问题。

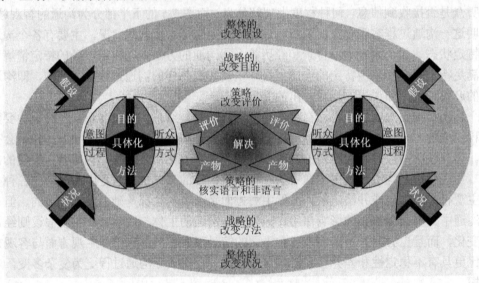

图 7.6　修辞过程互动模型

修辞过程模型的举例

为了更容易理解查尔斯·E.贝克的修辞过程模型，下面以一个大学生求职的沟通过程来说明这一模型。

---

[1] 查尔斯·E.贝克. 2003. 管理沟通——理论与实践的交融.北京：中国人民大学出版社：48。

某高校大学毕业生张强到某用人单位拜见主管招聘的人力资源部王经理。

沟通者

沟通主体：张强。
沟通对象：王经理。

系统投入

客观状况：张强的年龄、学历、毕业院校、所学专业、在校成绩、个人素质等；王经理的职责、权限、资历、素质等。

主观假设：张强认为，该企业名气不大，不应对应聘者要求过高，而自己的素质好，能力很强，又是从较有名气的大学毕业，到这里应聘应该是"十拿九稳"；王经理则认为张强所在学校是一所名牌院校，张强的素质也一定会很高。

系统整合

目的：
　　意图：张强希望通过自我推销，说服王经理相信他的素质和能力而愉快地录用他。
　　王经理（听众）：基于假设，愿意同张强沟通，以认真审查并作出评价。
方法：
　　方式：进行一对一谈话，同时有工作人员在现场做记录。
　　过程：首先由张强作自我介绍，说明应聘理由、自身优势等；王经理有时插话询问；并在交谈结束后，张强接受了现场"文件筐"式测试。

系统产出

产物：张强自我推荐的演讲、体态语言及各种行为表现；王经理的插话与行为。

评价：王经理是否听清了张强的介绍，是否认同了他的观点，他所形成的印象是否符合张强自己的评价。

系统反馈

在交谈的过程中，王经理的表情或插话就是对张强表达的一种反馈；而张强是否也

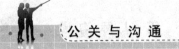

觉察出王经理对谈话是否感兴趣及对他的印象如何。这一过程存在多次反馈。

张强的自荐能否成功，取决于上述过程诸要素的多次互动情况。

人际沟通的系统模式

人际沟通的系统模式概述

在前面分析人际沟通的多维结构与场力机制以及研究借鉴修辞过程模型的基础上，将人际沟通的结构、机制、相关因素整合起来，就可以构建一个人际沟通的系统模型，如图7.7所示。

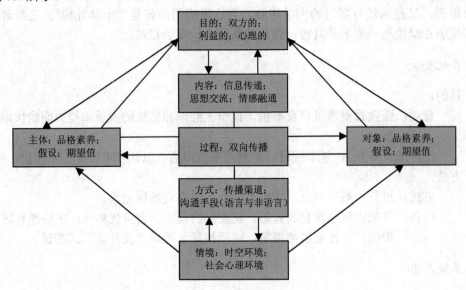

图 7.7　人际沟通系统模型

沟通目的：出发点与归宿点

人际沟通是一个人与人之间有意识、有目的的活动。有明确的沟通目的，是本书所研究的人际沟通与人们之间随意性的信息传递的本质区别。例如，一个人在等公共汽车时听到其他乘客说到的一条消息，出于好奇而反问了几句。这虽然是一个简单的信息交流的过程，但不是本书所研究的人际沟通。由于有沟通的目的存在，才会有沟通行为发生。人与人之间的沟通就是为了实现沟通目的，因此，沟通目的是整个沟通行为的出发点；而沟通的结束则应该是沟通目的的实现，如果目标没有实现，说明沟通失败了，因此，沟通目的又是沟通的归宿点。作为沟通各方，都是为实现自己的目的参加沟通的，成功的沟通会使双方的目的都实现。

沟通者：沟通主体与沟通对象

在人际沟通中，所有参与沟通的人都是沟通者。一方面，他们可以划分为沟通主体和沟通对象。沟通主体是主动发起沟通的一方，他在初始阶段是主动推进沟通者；而被动接受沟通的一方即为沟通对象，他在沟通的初期是被动接受沟通者。但另一方面，所有参与沟通的人在沟通中都是平等的、能动的。特别是随着沟通的深入，沟通各方都积极主动，这时就不会再有沟通主体与沟通对象之分了。

沟通过程：双向传播

沟通主体与沟通对象之间是通过传播过程实现沟通的。人际沟通过程是由沟通内容和沟通方式构成的。沟通内容是通过沟通所要传递的信息、思想和情感；沟通方式则包括沟通所采用的手段与技巧等。沟通的过程是双向的。沟通过程是决定沟通效率与效果最直接的因素与环节。

沟通情境

人际沟通总是在一定环境、条件下进行的。环境对传播过程以及沟通主体与对象都产生一定的影响。这些环境、条件是影响沟通效率与效果的重要因素，不可忽视。

人际沟通系统模式的要素分析

下面对人际沟通系统模式作深入分析，特别是要具体分析影响人际沟通的诸多因素。

沟通目的属性

研究沟通目的，应注意以下几点。

1．目的的利益性。人与人之间的沟通目的，在本质上都具有利益属性。人们总是为了获得这样或那样的利益进行沟通的。当然，这种利益不能只理解为物质利益，而应当包括各种精神、社会、心理性质的利益（如寻求归属感、受尊敬需要、得到信任与重视、承担社会责任等），也包括化解各种矛盾、解决危机等。沟通的实质就是利益的协调过程。沟通双方在人际沟通中所追求的不应是自己利益的最大化，而应是共同利益的最大化。否则，沟通就难以成功。

2．目的的明确性。人际沟通一定是有目的的。但是，沟通者对目的的认识程度是有差异的，有的非常明确，有的则特别含糊。要实现有效沟通，沟通目的（包括具体目标）必须十分明确，且针对性强。如果目标不明确，沟通不力，则往往事倍功半。

3．目的的多元性。人际沟通中涉及的目的是多种多样的，即使在一次沟通中也会同时存在几个不同的目的。因此，一方面对于不同目的的沟通要采用不同的沟通策略、手段与技巧；另一方面对于同时要实现的几个目的要进行排序，分轻重缓急，并灵活把握。

4．目的的协调性。沟通双方参与沟通时会各有各的目的与要求。这些目的可能是基本一致的，也可能是不一致的，甚至可能是相互冲突的。但必须认识到，通过沟通，使基本一致的目的更加一致，使不一致的目的趋向一致或达成部分一致。如果仍不一致则说明沟通失败。当然目的的这种一致性，既可能是完全一致，也可能是部分一致，还可能是在很大不一致基础上的"珍贵的"小部分一致。沟通的艺术与价值就在于把不一致的目的化为一致或部分一致。

沟通主体投入

沟通主体投入到个体系统之中的不只是目的，还包括其他许多要素，而这些要素会对沟通过程及其成果产生重要的影响。在人际沟通中的任何一个沟通主体都是一个"复杂人"系统。与人际沟通相关的因素主要有以下几个。

1．品格素养。对同一个问题进行沟通，不同的人沟通的效果会有很大的差别，甚至完全相反。例如，一位性情急躁而又外行的管理者去处理一件由于员工不负责任而造成的事故时，他的发火会引起员工们的不满；又由于他是外行，员工们会以"这纯是设备本身原因造成的问题"搪塞他。而一位懂行又有经验的管理者处理这件事时，就会令员工心悦诚服地接受批评，并尽快恢复生产。因此，沟通主体的品格和素养对人际沟通的过程与效果具有重要的影响。沟通主体的品格与素养主要包括：沟通主体的价值观、品德水平、人格与个性特点、文化素养、分析与处理问题的能力、情商与人际技能、相关知识与技能等。

2．相关假设。是指在沟通之前，沟通主体对沟通对象及有关问题的认识、判断等。这些假设会对沟通过程产生很大的影响。由于这些假设是以"先入为主"的方式参与到沟通过程中的，会产生潜移默化的作用，或促进沟通，或干扰沟通，因此必须予以高度重视。人际沟通中的假设主要包括：①对沟通对象已有的认识、印象、判断与情感；②对沟通涉及的事物的了解、看法、欲求等；③对沟通进程、方法、环境等因素的认识与判断等。

3．期望值。是指沟通主体对沟通目标的预期与判断，主要包括：①对沟通的目的与涉及的利益的理解与把握；②对沟通成功概率的判断或预测等。

沟通媒介的构成与特点

首先要明确的是人际沟通中的传播媒介一定是双向的传播，而不是单向的传播。沟通主体将信息传递给沟通对象；沟通对象就此信息作出反应，向沟通主体反馈信息。即使是简单的人际沟通过程，也会有多次的双向沟通。

人际沟通的媒介系统主要由传播内容和传播方式两部分构成。

人际沟通中的传播内容具体包括3个层次：①信息的传递，主要是信息的双向传递，通过信息的传递，主要解决对沟通者彼此以及相关利益的认知问题，例如，一位推销员拜访客户，他要向客户介绍来意、产品以及企业，客户对一些问题可能要询问，双方的一番交谈，会使客户认知所推销的产品、生产企业，乃至推销员本身的情况；②思想交流，以信息传递为基础，沟通双方相互交流一些相关的意见、看法、价值判断等；③情感融通，人际沟通中极为重要的内容是沟通者之间的情感融通，前面曾提到人际沟通从心理学角度看就是个缩短心理距离的过程，因此，情感的融通是人际沟通中的核心内容，沟通者实现有效的情感融通，能够拉近相互之间的心理距离和影响各个沟通者的认知和思想，有利于促成目标的一致。

人际沟通中的传播方式主要包括传播渠道、沟通手段和方法与技巧等。一是传播渠道。人际沟通采取的是人际传播方式，主要包括人与人之间面对面的直接沟通，以及利用书信、电话、电子邮件、视频等间接沟通。二是沟通的手段主要是语言。具体的沟通

手段包括口头语言、书面语言、体态语言等。除语言外，还包括特定情境下的某些行为，即运用富有明确含义的行为来传达信息。例如，20世纪70年代初，中美还处于"冷战"状态，但中美双方出于各自战略利益的考虑，都有心打破坚冰，建立进一步的联系。而双方几十年的敌对，成为巨大障碍。中国领导人巧妙地利用美国乒乓球队在日本参加世界乒乓球锦标赛的机会，邀请美国队访华。以这种在特定情景下的行动向美方传递信息，从而开创了中美关系的新阶段，被誉为"小球推动大球"的"乒乓球外交"。三是语言与表达的艺术技巧。在人际沟通的过程中，除了语言的正确使用外，对沟通效果具有重要影响作用的还有运用语言进行口头和书面表达的各种艺术技巧。这些艺术技巧本是从属于语言手段的范畴，但这里单列出来，目的在于强调它特殊而重要的作用。这种语言表达艺术技巧隐含了大量语言本身以外的社会与心理的含义与功能。这部分也是本书研究的重点之一。

沟通对象的信息接受与反馈

人际沟通的成功不仅取决于沟通主体，也取决于沟通对象。

1. 沟通对象自身的素养、假设以及对沟通的期望值等因素是人际沟通效率与成败的重要因素。这与对沟通主体的分析大致相同。

2. 接收信息的能力与效果。沟通对象对于沟通主体发出的信息、提出的思想、表达的情感，接收的能力大小，特别是实际接收的效果如何，是双向传播的极为重要的内容。如对于沟通主体发出的信息，是听到还是没听到，是全面接收还是部分接收，是准确理解还是模糊理解等。如果沟通主体不能对此作出准确判断，沟通就可能归于失败。

3. 对沟通主体发出信息作出的反应与反馈。沟通对象接收信息后，会作出什么样的反应，如愉快或痛苦、赞成或反对、和缓或激烈、放弃或坚持等，这是沟通能否顺利进行，是否需要调整，最终能否成功的重要依据。同时，沟通对象是否正确反馈，是否及时，表达方式是否恰当等也会影响到沟通的过程与效果。

沟通情境的作用与构成

人际沟通大多是以人与人之间面对面的方式进行的，这就使得其沟通的过程与效果更为显著地受到即时情境因素的影响。

人际沟通所处的情境因素主要包括：①沟通活动所处的时空环境，具体包括沟通时的地点、光线、气候、气温以及场所布局等空间环境；交流的时机，耗时的长短，进度的把握等时间环境；②社会心理情境与氛围，具体包括沟通所处的大的社会气候与文化背景；沟通双方的社会角色与关系；各个沟通者当时的心境与情绪；现场的氛围等。

本书人际沟通内容的体系

根据人际沟通系统模式，本书人际沟通模块，构建了以人际沟通系统模式为理论基础的"三个子模块"体系：以为培养现代人沟通技能为目标，按照 "语言与表达"、"交际与融通"、"说服与交涉" 三个子模块进行分析与研究。

第八章

沟通行为 1：语言与表达

语言表达机制

公关语言的功能

公关语言是传播的基本手段，在开展公关活动，实现公关目标过程中发挥着重要作用。公关语言的基本功能如下。

促进信息传播

语言是传播信息的工具，公关语言最基本的功能就是传播公关信息。这一功能发挥得如何，在相当程度上取决于公关语言艺术的运用情况。公关语言艺术运用得好，可以充分发挥语义、情感等因素对传播过程和受传者的积极作用，提高信息传播的准确性、及时性和有效性。

满足公众的心理需要

公关语言的功能不仅仅限于信息的传输，它一个重要的功能是通过公关语言的运用，使公众社会心理需要得到满足。在公关交际场合，公众在追求一定的业务目标的同时，也追求个人社会心理需要的满足。例如，一个用户参加商品订货会，除了要订购到适销对路、质优价廉的商品外，还希望在会议过程中或在与他人交际的活动中，受到他人的重视和尊敬。公关语言除了传递有关商品的信息外，还应该使用户的上述心理需要得到满足，这是公关语言的重要功能。这种功能一方面表现在通过公关人员对语言的运用，使公众在接收信息的过程中满足其社会心理需要。例如，当用户询问商品的某些情况时，公关人员除了作认真的回答外，再补充说："一听，就知道您是个行家。"这就会在传递必要商品信息的同时，通过赞誉之词，满足了用户要求得到尊敬的心理需要。另一个方面表现在公关人员巧用语言，使公众畅谈，使其在公关交谈中得到心理满足。例如，公关人员在拜访用户时，巧妙引导和发问，使用户兴致勃勃地畅谈他感兴趣或有利于提高他形象的话题，从而使他渴望自我表现、追求受别人尊敬的心理需要得到满足。前者是通过让公众"听"来满足其心理需要，后者则是通过让公众"说"来满足其心理需要。

协调人际关系

公关语言的重要功能是可以有效协调人际关系。除物质利益外，影响人际关系的重要因素还有两个：一是观点和认识的异同；二是感情的交流。公关语言可以在这两方面促进人际关系的协调：一是通过准确的公关语言，及时传递有关信息，交流意见，以消除误解，实现有效沟通，达成共识，从而使公关人员与公众的人际关系不断得到改善；二是通过公关语言艺术的运用，促进情感的有效交流，增进双方的感情，从而使双方建立并维系更加亲密的人际关系。

改变公众态度与行为

公关语言的终极功能在于通过公关语言的有效运用，影响公众的认识，改变其态度与行为，以保证公关目标的实现。首先，运用公关语言有效传播有关信息，使公众的见解和认识发生变化，进而促使其改变态度。其次，运用公关语言进行正面激励，促使公众采取正确行动；或运用公关语言进行反面刺激，促使公众终止某些不当的行动。公关语言的这一功能主要体现在大量的公关交际活动和工作交涉过程中。

语言结构、机理与模式

语言结构

研究语言，应当从最基本的"符号学"开始，因为符号学揭示出了语言最基本的元

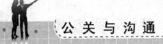

素和结构。

"符号学的基本主张是'意义的三元素'论。具体来说，意义是在'物体'（或'指涉物'）、人（或'阐释者'）和'符号'之间的相互关系中产生的。作为现代符号学的创立者，查尔斯·桑德斯·皮尔斯是这一主张的提出者。他把'符号关系'定义为'符号'、'事物'和'意义'之间产生的一种关系。在阐释者的脑海中，符号代表某个事物——皮尔斯将其称之为'指涉物'。"① 语言作为信息的载体，或者说是符号形式，其基本功能是用来传递或表达"意义"的。而这种意义无法独立存在或传递，只能在"物体"（或"指涉物"）、人（或"阐释者"）和"符号"之间的相互关系中产生。这里的"物体"（或"指涉物"），是指语言所要表达或涉及的事物；人（或"阐释者"）是指语言运用的主体，即传播者（包括传播主体和对象）；"符号"则是指传播过程中所运用的语言、非语言等符号形式。例如，一位营销员向一位顾客推销 A 产品。营销员与顾客就是运用语言的人——阐释者；营销员介绍 A 产品，"A 产品"作为语言词汇——符号，不是"真实"的 A 产品——指涉物；但当顾客听到"A 产品"这个词时，脑海中就会把这个词与过去使用这种产品时的认识与体验联系起来——意义。这样，意义被表达了，语言实现了传递信息的功能。

上述过程在相当程度上受到各元素之间关系的影响，特别是受到"在阐释者的脑海中"的已有经验及解释的影响。"符号与其实际的指涉物之间不存在直接的对应关系。这就使得人类的符号使用变得非常复杂。"② 现代语言学的奠基人费迪南·德·索绪尔提出，"包括语言在内的所有符号都带有主观性和随意性。不同的语言运用不同的词语来指代同一个事物，而词语与其指涉物之间并不存在任何必然的联系。因此，符号实质上就是受制于一定规则的惯例。上述的假设不仅支持了'语言是一种结构'的学说，而且还强化了'语言与现实分离'的主张。因此，索绪尔把语言看作是表现现实世界的结构体系③。由此可知，要准确地运用和理解语言，就必须深入研究语言结构、个体差异和认知过程。

索绪尔强调，虽然语言结构带有主观性和随意性，但是语言的使用有语法规则，谁都不能随意使用词语，即不是主观随意的。因此，语言学的研究者应当注重语言的形式，如语音、词汇和语法。"用结构主义的术语来说，语言是按照一定的形式关系严格构建

---

① 斯蒂芬·李特约翰，凯伦·福斯. 2009. 人类传播理论. 史安斌译. 北京：清华大学出版社：40~41。
② 斯蒂芬·李特约翰，凯伦·福斯. 2009. 人类传播理论. 史安斌译. 北京：清华大学出版社：120。
③ 斯蒂芬·李特约翰，凯伦·福斯. 2009. 人类传播理论. 史安斌译. 北京：清华大学出版社：120。

的、非物质性的系统。换言之，只有当意义与语言的结构性特征相互联系起来的时候，语言符号才有明确的指代对象。理解系统结构的关键在于差异性。语言本身所蕴涵的各种因素和关系是以其差异性相区分的。"① 如不同的字，"大"与"小"是相互区别的；不同的词，"汽车"与"汽油"也是相互区别的；不同的语法规则，"我不累"与"我不累吗？"也是相互区别的。"这种具有差异性的系统组成了语言的结构。不论是在口头语还是在书面语中，人们都是通过语言符号之间的差异来区分其所对应的指代物。任何一个语言单位本身没有任何意义，也不包含任何意义，只有在与其他语言单位进行对照后，才能形成某种特定的结构，并且获得特定的意义。"②

在后续的研究中，结构语言学家发展出一套关于句子结构的标准模式。"按照等级形式把句子分解成不同的组成部分：音素和音素组被组合成词根和词素；词根和词素再被组合成词语；然后再组成词组；词组被组成句子或者从句。因此我们可以在不同的层面上分析语言，大致对应于"音素"、"词语"和"词组"这三个层面。"③

言语行为

上一个问题是从符号学的角度研究语言的结构与差异。下面再从社会文化的角度研究语言的社会联系。语言行为理论的创立者德国哲学家路德维希·维特根斯坦认为语言的意义有赖于它的实际运用，日常使用时要遵循一定的规则，并将其称之为一种"语言游戏"。后来的理论家奥斯丁把这种对语言的实际使用称之为"言语行为"。奥斯丁的学生约翰·席尔勒又作了深入的研究。他们所谓的"言语行为"是用来表达一定意义和意图的最基本的语言单位。只要遵循那些能够实现意图的规则，一个句子，或者一个词语、短语都可以成为言语行为。之所以将其称为"言语行为"，是在强调人们运用语言最重要的是期望实现其意图。

他们把一段话语分解成四种言语行为：第一种是表达行为，就是把词语说出来；第二种是提议行为，说出事实或想法，"真相陈述"；第三种是你为实现意图而设计的语内表现行为，即努力让听话者能真正理解其意图，这是最重要的行为；第四种是言语表达效果行为，即期望通过言语对另一方的行为产生实际影响。例如，随便说的一句话："我

---

① 斯蒂芬·李特约翰，凯伦·福斯. 2009. 人类传播理论. 史安斌译. 北京：清华大学出版社：120。
② 斯蒂芬·李特约翰，凯伦·福斯. 2009. 人类传播理论. 史安斌译. 北京：清华大学出版社：120。
③ 斯蒂芬·李特约翰，凯伦·福斯. 2009. 人类传播理论. 史安斌译. 北京：清华大学出版社：122。

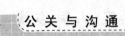

渴了"，就可以分解为4种言语行为：一是说出这句话，是表达行为；二是陈述"渴了"这种真实的状况，属提议行为；三是让别人理解能有人把水给他的意图，属语内表现行为；四是如果有人不但理解其意图，而且把水给了他，就完成了言语表达效果行为。

约翰·席尔勒强调，言语行为的意义有赖于其语内表现力，并提出，人们能够理解信息背后隐藏的意图，是因为传播的双方共享了相同的语言游戏，它是由一整套语言规则所组成，能够帮助人们界定该信息的"语内表现力"。席尔勒总结出了五种类型的语内表现行为："第一种称之为断言式，这种陈述表明了说话人坚决维护建议的真实性，如陈述、肯定、下结论和相信等；第二种是指令式，这类言语行为旨在促使听话人做某件事情，包括命令、请求、呼吁、祈祷、恳求、邀请等；第三种是委托式，属于语内表现行为，旨在使说话人承担起对未来某种行为的义务，包括许诺、发誓、保证、订立合同、担保等；第四种是表达式，传播的是说话人心理状态的某个方面，如感谢、祝贺、道歉、慰问和欢迎等；最后一种类型是宣告式，旨在作出建议性陈述，并且通过肯定和强调等手段使之成为现实，包括任命、主婚、解雇和辞职等。"[1]

信息设计

通过上述分析，可以看出，语言是一个受多种因素影响的复杂系统。要有效实现语言表达的目标，就必须深入分析相关因素，结合实际情境，设计符合自己意图的信息。有效的语言运用与表达过程，应是一个为实现目标而精心设计的过程。

查尔斯·伯格创立了规划理论。它主要研究如何规划人们的传播行为。伯格把对传播行为的"规划"定义为"对有明确目标的行为轮次的、等级分明的认知再现"。[2] 其即强调实现目标的行为的结构与程序。他认为许多人都依赖于"罐头"式规划——以前使用过的现成的规划。这样的规划都储存在长期记忆中，随时可用。但是，人们常常碰到一些新问题，或新的、更为复杂的目标，无法靠"罐头"式规划。这样，就必须把过去的规划、储存的相关知识和创造性思维加以综合运用，最终找出解决问题的方法。伯格指出，当实现目标的努力遭到挫败时，可采取两种不同的行动路线：一种是尝试采取不同的具体行动，属于低层次的规划；另一种是高层次的行动，作较大幅度的调整的。人们通常先进行低层次上的调整，不奏效时再采用高层次行动。当面对重要的目标时，

---

① 斯蒂芬·李特约翰，凯伦·福斯. 2009. 人类传播理论. 史安斌译. 北京：清华大学出版社：130～131。
② 斯蒂芬·李特约翰，凯伦·福斯. 2009. 人类传播理论. 史安斌译. 北京：清华大学出版社：148。

也可能直接采用高层次行动。

芭芭拉·奥凯菲提出信息设计逻辑。她认为人们在特定的情境中，对传播和信息有不同的想法，运用了不同的逻辑。她用"信息设计逻辑"这个术语来描述信息背后的思维过程。按照所体现的人本色彩由弱到强的顺序排列，奥凯菲归纳出了三种可能出现的信息设计逻辑："一是表达性逻辑，把传播看作是自我表达的一种模式，可以用来传播感情和思想，但它并未对他人的需求和欲望表现出足够的重视；二是成规性逻辑，把传播看作是一场按照特定规则来进行的游戏，按照被普遍接受的规则来进行的，涉及每一个参与者的权利和责任；三是修辞性逻辑，把传播看作是通过谈判来改变规则的一种方式，信息较为灵活、深刻和以人为本。这类信息重新设计了情境，以便将各种不同的目标——包括说服和讲礼貌——整合为一个严丝合缝的整体。"①

语言传播的前提

在开展公关活动过程中，人们运用语言进行信息传播，必须有一定的语言前提。正是这些语言前提，保证语言传播得以顺利进行。没有语言前提，就不能实现语言传播。所谓语言传播的前提，是指能使公关语言顺利传播而要求传播者和受传者共同知晓和理解一致的有关思想、经历、知识和背景。公关语言前提是有关公关语言运用技巧、提高公关语言艺术性、增强公关语言传播效果的重要因素。

公关语言前提的必要性

1. 公关语言前提是语言的不自足性所要求的。公关语言在传播过程中，总是需要有一定前提的，因为语言是不自足系统。假设没有必要的语言前提的话，一个极为简单的信息，用非常复杂、完善的语言也不可能表达清楚而使对方理解。如果具备了必要的语言前提，极简单的语言也会被对方准确理解。例如，两个同事对话，一位问："你不是出差了吗?"对方答道："我是昨天下午从广州飞回来的。"显然，谁听到这句回答都知道说话人是昨天下午乘坐民航飞机回到本地的。而不会有任何一个人怀疑这个人是长了翅膀自己飞回本地的。这就是语言前提的作用。可见，没有语言前提，语言传播就不能进行。

2. 语言前提可以适应某些特殊需要。除了语言自身不自足因素外，有些公关场合

---

① 斯蒂芬·李特约翰，凯伦·福斯. 2009. 人类传播理论. 史安斌译. 北京：清华大学出版社：151~152。

也需要利用某些传播双方的共知前提去进行特殊的语言传播。例如，受时间或文字数量限制（如打电报），尽量利用已知前提而压缩语言；有些不便直说的原因，点到为止，故意省略某些语言，防止被第三者听到或看见，而利用双方共知前提，用含蓄式或"代码"式语言表达；不直言平叙，而使用借喻性语言表达，以求达到幽默的效果，等等。

语言前提的构成因素

公关语言传播的前提主要包括以下构成因素。

1．传播双方的思想。这是指传播双方对信仰、观点、思维等方面具有某些共同的理解、一致的认识，或某些可以接轨的连接点。

2．传播双方的经历。其指传播双方拥有的某些共同的工作、学习、生活等实践经历。

3．传播双方的知识。其指传播双方共同具备与公关语言传播有关的知识。知识是人类的共同财富，具有较强的规范性和通用性。当双方都较好地掌握有关知识时，语言传播才能顺利进行。

4．语言传播的前期过程。公关语言传播一般总是在一定交际或联络过程中逐步进行的，后一段传播总是要涉及前一段过程，这样，前一段过程本身也就成了后续语言传播的前提。例如，就公众某一询问给公众回信的时候，公众询问的来信或电话就成为回信这种书面语言传播的前提。

语言前提与语言传播效果

1．语言前提越多，越有利于语言传播。传播双方的共知前提越多，则语言传播越容易。有时，甚至用很简要的语言，就可以将复杂的信息传播给受传者。当然，如果共知前提少，则传播困难，需要用更全面、更复杂的语言进行传播。

2．语言前提越明确，越有利于语言传播。如果传播双方共知前提非常明确，没有什么含糊或误解，那么，公关语言传播就会非常迅速，传播效果也会不错。如果前提含糊不清，语言传播很可能"走向歧途"，在传播中使信息失真，使受传者误解，导致传播失败。

3．巧妙利用语言前提，提高公关语言的艺术性。公关人员在运用语言传播时，可以利用语言前提，设计一些突破常规的语言表达形式，使语言传播更加有效。巧妙利用语言前提，是提高公关语言艺术的重要途径之一。

语言传播的环境

公关语言传播是人际之间传播信息的一种行为，这种行为总要处于一定的环境之中。而这种环境对语言的运用、接收和理解都将产生重要的影响作用。

公关语言传播的环境的含义

公关语言传播的环境，即语境，是指在进行公关语言传播过程中的各种语言性和非语言性环境因素。它主要包括两类。

1．语言性环境。语言性环境是指在语言传播中的上下文。人们讲一句话，通常有其上下文。这种上下文与这句话本身共同构成一个传播信息的完整系统。如果这句话没变，但砍掉上下文、或改变了上下文，那么所表达的信息就会完全改变。

2．非语言性环境。非语言性环境是指语言传播中的自然环境和社会环境。自然环境主要指语言传播的时间、地点、场合等。这些环境通过对传播双方的心理影响间接影响到传播的效果。而社会环境则包括两个方面：一方面是指进行公关语言传播时的社会环境；另一方面是指公关语言所叙述的事件的社会环境。所叙述事件的社会环境，对于准确掌握所叙述事件的事实是大有帮助的。同样，传播时所处的社会环境对传播过程也是有影响的。例如，传播双方当时精力的集中程度、心境的好坏等，都会影响到传播的效果。

语境的功能

语境的基本功能是对语言的制约与补充，它主要表现在以下两个方面。

1．对语义的制约与补充。公关语言传播在本质上是借助语言形式来传递一定的思想感情，其关键在于对语义所表达的信息的准确接收，而语境对语义有着明显的制约和补充作用。一是不同身份的人讲同一句话，其语义可能大不相同。二是不同时间、地点、情境，同样的词语含义也会有所差别。例如，当一个人心境极佳的时候，下级同他开了个玩笑，他会觉得这表明自己同群众打成一片，下级向他表示一种亲密关系；而当他心境极差的时候，同样的一个玩笑，会使他觉得这是下级不尊重他，是有意向他的权威挑战的不轨行为。三是当词语无法作详尽表达时，特定的语境，对语义有重要的补充作用，可以使受传者准确地接收词语表达以外的某些语义。

2．对语言形式的制约和活化。一定的语境，创造了一个有利于语言沟通的基础条件。在这个基础条件下，公关语言传播从选词用字，到造句行文，既受到某种因素的制约，又有一定的活化余地。一是由于语境增加了传播双方共知因素和条件制约，从而可以对一些词语进行改换、变通，甚至创造新词，而不会引起受传者误解，还可以增强语言的艺术性和生动性。二是可以对句型、结构、语序、节奏、口气、语言风格进行巧妙的变动，从而衍生出更加丰富、生动的艺术化语言。

语境的运用

语境是活用公关语言，提高语言传播技巧的重要手段。公关人员必须善于将语言传播与一定的语境巧妙结合起来，以增强公关语言传播的艺术性。

1．提高传播准确性。在公关传播过程中，公关人员要认真了解和分析语境，并有针对性地选择和运用语言，使两者有机结合，以最快的速度，准确地进行信息传播，使公众在把握语境的前提下准确、及时地接收公关信息。

2．使公关语言简练。当具备十分明确的双方共知的语境后，公关人员应尽可能用简练的语言进行传播。这不仅可以满足某些时候节省文字的要求，更重要的是使公众更容易接收发出的信息，并感觉到公关人员语言不啰唆、品位高，增加传播过程的轻松、愉快之感。

3．使语言幽默、生动。要善于利用语境对语言形式的制约和活化作用，巧妙地变换词汇、语句，突破一些语言常规，增强词汇语句的新颖性、奇特性和幽默感，以达到吸引公众注意、激发公众兴趣的效果，从而提高传播的有效性。

4．时机选择。公关传播利用语境的一个重要途径是善于选择时机。一是要选择好进行公关语言传播的时间，即在什么时候进行公关语言传播最合适。这就要对非语言性的自然环境进行分析，以便作出合理的时机选择。二是要选择受传者的一定心理情境来进行传播。这是对非语言性的社会环境的选择，往往是在对方心境好的时候传播效果好。三是对语言性环境涉及的时机进行选择，即在什么时候接应（指上文），在什么时候引发（指下文）。只有把握传播中的时机，才能使传播更加有效。

5．一些特殊用法。一是在公关传播中，可以运用双方明确的语境，运用第三者完全不懂或只能作某种表面理解的语言进行传播，以达到保密作用；二是可以利用语境的某些特性，将失言转换过来或进行某种应变；三是在某种特殊需要的场合下，利用语境给受传者造成错觉，故意使其产生某种误解等。巧妙运用语境以取得传播成功的事例很多。例如，三国时期，刘备寄于曹操篱下时，时刻担心曹操会发现他欲夺天下的大志，因而终日在菜园种菜，以便给曹操一个凡夫俗子、胸无大志的印象。一天曹操在花园请刘备喝酒，突然正面点出，当今英雄只有你我两人。这使刘备大吃一惊，竟然将手中的筷子落地。这在非常精明的曹操面前，等于完全暴露出刘备一直怀有此心而被一语点破的心理。但天公作美，曹操讲话时正好当空惊雷一声，刘备的吃惊可以说有两种语境，一是曹操所讲的话，这是当时的语言性环境；二是讲话时的雷声，这是当时的自然环境，刘备的受惊实际上是对前一种语境的反应。但刘备急中生智，立即作出被惊雷所吓的表示，而似乎对于曹操的话并没怎么在意。这就把对前一种语境的反应转换成对后一种语境的反应。这不但使曹操认为刘备并没有争天下的大志，而且认为刘备被雷声吓成这样，难成大器，这即是著名的"煮酒论英雄"。

语言运用艺术

公关语言的运用，既是遵循语言规律进行科学化传播的过程，又是运用各种语言技巧进行艺术化传播的过程。公关语言艺术的运用在公关语言传播中占有举足轻重的地位，对公关传播效果具有决定性作用。公关语言的运用，既受一定的前提和语境的影响，又受特定的公关任务和目标限制。这一方面使得公关人员拥有灵活运用公关语言的广阔空间，另一方面又使得公关人员不能随意运用公关语言。因此，公关语言运用没有非常固定的艺术模式，但有些公关语言艺术运用的基本技法还是可以掌握和借鉴的。当掌握这些基本技法之后，可以结合公关实际，因地制宜，灵活运用，创造出丰富多彩的公关语言艺术，为实现公关目标服务。潘肖钰女士曾对公关语言艺术做过专门研究，并总结出幽默法、委婉法、模糊法、暗示法等语言艺术方法[①]。公关语言运用艺术，大致可以分为以下几类。

强辩类

强辩类语言技法是指在公关语言传播过程中，用于说理、争辩和应变的语言技巧和方法。在开展公关的某些特定场合，需要与对方进行某种紧张的、针锋相对式的对话。有时需要主动发动攻击，有时需要争辩和批驳，有时需要机智应变。在这些情况下，要

① 潘肖钰. 1991. 公关语言艺术. 上海：同济大学出版社。

善于运用各种强辩类语言技法。强辩类语言技法主要包括以下几种。

首尾相接法

首尾相接法是指在语言表达的过程中，把前一句结尾或开头的词语，与后一句开头或结尾的词语进行某种蝉联或重复，首尾相接，环环相扣，或回环往复，以增强语言的力量和生动性。它具体又分为两种。

1. 首尾蝉联。首尾蝉联是指前一句结尾的词或词组，是后一句开头的词或词组，使两句首尾蝉联。例如，日本丰田汽车公司的著名广告词："有山必有路，有路必有丰田车。"

2. 回环往复。回环往复是指将前一句话的结尾部分作为后一句话的开头部分，再用前一句话的开头部分，作后一句话的结尾部分，利用话语回环往复的形式，表现两种事物或现象之间的某种哲理关系。例如，一个富人和一个穷人在早餐前见面。在互相询问的过程中，双方的回答体现了一种回环关系。富人的回答是："出来散步，看看能否有胃口对付早餐。"穷人的回答是："出来走走，看看是否有早餐对付胃口。"这里的"有胃口对付早餐"与"有早餐对付胃口"正是一种回环关系。

上述两种语言技法的共同点是首尾相接，不同点是后者带有某种形式的重复。两者可抽象表示为：首尾蝉联式：A—B，B—C；回环往复式：A—B，B—A。显然，后式中 A、B 都有变换顺序后的重复。

夸张法

夸张法是指用超过客观或实际可能的说法来强调或突出某种思想或感情的一种方法。这种技法的作用在于吸引受传者的注意力，强化事物的特征，突出事物的本质，以增强语言表达的感染力和传播效果。夸张法主要有以下 3 种类型。

1. 扩大夸张。这是指为了表达某种事物的需要，将原事物的形象、特征、作用、程度尽力往高、大、好、强、重等方面说。例如，一家美容院门前的广告语是："进来60，出去 18"，将女士通过美容而使其看起来年轻的作用进行了夸张。

2. 缩小夸张。这是指为了表达某种事物的需要，将原事物的形象、特征、作用、程度尽力往低、小、坏、弱、轻等方面说。例如，现代京剧《红灯记》里，鸠山唱："我五刑俱备叫你受用……"李玉和唱："你只能把我的筋骨松一松！"面对如此酷刑，李玉和以大无畏的精神加以蔑视，只说成是对筋骨"松一松"。

3．时空夸张。这是指为表达某种事物的需要故意颠倒事物发生的实际时间的先后或变更空间位置，以达到夸张的效果。例如，1972 年 2 月，美国总统尼克松首次访华，他刚走下飞机就主动向前来机场迎接的周恩来总理伸出了手。周总理走上前去，紧紧握住尼克松伸过来的手，脸上带着微笑说："你把手伸过了世界上最辽阔的海洋来和我握手，25 年没有交往了啊！"这里，周总理就巧妙地运用了空间夸张，使表达既诙谐风趣，又寓意深刻。

对顶法

对顶法是指依据一定的表达需要和语境条件，将相反相对的话语，巧妙联结在一起的一种方法。这是一种揭示事物的矛盾统一性的技巧。其作用是：有利于造成强烈的对比，使语言生动；有利于更加深刻地揭示事物本质；有利于灵活地处理"两难问题"，增强应变能力。对顶法主要有两种类型。

1．单句对顶，即将相反相对的话语组织在一个单句内。例如，鲁迅的文章《为了忘却的记念》，将"忘却"和"记念"组合在一个单句之中。

2．复句对顶。即将相反相对的词放在两个以上的分句中，组合成一个复句。例如，"远在天边，近在眼前"。

在表述复杂事物或回答"两难"问题时，这种方法尤为有用。例如，1972 年基辛格随同尼克松前往莫斯科参加美苏首脑会议，途经维也纳时曾举行了一个记者招待会。《纽约时报》记者马克斯·弗兰克尔就有关新闻发布问题提出了一个所谓"程序性问题"："到时候，你是打算点点滴滴地宣布呢？还是来个倾盆大雨、成批地发表决定呢？"对于这个问题，基辛格回答道："我明白了，你看马克斯同他的报纸一样多么公正啊，他要我们在倾盆大雨和点点滴滴之间任选一个，所以我们怎么办，总是坏透了。"他略停一下一字一板地说："我们打算点点滴滴地发表成批声明。"全场顿时哄堂大笑起来。

换序法

换序法是指为达到某种语言表达的需要而调换语序、词语在句子中的前后位置的方法。虽然是同一个语素、词语，只要调整了在句子中的先后顺序，就会产生不同的传播效果。换序法除了可增强对比、增加语言的生动性以外，其最重要的作用体现在其语义变换功能上，通过换序可以在一定程度上改变原语义，或者使其语义向某种主观倾向转换，从而达到语言传播的预期目的。换序法包括两种类型。

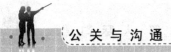

1．语素换序。在一定的语境中，通过变换合成词的语素顺序，使其发生某种语义变化。例如，陈毅同志任上海市市长时曾痛斥官僚主义："哪有你们主民几十年，都不许群众民主一分钟的道理?"在这里，将"民主"一词的词素颠倒，变成了"主民"，形象地代指官僚主义。不但切中要害，而且增加了语言的生动性。

2．词语换序。根据一定的语言传播要求，变换词或句子的顺序，以强调某种主观意图。例如，在云南解放前夕，国民党特务活动异常猖獗，他们逮捕了 90 多名爱国民主人士，拟加以迫害。正在准备起义的国民党云南省主席卢汉将军为营救这批爱国人士而打电报给蒋介石，陈述利害。蒋介石复电："情有可原，罪无可逭"（"逭"意为逃、避）。显然，这是蒋介石在搞两面派，意在迫害。卢汉十分焦急，与李根源先生商量对策。李根源提笔将电文顺序改为："罪无可逭，情有可原"。军统头目看到改后的电文，以为蒋介石采取"恩威并用"策略，故释放了这 90 多名爱国民主人士。在此例中，"情有可原，罪无可逭"在指出情有可原的同时，重心是强调罪无可逭；而"罪无可逭，情有可原"则是在指出"罪无可逭"的同时，重心是强调"情有可原"。这样，通过词序的调换，使语句的重心意图按改动者的主观倾向进行了转换，达到了语言传播的预期目标。

反语

反语就是指故意用相反的话语表达本意的一种方法。这种方法的主要特征就是说的话与要表达的思想正好相反。反语总要在特定的语境中使用，服务于特定的语言传播目的。反语的作用就是使语言更加鲜明，讽刺更加有力，有时可产生幽默的效果。反语有表里两层意思，表层意思是所使用词语的原意，里层意思则是语言运用者想表达的意思。其具体可分为两种类型。

1．表贬里褒，是指用反面的词语表达正面的意思。例如，人们讲到雷锋的工作精神时，常使用"革命的傻子"这个词语。显然，这是一种表贬里褒的用法。

2．表褒里贬，是指用正面的词语表达反面的意思。例如，有人问："世界上什么事情最容易做?""戒烟，"马克·吐温说，"我已经戒过 200 次了。"

语意异释法

语意异释法即根据某种意图需要，结合特定语境，对词语的含义进行拓展或背离原意的特殊解释的一种方法。这是一种急中生智式的修辞方法。恰到好处地运用这种技法，可以增加语言的新鲜感和生动性，对于克服语言传播中的困难，增强公关人员的应变能力尤为重要。语意异释法包括以下两种类型。

1．拓解，即对某一词语的含义作出拓展性解释，赋予其某种远离本意的新意。这种曲解，既可以根据字面意义解释，又可以依据词语的内涵来解释。总纂"四库全书"的清代大学者纪晓岚机敏过人。传说有一次乾隆皇帝突然驾临，而他正赤膊乘凉，一急就躲到床下。由于天热他实在受不了了，就在床下问书童："老头子走了没有？"哪知乾隆还没离开，就把他从床下叫出，并要他解释"老头子"是什么意思。妄称皇帝为老头子这是何等大罪，而纪晓岚急中生智，对"老头子"做了个全新的解释："万岁为'老'，人上为'头'，'子'乃圣贤之尊称"。听得皇帝龙颜大悦，纪晓岚也躲过了这"欺君之罪"。

2．曲解，是指利用同音异字、一词多义等因素，故意进行扭曲或背离词语本意的解释。它同别解的共同点是都对词语的含义进行脱离本意的特殊解释。二者的区别是：拓解只是突破词语的本义限制，形成某种与词语有形式联系的"新义"；而曲解则扭曲和完全背离词语的本义，形成某种反差很大的"曲意"。例如，一位年轻人很不礼貌地向一位老者打听去某地的路。老者回答说："走大道一万丈，走小路七、八千丈。"年轻人听了，感到很奇怪，问道："怎么这里论丈不论里？"老者马上反问："年轻人，想不到你也要讲里（礼）？"老者正是利用"里"与"礼"的同音，而通过曲解的手段来教训这位年轻人的。

同义反复法

一般而言，同义反复是用语之大忌，是啰唆和废话的代名词。但在特殊的语境下，适应特殊的需要，如果运用得巧妙，同义反复也是一种语言艺术技巧。其过程可表示为

解释　　　　解释
A→B；　　　B→A

例如，王安石的小儿子王元泽不认识獐和鹿，有人指着他旁边的一獐一鹿，问："哪个是獐，哪个是鹿？"王元泽回答："獐的旁边是鹿，鹿旁边的是獐。"王元泽运用的就是同义反复法。

又如，日本一家酸奶公司一则广告的副标题是："甜而又酸的酸奶有初恋的味儿"这个广告大获成功。但也有对这个广告的诘难之词。一位记者曾当众问道："如果小孩问什么是初恋的味道时，该怎么说？"公司经理三岛海云当即回答："没啥，回答说'初

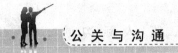

恋的味儿就是酸奶的味儿'就行了。"这种回答虽然是一种同义重复,但在此种语境下,用得巧妙,恰到好处。既避免了难堪,又做到了礼貌回答。小孩虽然没有"初恋"的感受,但"酸奶"的味儿倒是实实在在感受了。以实在感受到的去解释不理解的事物,这种回答不能不说是巧妙的。用这种巧妙的同义重复回答一些极难回答的问题,是公关场合常用到的应急技巧。

反射法

反射法就是借用对方话语中的词语或概念,来反驳、戏谑对方的一种方法。这是一种以其人之道还治其人之身的技巧。运用此法的关键是要抓住对方话语中可以用来反驳的词语或概念。并力求做到,在形式上尽可能地与对方相适;而在内容上与对方相反或相错。由于是用对方的观点、方法或材料反驳对方,这种反驳更为有力,对比鲜明,语言生动,是辩驳场合极有价值的武器。反射法有两种基本类型。

1. 依语言形式反射,即抓住对方可以利用的语言形式,然后套用同样的语言形式加以反戏。例如,德国演唱双栖明星昂扎曼恩在柏林剧场演出时喜欢即兴发挥几句,害得他的搭档无所适从。导演命令他不要再搞什么即兴创作。而第二天夜场,他骑的马在台上竟撒起尿来,引得全场观众大笑。"你怎么忘了,"昂扎曼恩对马厉声喝道:"导演是不允许我们即兴表演的。"他借助马出的事,套用"导演不许即兴表演"来加以反戏。

2. 依语言逻辑反射,即针对对方的话语,运用逻辑推理来反戏对方。例如,一天,大诗人歌德在公园一条很窄的小道上散步。对面来了一个人极不礼貌地让歌德给他让路:"我向来没有给傻瓜让路的习惯。"歌德马上闪到路边,让他通过,并平静地说:"我恰恰相反。"隐台词自然是"我有给傻瓜让路的习惯"。

诱导类

诱导类语言技法是指在公关语言传播的过程中,运用诱发、引导等方式增强公关语言的力量,促进传播目标实现的各种语言传播技巧和方法。语言的传播是传播者与受传者双方共同完成的,通过一定的语言技巧,诱导受传者的语言与思维转向一定的方向,以达到更好地接收传播者语言传播的目的,它是在公关传播中经常应用的方法与技巧。

歧疑法

歧疑法是指运用对语言含义误导的手段,使对方产生悬疑、误解,以达到特定的语言传播目的的方法。语言含义明确，使对方能够准确理解，是正常情况下语言传播的基本要求。但在一定的语境条件下，为实现特殊的传播目标，也需要利用语言多重含义等特点导致对方悬疑和误解。歧疑法的主要作用是可以表达某些特殊含义，引导对方的语言和思维，可以增加语言的新颖性和幽默感。歧疑法具体有两种类型。

1．利用话语的多义性造成歧疑效果。一般的词语本身是具有多义性的，特别是当词语与不同的语境结合起来时，其含义会有很大的不同。利用话语本身的多义性和一定语境的理解惯性。可以实现对某些话语进行误导的目的。例如，有这样一个民间故事，一位姑娘因嘴唇缺一块而嫁不出去，一位小伙因没有鼻子而娶不到媳妇，一位媒婆想促成这对婚姻。她对小伙子说："这个姑娘没有别的毛病，就是嘴不好。"小伙子说："嘴不好不算毛病，慢慢地就会改的嘛。"媒婆又对姑娘说："这个小伙子什么都好，就是眼下没什么。"姑娘说："眼下没什么怕啥，我陪嫁多点就是了。"到了新婚之夜，真相大白，双方都指责媒婆骗人。而媒婆却说："我不是开始就说了，姑娘嘴不好，小伙子眼下没什么吗?怎么能说我骗人呢?"这位媒婆就是利用话语的多义性，将两个人的生理缺陷误引到人的习惯和家庭财产这种"歧义"上，巧妙地促成了这对婚姻。

2．利用违反一般逻辑推理和常规习惯使话语产生歧疑。受传者对传播者讲出的话语，总是按一般逻辑推理和常规习惯来理解的。如果传播者实际要表达的某种意图故意用违背逻辑和常规话语形式表达，必然导致受传者的思维进入歧途。例如，两个士兵向军官请假。第一士兵说："少校，请准我 15 天假吧！我要结婚了。"另一个士兵说："少校，能不能也准我假呢?我也要结婚，只不过我需要 20 天。"少校问："为什么你一定要比他多 5 天呢？""少校，这是因为我还没找到新娘呢。"士兵答道。显然，这个士兵故意违背了有了对象才结婚这个常规而造成幽默的。

空白法

空白法是指在特定语境中，由于某种传播的需要，突然中断话语或故意将话语留下空白，而让对方去理解和想象。这样，可以将许多不便说、不好说的不直言出来，而通过中断的方式，利用语境去让对方自己思索，悟出答案。这种技法有三种类型。

1．中断。中断即话讲到一定地方突然收住，以下的内容让对方自己去琢磨。例如，一位中年女顾客到服装柜台前看上了一件衣服。在与营业员的对话中说："这件衣服质量很好，价格也不算贵，只是颜色……"这种中断很可能是这位顾客对这件服装的颜色是否适宜自己穿拿不准，也可能是嫌颜色过老而不喜欢穿，或是嫌颜色过艳，不适宜自

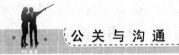

己穿。这显然是想听听营业员的意见。

2. 留白。有些复杂的不好表达的内容，或不便正面表达的内容，可以通过语言空白，借助一定语境让对方自己去思考或想象。例如，在一次政府工作会议上，赫鲁晓夫声色俱厉地指责斯大林的错误。突然，听众席上有人打断了他的讲话："你也是斯大林的同事，为什么你当时不阻止他呢?""谁在这样问?"赫鲁晓夫怒吼道。会议厅内一片极度不安的寂静，没有人敢动弹一下。沉默了一会，赫鲁晓夫轻声说："现在你该明白为什么了吧?"（意指你们不也是不敢讲吗?）在这里，赫鲁晓夫不做任何直接解释，而是利用语言的空白，让提问者和听众思考并得出答案。显然，这比用一些话语解释效果要好得多。

3. 以笑代答。在某些令人尴尬，或很难表态的场合下，以笑代答，然后让对方自己去思考。例如，尼克松为实现中美建交第一次访华期间，周总理曾陪同他观看现代巴蕾舞剧《红色娘子军》。当演到高潮，将国民党兵押到舞台上，看到这些他昔日的盟军、今天仍有正式外交关系的国民党兵的狼狈相时，本来应是很尴尬的尼克松，却放声大笑，从而克服了尴尬的局面。至于这一笑的具体含义是什么，只有任别人去猜了。

承转法

承转法是指思想发生变化或出现特殊的语境时，将正在说的话打住，然后承接着打住的话临时改说合乎该语境或传播目的的话语。应用承转法，一是传播者的表达意图发生变化，或发现失言；二是语境发生变化或原预想的语境不符合实际。在这两种情况下，需要将正在说出的话打住，并急中生智地将其接转下来。这种方法，对于调整讲话意图，纠正讲话失误、顺应语境变化有很大的作用。它特别适用于各种应急语言场合。承转法具体包括两种类型。

1. 利用谐音承转。即将正在讲的话打住之后，利用已讲出话语的谐音，转接成另一种含义的话语。例如，《西厢记》中有莺莺与红娘的一段对话：[旦云]这般身子不快啊，你怎么不来看我? [红云]你想张? [旦云]张什么? [红云]我仗着姐姐哩。

红娘本想，说："你想张生"。但在莺莺的严厉质问下，只好改口说："我仗着姐姐哩。"

2. 利用语义承转。其就是利用原话语的多义性转接成新含义的话语。例如，"文革"期间几位教师到农村接受"再教育"。休息日到集市向一位老乡买鸡蛋。在讨价还价的过程中，双方争得不太愉快。一位教师有点不满了，说道："你这个人真……"他是想说："你这个人真差劲，哪有一点不让价的?"可刚开口那位老乡就火了，瞪圆了眼珠问：

"我这个人真怎么的?"一看要弄僵,这位老师哈哈一笑说:"你这个人……真不错!"在场的人都笑了,双方愉快地成交了。

语义转换法

语义转换法是指根据特殊语言传播目的的要求,利用话语的多义性,将原话语含义转换成另一种含义的一种方法。在语言表达中,前后话语和概念的含义应一致,否则,可能引起传播中的混乱。但在特殊的语境下,为达到传播目的,故意使话语和概念的含义前后不一致,也是公关场合经常要用到的一种语言艺术技巧。语义转换法运用得好,可以使语言新颖、活泼、含蓄、幽默,并可以随机应变,适应特殊情况下的需要。例如,在华盛顿,一位游客问一位市民:"请告诉我,如何到白宫去?"市民答道:"你必须在竞选中获胜。"显然,游客是问去白宫参观的道路怎么走,而市民则是指入主白宫的途径。在政治或外交场合也常应用此法。1945 年 2 月,在前苏联的雅尔塔会议期间,英国首相丘吉尔非常喜欢他所下榻的阿勒布卡宫里的一只大理石雕塑——睡狮。一天,他对斯大林说:"它(指石狮)太像我了。"接着又暗示说:"苏联有一种传统,即把国内最好的东西赠送给那些重要的客人。""一点不错,"斯大林说,"现在我们苏联最好的东西是社会主义"。这里,斯大林巧妙地利用了语义转换法,谢绝了丘吉尔的索要。

诱问法

诱问法是指根据严密的逻辑思维,巧妙设计诱导性提问,层层深入,使对方就范的一种技巧和方法。有些语言传播过程不是单向的信息传播,而是双向的问—答式完成的。要根据传播目的的要求,巧妙地设计提问,诱使对方按照你设计的路子回答问题或表明态度,使整个传播过程处于你的控制之下。诱问法有利于摸清对方意图,促使对方按有利于你的方向思维、回答和表态。诱问法有以下几种类型。

1. 变换词语的指向进行诱问,即寻找出具有不同指向的词语,然后诱使对方按照有利于其意图的指向进行回答,最后按照有利于讲话人意图的指向进行对答。例如,美国总统罗斯福在担任海军军官时,一位朋友向他询问某小岛上建立潜艇基地的秘密计划。罗斯福神秘地看看四周,压低声音问他的朋友:"你能保守秘密吗?"朋友回答:"当然。"于是,罗斯福微笑地说:"我也能。"这里,罗斯福先问他的朋友"能否保守秘密"其指的是不可向外传;而针对对方能保守秘密的回答,说:"我也能",从而,使这种"保守秘密"变成了拒绝回答的指向。

2．限定对方回答的诱问，即在发问时设计出对方回答问题的限定范围，使对方只能在这一限定范围内作出回答。例如，让小孩早上起床，如果问他："你起不起床？"小孩一定撒娇地回答："我不起来。"如果问话改为："是你自己穿衣服，还是由我给你穿衣服？"那么，小孩多半会回答："我不让你穿，我要自己穿。"这样，起床就不成问题了。再如，两位教士做礼拜时都熬不住烟瘾了，一个问主教："我祈祷时可以吸烟吗？"立刻遭到主教斥责；而另一教士问："我吸烟时可以祈祷吗？"马上得到主教的允许。在主教看来，祈祷时不可吸烟，而在任何时候，包括吸烟时，都是可以祈祷的。可见，诱问中的回答的限定范围是很有意义的。

3．连环式诱问，是指根据诱问的目标，巧妙设计诱问步骤，环环相扣，使对方进入"圈套"，最后就范。例如，美国的滑稽大师马丁·格登纳根据哈佛大学著名数学教授亲授的妙计，成功地邀请了一位妙龄女郎与他一道进餐。格登纳首先问这位姑娘："我有 3 个问题，每个问题请你给我肯定或否定的回答。那么，我的第一个问题是："你愿意如实回答我下面两个问题吗？"姑娘微笑地点点头："愿意。""很好"。我的第二个问题是："如果我的第三个问题是'你愿意和我一道吃晚饭吗？'那么，你对这两个问题的答案是不是一致呢？"到了此时，姑娘才发现不管怎样回答第二个问题，她对第三个问题的回答都是肯定的。

幽默类

幽默类语言技法是指运用语言的反常组合，形成诙谐语言效果的技巧与方法。幽默的核心在于语言组合方式的变异，突破逻辑推理以及语言运用常规，通过反常组合，制造笑料。幽默是高级语言艺术的重要组成部分。幽默可以增强语言生动性，提高生活涵养，增强对受传者的吸引；可以融通感情，协调人际关系；可以讽刺不良现象，对不正确的事物进行有力反击；可以"化险为夷"，克服尴尬局面等。

双关法

双关法就是利用语义或语音同时关联两种意义的特点来加以曲解的方法。双关法包括以下两种类型。

1．谐音双关，就是利用一些同音不同义的词语转换成另一种表达含义，在两种含义的对比中制造幽默。例如，清代的纪晓岚与和珅聚在一起。和珅为了侮辱纪晓岚，便指着一只狗问："是狼（侍郎）是狗？"（当时纪任侍郎，和任尚书）纪晓岚答道："垂尾是狼，上竖（尚书）是狗。"纪晓岚同样利用谐音回击了和珅的挑衅，既幽默，又有力。

2．语义双关，即利用词语的多义性，曲解原意，引出违反常理的新意。例如，一位小学运用"难过"一词造句："我家门前的小河沟很难过。"将"难过"从表达情感的语义转换为描述动作难度的语义，制造了笑料。另外，也可以利用话语的双关含义使语言诙谐。例如，一位先生和一位太太在河边钓鱼，太太在一旁唠叨不休。这时，有一条鱼上钩了。看着被钓上来的鱼，太太说："这鱼真够可怜的！"先生马上回敬她一句："是啊！要是它闭嘴，不就没事了！"

仿拟法

仿拟法是指在一定的语境中，通过模仿套用对方现成的语言形式，表达新的含义，制造笑料的方法。这种方法有以下几种具体类型。

1．将合成词或成语中的词素换成相反或相对的词素，形成相对应的生造词。例如，一位领导同志在作关于我国改革形势的报告时，将佛经上的一句话"苦海无涯，回头是岸"，改为"苦海有涯，回头无岸"，以表达改革虽在转换过程中引发一些困难，但已看到曙光，并且后退是没有出路的道理。

2．语句仿拟，即模仿对方讲话的句法格式，结合特定的语境，说出格式相同而语义相反或相对的句子。例如，英国大作家狄更斯正钓鱼时来了一个陌生人。来人问道："怎么，你在钓鱼？""是啊！今天钓了半天，没见一条鱼；可是昨天，也是在这个地方，却钓到了 15 条鱼！"陌生人这时说："你知道我是谁吗？我是专门检查钓鱼的，这段江上禁止钓鱼！"说着，那人掏出一本发票就要罚款。此时，狄更斯从容地反问："那么，你知道我是谁吗？我是作家狄更斯。你不能罚我的款，因为虚构故事是我的职业。"大作家在这里就是套用了对方的"你知道我是谁吗？"的句式来进行反问的。

3．语义仿拟，是指从对方话语的内容意义上仿拟，具体包括反义、同义、近义和变义等。例如，彼得当匹兹堡市市长时，曾同妻子兰茜视察一处建筑工地。一个头戴安全帽的工人冲他们喊："兰茜你还记得吗？读高中的时候我们常常约会呢？"事后，彼得得意地说："你嫁给我算你运气好，你本该是建筑工人的老婆，而不是市长夫人。"兰茜则反驳说："你应当庆幸和我结婚，否则，匹兹堡市长就是他了。"再如以下两人的对话。一人问："哎呀，昨天早上有个大夫从你家里出来……是否是您病了？"对方反问道："昨天有个军人从你家里出来，难道说你家爆发了战争吗？"

否定肯定法

否定肯定法是指以否定某语义的形式去实际肯定其意义的一种方法，这是运用前后用语的正—反对比手段来制造幽默的技巧。它具体包括两种类型。

1. 否定—肯定式，即通过对某事物或现象进行否定来肯定某种意义。例如，在计划经济年代一位顾客在饭店就餐，由于饭里沙子多，他把沙子吐了一桌子。服务员看到后，抱歉地说："对不起，尽是沙子吧？"顾客认真地回答："不！也有饭。"于是，两个人都笑了。顾客运用对"尽是沙子"予以否定的方式，指出"也有饭"，但这实质上是以幽默的方式肯定饭里沙子多这一结论。再如，有的人冬天衣服穿少了，别人问他："冷不冷？"他却斩钉截铁地回答说："不冷！""那么你为什么发颤？"他却笑着回答："冻的！"

2. 肯定—否定式。即以肯定 A 的方式来否定 B。例如，孔融 10 岁时随父拜访当时颇负盛名的司隶校尉李元礼。其间，宫中大夫陈韪对孔融当时的聪慧言行不太服气，就当众说道："小时聪明，长大未必怎么样。"孔融马上反唇相讥："想必陈大夫小时一定很聪明吧！"孔融以陈韪"小时聪明，长大未必怎么样"为大前提，通过指出陈大夫小时必定很聪明这种肯定的方式，实际表达了其长大了真不怎么样这种否定含义。

诡辩法

诡辩法是指在一定的语境下，故意违反逻辑推理规则来增加语言的幽默感的一种技巧和方法。诡辩法具体包括以下三种类型。

1. 原因辩，即在解释事物的原因时加以诡辩。例如，一个人问道："鱼为什么只能生活在水中？"有人答道："因为陆地上有猫。"这样，把鱼在水中生活的生理原因的问题用鱼怕猫吃来解释，不能不使人发笑。

2. 词义辩，即对某些关键性词汇进行曲解或转义。例如，一位小伙子问牧师："在举行婚礼的时候，你不是代表上帝宣布"我和我妻子的一切烦恼都到头了"吗？可是我现在正烦恼得很啊！""对，我是这样说过。"牧师不慌不忙地说："烦恼有开始的一头，有消失的一头，当时我可没说明你们是到了哪一头。"本来，"到头了"是已经结束了的意思，小伙子当然也是这样理解的，而牧师却硬把它解释成包括"开始"和"消失"这两个一头，进行诡辩，制造幽默。

3. 话语辩，即运用一些话语对听者误导，然后再从相反的含义对这些话语作解释。例如，一个香烟推销员介绍香烟的优点："这种香烟芳香可口，余味无穷，益智提神，令人陶醉……"一老者插话:"还有小偷不敢进屋,狗不敢咬,永远不会老。"大家都感到很惊奇。这位推销员来了精神劲儿:"不听老人言,吃亏在眼前,我们听听这位大爷的体会。"老者接下去说:"抽烟整夜咳嗽,小偷敢进屋吗?抽烟者身体衰弱,走路拄拐棍,狗敢咬吗? 抽烟者易患癌症,能活到老吗?"结果引起哄堂大笑。

委婉类

委婉类语言技巧是指根据一定的语言传播要求,对于一些不能、不便或不适宜直言的内容,通过含蓄言辞,曲折语句,或者用相关语替代等方式加以表达的技巧和方法。委婉法在公关语言传播中是极为重要的,在相当多的场合和语境下需要采用此法。委婉法有利于提高公关语言修养水平;有利于传播双方情感,增强传播有效性;特别是有利于打破僵局,实现公关目标。

讳饰法

讳饰法是指正面回避某些不便直说或有所忌讳的言辞,而用含蓄的言辞来加以掩饰与表达的方法。讳饰法有两种类型。

1. 用词讳饰,即回避忌讳的词或短语。例如,人死了,一般场合均不正面讲,而用"逝世"、"停止呼吸"、"去见马克思"、"一颗伟大心脏停止跳动"等。再如,去厕所,常用"去洗手间"代替。

2. 话语讳饰,即将一些不便直说的话用含蓄的、更为方便的话语或方式加以表达。例如,在电影《红高粱》首映式上,巩俐名声大振。一位中国香港的记者问道:"你对自己的相貌如何评价? "自己评价自己的长相这可算出了个难题。但巩俐略加思索,便避其话锋巧妙地答道:"我觉得我的牙齿很漂亮,因为它不整齐而与众不同嘛。"她没有正面对自己的长相作出全面评价,而巧妙地选择了可能遭到别人挑剔的牙齿不整齐这一点加以肯定,不但克服了窘境,而且充分地显示了对自己长相的自信。这是一个极为巧妙的委婉回答。

曲语法

曲语法即根据某种传播要求,用曲折迂回的方式表达本意的一种技巧与方法。曲语法有三种类型。

1．故意引到另一种意义上去表述。例如，一位蔬菜店的营业员，看到有的顾客在挑白菜的过程中，在一层层向下摘菜叶，就有礼貌地对这些顾客说："请当心一点，别把菜叶碰下来。"显然，这要比正面斥责顾客摘菜叶效果要好。

2．先使对方松弛，再引入正题。当对方对某一谈话内容非常敏感时，可先谈一些与正题无关的内容，令对方放松，然后再逐步地引入正题。

3．打好铺垫环环相扣，曲折表达本意。古代有一个笑话，一位理发师给宰相理发。修面修到一半时，停下刮刀，两眼紧盯宰相的肚皮。宰相感到奇怪，问道："你不修面，光看我的肚皮干什么？""人们常说，宰相的肚里能撑船。我看大人您的肚皮并不大，怎能撑船呢？"宰相一听，哈哈大笑："那是说宰相的气量大，对一些小事，都能容忍，从不计较。"听到这里，理发师"扑通"跪下，哭着说："小人该死，方才修面时不小心把您的眉毛刮掉了。大人您气量大，请大人恕罪。"宰相一听，尽管心里很生气，但还是装作大度的样子说："算了，拿笔来，把眉毛画上吧。"理发师绕了一个大圈子，终于达到了目的。

借用法

借用法是指借用某一事物或他事物的特征来代替对该事物实质问题的直接表达的一种技巧和方法。这种方法一般不作正面的表述或回答，取而代之的是关于这个事物的特征或相关事物的特征的描述或表达，从而达到委婉曲折的语言效果。借用法有两种类型。

1．借用事物本身的特征来作答，即用描述所涉及事物本身的某些特征来表达传播者的意图。例如，20世纪50年代时，一位美国记者在采访时，看到周恩来总理桌上有一支美国派克钢笔，他以带有几分讽刺的口吻说道："请问总理阁下，你们堂堂中国人，为什么还要用我国钢笔呢？"周总理听了，风趣地说："谈起这支钢笔，话就长了。这是一位朝鲜朋友的抗美战利品，作为礼物赠送给我的。我无功受禄，就拒收。但朋友说，留下做个纪念吧，我觉得有意义，就留下了这支贵国的钢笔。"美国记者听后，无言以对，自讨没趣。周总理并没有正面回答记者的提问，而是以讲这支钢笔的"来路"这种委婉的方式，给予美记者的发难以有力回击。

2．利用相关事物的特征来间接说明。在有些情况下，事物本身的特征不便于表达，则可利用具有某些相似特征的相关事物来加以说明。例如，孟子曾劝说齐宣王治理好国家。由于不便直言，他先问齐宣王："假如王的大臣中有个把妻子儿女托付给自己的朋友而到楚国去游历的人，等到他回到家里，他的妻子儿女却在受冻挨饿，那该怎么办？"齐宣王说："跟这个朋友绝交"。孟子又问："假如士师不能治理好他的属客，那又该怎么办？"此时齐宣王恍然大悟，无言以对。孟子就是运用了这种借用相关事理来加以说服的技巧。

二分法

二分法是借助哲学上所讲的一分为二的方法，即在表达一个否定性问题时，除对事物进行否定的本意进行表述外，还应充分注意到可肯定因素的表述，使这种表达具有正、反双向制约性质，使语气更趋和缓与委婉，更容易为对方所接受。这种方法有两种类型。

1. 指出事物本身的两重性，即在否定某事物的同时，应肯定这一事物中的某些可取因素。例如，当否定一个人的意见时，可先说："我觉得你的意见在理论上是立得住的，……"，"你高度重视了对原系统缺点的改进，并提出了相应的很有价值的措施，……"然后，逐渐地引出自己的否定性本意。

2. 肯定对方的主观态度和与问题相关的某些积极因素。例如，当否定对方的意见时，可先说："您对此事的责任感和钻研精神真令我佩服，……"，"你做了这么多调查研究，提供了这么多有价值的原始数据，这本身就是一个了不起的贡献，……"这些虽是对事物本身正题以外的评价，但对于缓和气氛、减弱否定带给对方的心理冲击力，使对方更愿意接受所传播的信息，都是有积极作用的。

模糊法

模糊法是指在公关语言传播中，适应某种特殊语境或特别的传播目的的需要，公关人员回答问题时避开确指内容，以含糊、宽泛的语言作答的一种技巧或方法。模糊法的运用，对于回答难以回答的问题，消除尴尬局面，保守机密，留有充分调整余地等有重要作用。模糊法主要包括三种类型。

1. 答非所问。答非所问是指不正面回答对方的问题，而以与其相关而又不是一回事的问题来作答的一种技巧。例如，一位德国年轻钢琴家贝仑哈特为诗人席勒的诗《钟之歌》谱曲后，特地举办了一个演奏会，把大名鼎鼎的勃拉姆斯请来。演出结束后。贝仑哈特问勃拉姆斯："阁下是否很欣赏此曲？"勃拉姆斯笑着回答："《钟之歌》到底是一首不朽的诗！"显然，对方问的是"曲"，而他答的却是"诗"。这既是他表明了态度，不作违心回答；又是以赞赏的口气对紧密相联的问题作答，保住了对方面子。

2. 回避实质。回避实质是指只回答或说明有关问题的一些浅层次或背景问题，而避不回答所提问题的实质，如外交场合常用此法。

3. 以宽泛的话语回答。这是指以含义广泛、伸缩余地大、非确指性的话语进行回答的一种技巧。例如，尼克松首次访华，同中国政府共同发表上海公报。当时中美双方对公报的各种实质性问题全部达成协议。但却遇到了一个极大的难题：当表明美国关于台湾是中国领土一部分这一政治态度时涉及如何表达台湾国民党政府问题，如果称其为"中华民国政府"，在有我方签字的公报中是绝对不允许出现这样的字样的；如果称其为"台湾当局"，当时美国又与台湾有着正式外交关系，怕遭到外交上的谴责。最后，还是基辛格设计了一个含义宽泛的词语作了很好的表达："台湾海峡两岸的中国人，都认为台湾是中国领土的一部分，对此美国政府不持异议"。从而克服了这一大障碍，使中美上海公报如期发表。再如，一位记者就中美代表将举行中国复关的另一轮谈判时问美国有关发言人："根据你的估计，下一轮的成功率有多高?"这位发言人回答说："好的，他们——中国人已清楚地表明，他们希望在今年年底之前解决这个问题。我们希望能在这个时间内解决这些问题。我们对能及时解决这些问题而使中国成为创始成员国抱有希望。"这种回答，既暗示了双方的意愿，可能希望较大，又没有正面回答到底成功率有多高，留有相当大的余地。

非语言运用艺术

公关语言除了口头语和书面语等自然语言以外，还包括一些具有某种语言功能的准语言或称非语言。"与语言不同，非语言符码的意义受制于语境，部分地是由构建它们的情境所决定的。语言使用者可以将数量上相对有限的言语和非语言符码进行组合，表达出无限多的、多样化的、复杂的意义。"[1] 这些准语言包括以体态语言为主体的各种形式的非自然语言传播手段，本节主要研究体态语言。

体态语言的特征与类型

准语言

公共关系传播的基本手段有两类：一类是语言传播，这是就狭义的语言而言的，即

---

① 斯蒂芬·李特约翰，凯伦·福斯. 2009. 人类传播理论. 史安斌译. 北京：清华大学出版社：124。

指各种口头语言和书面语言；另一类是非自然语言传播，也称非语言传播。所谓非自然语言传播，是指传播者为传递信息、交流情感而使用的除自然语言以外的各种行为或行为延伸形式。传播者的这种行为或行为延伸形式不是狭义上讲的人类语言，但是它具有某种语言传播功能，故将其称为公关传播的非语言或准语言。例如，在公关活动中，人们运用点头、招手、沉默、大笑等形式表达一定的信息，这些形式就属于公关准语言。

公关传播的准语言主要包括体态语言、副语言和默语等。其中体态语言是准语言的主体，在公关活动中进行非自然语言传播主要是运用体态语言。

体态语言的特征

体态语言是指传播者为传递信息，交流情感而运用的自身动作、表情、服饰以及空间关系等。体态语言不是有声的口头语言或有形的书面语言，而是以视觉和触觉为主的一些感官现象，本质上是人的行为以及行为的延伸。它的基本功能同口头语言和书面语言一样，能传递信息，交流情感。在公关传播中，体态语言是极为重要的，几乎每种公关传播形式都涉及体态语言的运用。体态语言是一种应用极广、必不可少的传播工具。体态语言作为一种特殊的传播工具，具有一些特殊的属性。其主要特征如下。

1．形式的多样性。体态语言是用以传递信息和情感的人的行为及其延伸形式。由于人的不同的思想、态度和行为倾向，必然使其外显行为有不同的表现。举手、投足、眨眼、皱眉等都会传达出极为丰富的信息。任何微小变化的人的动作和表情与一定的语境结合，都可以传播特定的信息。因此，人的体态语言是极其丰富和复杂的。

2．语义的隐含性。体态语言不是用自然语言直接表达的，不可能像口头语言或书面语言表达语义那样直接、明确。它是通过一定的视觉形象或触觉现象间接、含蓄地表达语义的，体态语言的传播过程中的编码、译码一般要比自然语言复杂一些，特别是译码，有时难度很大，经常容易出现误译，从而造成信息接收的错误。

3．自身的不完善性。体态语言与自然语言相比，其科学性、准确性、完善性都差得多。常常是一种体态有多种含义，特别是在不同民族、地域等语境下，其所表达的信息有时会有很大的差异。在许多情况下，体态语言不能独立地表达一些含义，还要依赖语境来加以补充、限定和说明。语言本身就是一个不自足系统，而体态语言的不自足程度更严重。

4．运用的综合性。在公关传播的过程中，人们总是要自觉或不自觉地综合运用多种体态语言形式。除极个别情境下要求单独采取某种特定的体态语言传播外，绝大多数

情境下都是与自然语言相配合，并且综合运用多种体态语言。例如，一位公关人员见到他的重要公众，除了一些热情的问候语以外，还要笑脸相迎、主动握手等。体态语言的综合运用几乎是一种必然。

5．功能的特殊性。体态语言除了有同自然语言一样的正常传播功能外，还有一些自然语言所不具有的特殊传播功能。由于它的隐含性和不完善性，可以在特殊的语境下进行某些不便直言、不好表达、不愿确指的特定传播。因此，体态语言能在公关传播中发挥一些特殊的作用。

体态语言的类型

公共关系传播中应用的体态语言主要包括以下几种类型。

1．动作语。动作语是指传播者为了传播信息而运用身体的躯干与四肢的各种动作。例如，当客人来到你的办公室时，你赶紧从座位上站起来，主动伸手同客人握手等动作就是动作语。

2．表情语。表情语是指传播者为了传播信息而运用头部各个器官所形成的多种表情。人的面部表情是极为丰富的，而且所表达出的信息一般是比较明确的。例如，你迎接客人时，可能眯缝着眼睛，嘴角和鼻翼上翘，满面笑容，这是一种典型而明晰的表情语。

3．服饰语。服饰语是指传播者为了传播信息而利用的服装、仪容和饰品等。在一定的语境下，不同服饰有着不同的含义，可以传递不同信息。例如，在上例中，你接待客人时的着装可以在一定程度上向客人传递某种信息，整洁的服装可能向你的客人表示你的身份以及对客人的尊重和欢迎。

4．空间语。空间语是指传播者为了传播信息而自觉利用的空间位置关系。一定的空间关系或距离，总能在一定语境下表达某种信息或情感。例如，在上例中，你看到客人来了，主动迎上前去，并把客人拉到与你最近的座位坐下，"促膝"谈心，就是空间语的典型运用。

动作语和表情语

动作语是一种利用传播者自身躯干和四肢的动作而形成的语言。一般这些动作都是较为明显的，很容易察觉到的，可称为显动作。而表情语，虽然变化细微，但实质上也是人体（面部）的一种动作，只是这种动作一般是很细微的，不太容易察觉的，可称为微动作。狭义的动作语仅指躯体语和肢体语，而广义的动作语还包括由微动作构成的表情语。动作语主要包括以下几种类型。

头颈语

头颈语是指运用人的头部和颈部而构成的动作语言。它主要包括点头、摇头、仰头、低头、扭头等，这是极易观察到并能使对方高度重视的体态语。

头颈语的主要语义功能如下：①肯定与否定，世界绝大多数地区的习惯是点头表示肯定，摇头表示否定；②满意与兴奋程度，当对方说到令自己高兴的事时，自己频频点头；而说到令自己不高兴的事时，就不住地暗暗摇头；③尊敬与亲近程度，如对受传者非常尊敬、亲近，则不断地点头示意；而高高昂起头，一副不屑一顾的架式，是蔑视对方的一种表现；④情绪高低，人在情绪高涨时，喜欢高昂着头；而情绪低落时，经常是低垂着头；⑤兴趣浓淡，当受传者对谈话极感兴趣时，会使头颈正对着对方，全神贯注；当对谈话内容不感兴趣甚至厌烦时，头和颈部是侧对着对方或左顾右盼。

上肢语

上肢语是指传播者利用手和臂传递信息和情感的动作语言。上肢语主要指胳膊、手腕和手指组成的各种手势，包括手臂曲直、摇动、招手，手指的各种姿势，以及触摸等。手势是动作最明显、语义最丰富的一种体态语，在体态语中占有举足轻重的地位。

上肢语的主要语义功能为：①示意，即用手势表达一定的信息，例如，招手是让人过来；摆手则是不让人干某事；有人问路，可以用手指向应走路线等；②传情，即用手势表达一定的情感，例如，用手敲桌子表示愤怒；主动伸手握手表示友好；鼓掌表示欢迎；高高举起手臂表示兴奋等；③模仿，即用手势模仿一些事物的特征，来补充自然语言，例如，当说一个物品很大时，张开双臂，用两臂围成的空间比拟物品的大小等；④象征，即借用特定的手势特指某事物或使受传者产生某种联想，例如，在"二战"期间，英国首相丘吉尔在一次结束讲话后，伸出手，将食指和中指竖起，组成一个"V"形，用以代表胜利，引起广大听众的强烈共鸣，反映了全国人民战胜法西斯，渴望胜利的心声。从此，这一手势在全世界流传。

躯干语

躯干语是指传播者运用自身躯干传递信息和情感的一种动作语言。躯干语包括两大

公关与沟通

类，一类是组成躯干各部分的动作语言，另一类是躯干作为整体形成的动作语言。前者包括胸、腹、腰、肩、背、臀的动作语言，后者包括躺、坐、立、行等动作语言。

躯干语的主要语义功能如下：①精神状态，即通过躯干语显示出一定的精神状态，例如，情绪饱满，就会挺胸直腰；情绪低落，就会含胸、弯腰；②个性，躯干的一定姿态可以反映出一个人的个性特点，例如，躯干各部位摆动的人可能是性情活泼、开朗的人；反之，则是沉稳、内向之人，一个人挺着胸膛出现在众人面前，可能表示该人有很强的自信心；而在众人面前常弯着腰的人很可能是自信心不强的表现；③相互关系，躯干的不同动作或姿势可以表现出传播双方的相互关系，例如，为表示对对方的尊敬或好感，常常是躬身哈腰。大部分礼节都是低下身躯的，如鞠躬、作揖、抱拳、下跪、叩头等；而当蔑视对方时，则是挺着肚子或侧身以对；④交际礼仪，交际礼仪的许多体态语言都表现在躯干语上，例如，肩、腰、臀的摆动，坐、立、行的角度、姿势与速度，都表示一定的文明礼貌程度。

腿足语

腿足语是指传播者利用腿和脚传递信息和情感的一种动作语言，包括腿和脚的各种姿态、摆放角度和运动状况。腿足姿势可以表达丰富的信息，是自觉塑造形象或观察对方形象的一个重要途径。

腿足语的主要语义功能：①紧张程度，一个人的不同心理状态是可以通过腿足语表现出来的，例如，一个心理紧张、焦急等待的人往往会小幅度地抖动小腿或来回踱步；一个人特别随意地叉开双腿躺靠在沙发上，他可能是出于一种觉得非常安全而无须防范的心理；②尊敬与礼貌，腿足的姿势可反映出传播者对受传者是否尊敬和礼貌，例如，一个人在同交际对方谈话时仰靠在座位上，高高跷起二郎腿，可以看出是相当不尊敬对方的；而两腿靠得较近，平行相对，身体前倾，屁股只坐椅子的一点点，则表示对交际对方的尊敬和礼貌；③表现欲，人们的一些强烈的表现欲求，常常通过腿足表现出来，例如，前苏联领导人赫鲁晓夫在联合国大会发言时，曾用脚敲桌子，反映了强烈的超级大国霸权主义的表现欲。

以上为狭义上的动作语，广义上的动作语还包括表情语。

表情语

表情语是指利用人的五官和面部肌肉来传递信息和情感的一种动作语言。这是人的

168

动作语言中最细微，表达情感又是最丰富的一种语言。它是最重要的体态语言。表情语主要是通过眼、眉、鼻、口、耳，以及面部肌肉的微动作来传递信息，表达情感的。而其中以眼和口的动作变化最明显，在表情语言中起的作用也最大。同时，这些器官的微动作一般又是相互同步配合的，它们的协调动作共同形成一定的表情语。

表情语的主要语义功能：①感情，表情语的首要语义功能是能细致地表达出传播者对受传者的感情，是热爱，还是憎恶通过面部表情可以表现得淋漓尽致，例如，人愤怒憎恨时，双眉倒竖，怒目圆睁，鼻孔翻露，嘴角下弯；而喜欢一个人，以微笑相迎时，眼角向下弯曲，鼻翼上抽，嘴角向上翘，两颊肌肉上提；②态度，通过面部表情，可以表达出传播者对人或事物的某种态度及其强度，是赞成还是反对，是坚定还是动摇，是认真还是马虎等，例如，眼睛圆睁，目光集中，眉头微皱，紧紧抿住嘴角，就表明该人完成某项工作的决心和坚强意志；③心境，表情语可反映出传播者的内心状况，是紧张，还是轻松；是大胆，还是怯懦，都可以通过表情语反映出来，例如，一个人吸烟时悠闲自得地朝上吐烟，面部表情平淡，可能是心情放松的表现；而如果低着头，一口紧接一口地朝下吐烟，很可能处于紧张焦躁的心境；④信息，表情语还可以传达其他有用信息，例如，当问一个人是否知道某事时，该人眼睛瞪大，眉毛上扬，张开大嘴，表明了这个人还不知道这一消息，所以，运用表情语可以表达或获得大量信息。

空间语与服饰语

空间语与服饰语是人的动作语的延伸形式。

空间语

空间语是指传播者利用空间距离、姿势、位置等因素传达信息和情感的一种传播手段。在信息传播与社会交际的过程中，人们总是处于一定的空间之中，而这些空间状态可以反映一定的信息和情感。通过这些空间变量的运用，可以成功地传递特定的信息与情感。因此，空间变量成为公关传播过程中的一种重要的语言工具。例如，两人谈话越谈越靠近对方，达到"促膝谈心"的状态，足见这两人谈话非常投机。公关传播中应善于运用以下空间语。

1. 距离语。距离语是指利用空间距离来传递信息和情感的一种空间语。传播或交际双方的空间距离，往往反映着双方关系的密切程度。空间距离与关系密切程度有密切联系。长时间空间距离的接近，有利于促使双方关系更加密切，如老同学、老同事、老邻居等。而双方关系密切，又反过来促使双方在具体接触的过程中缩短空间距离，如两个要好朋友之间谈话时的距离较两个陌生人谈话时的空间距离要近得多。因此在运用空间语言时，要善于根据交际双方的关系性质和密切程度，选择恰当的交际距离。同时，又要根据公关目标的要求，尽可能缩小与交际对象的空间距离，促进感情的沟通。

2. 姿势语。姿势语是指运用人在空间中的整体姿态传播信息和情感的一种空间语，包括人的坐、立、行等身体姿态。姿态语既是动作语又是空间语，它是两类语言的重合。人的整体姿态在一定程度上反映人的心理欲求、个性倾向、思想情感等。例如，一个人受到威胁而十分害怕时，身体会不自觉地向后倾；一个人由于某种诱惑激奋而跃跃欲试时，身体会不自觉地向前倾，等等。公关人员应善于运用姿势语传达某些信息或情感，并通过姿势语的接收而观察对方的态度和意图。

3. 位置语。位置语是指利用位置、座次来传达信息和情感的一种空间语。在公关场合，人们所处的空间位置，座次的安排都可以反映出人们的某些心理因素、社会地位、受尊重程度，以及交际关系的密切程度等信息。例如，隔着桌子，相对而坐的谈话，一般没有坐在桌子同一侧靠近谈话显得关系密切，而且还容易增强对抗和防卫心理。因此，公关人员要正确分析和运用空间位置因素，注意座次的合理安排，借用这些空间变量有效地传递信息和情感。

4. 势力圈。所谓势力圈，是指在交际中，人们将自我占有的或在自己身体支配下的周围空间无意识中视为自己的势力范围，即交际者感到自在的个人空间，是人们觉得必须与他人保持的间隔距离。在公关传播中，要正确认识有关人员的势力圈，尊重其势力圈，并运用这种空间变量为实现传播目标服务。例如，当你到图书馆阅读报刊，如果有许多空座。而你却在紧挨一个人的座位坐下来，对方就会感到不自在，这是由于你侵犯了他的势力圈。

服饰语

服饰语是指传播者利用服装、发式和各种饰品来传递信息和情感的传播手段。服饰可以看作是人的姿势的延伸，因此，也包括在广义的体态语之中。服饰语在许多公关场合中，是传播信息和情感、观察对方的重要手段。服饰语主要包括以下类型。

1. 着装语。着装语是指利用衣着、服装来传递信息和情感的一种服饰语。人的衣着不仅仅有保暖功能，在现代交际中，它在一定程度上还传达人的需求、个性、情感、职业、社会地位，甚至种族、家庭等多方面信息，是观察对方或向对方传播信息的重要手段。例如，身着高档质量、样式保守而笔挺的服装，往往给人以威严感；而衣着朴实则给人以一种平易近人之感；男士衣服挺直的垫肩和肩章，可以增强对男性庄严感的显示；女士着旗袍、健美裤等体形衣，是为了突出女性的线条美，等等。公关人员要善于运用着装语去促进公关目标的实现。

2．发式语。发式语是指运用头发式样来传递信息和情感的一种服饰语。发式是人的头部的重要装饰。它对于塑造人的头部形象，表达一定的需求、情趣、偏好、个性、风格具有重要意义。它是公关传播的重要手段。例如，男子留小平头给人以一种冲击性的感觉；女士梳披肩发给人一种追求开放的印象；特别时髦的新潮发型反映了这位女士追求时尚的心理偏好，等等。发式是传播信息、塑造形象的重要工具。

3．饰品语。饰品语是指运用各种装饰品去表达信息和情感的一种服饰语。这里所讲的饰品主要有两类：一是人自身除衣服以外的某些首饰和其他装饰品；二是人所使用的物品、环境装饰等。这些物品虽然不是人体自身动作的直接构成部分，但却是人身的一种延伸，它作为"身外之物"，仍能在相当程度上反映一个人的地位、职业、需求、个性、兴趣、特长等因素。例如，一间豪华的办公室，可能给人以实力很强的感觉；桌子上堆满书总是给人以博学多才的印象。有意识地运用自身和环境的装饰品去为实现传播目标服务，是公关人员不可忽视的工作内容。

体态语运用要领

以上分析了体态语言的基本含义、构成和传播的规律性。公关人员要在掌握这些基本知识的基础上，根据需要，结合语境，创造性地加以运用。

准确了解和把握体态语的复杂语义

要有效运用体态语言，充分发挥体态语的传播作用，首先要认真分析和研究人体各部位动作以及延伸形式的复杂语义。每一个部位的不同动作都有各自的语义，而且常常是一个动作有多种语义。这就需要公关人员准确了解和正确掌握这些复杂语义，以便根据公关传播的要求，灵活地、创造性地加以运用。

必须注意民族、区域的习俗

体态语不像自然语言那样直接陈述，表达明确，而是一种间接显示，表达含蓄的准语言。不同的动作的语义是在不同的亚文化群的长期生活中逐步自然形成的。因此，在不同的民族、区域，相同的动作其语义可能是不同的，有时差异还非常大。例如，在世界绝大多数地区都用点头表示同意，摇头表示反对；而在保加利亚、印度尼西亚等少数地区却用点头表示否定，用摇头表示肯定。如果不注意民族、地域对体态语的影响，就无法有效运用体态语，甚至可能出现误解和错误，造成传播受阻或失败。公关人员必须认真研究受传者的文化背景、生活习俗，特别是体态语义上的差异，以便有针对性地加以选择，提高体态语运用的正确性和有效性。

体态语运用要与情境相结合

体态语的不完善性决定其在运用时，必须同一定的情境有机结合起来。一个肢体动作，当抛开具体情境时是很难说清楚其含义的；因为同一个动作在不同情境下具有不同的语义。公关人员在运用体态语时，必须善于观察和研究现实情境，根据传播目标要求和情境特点，灵活选择恰当、有效的体态语言，使其与特定的情境有机结合，有效实现传播目标。

体态语的双面应用

体态语作为一种特殊的公关传播手段，应注意它的双面应用。一方面，是公关人员根据公关目标要求，自觉地运用体态语去传播信息、交流感情；另一方面，也要从交际对方自觉或不自觉使用的体态语言中去观察、分析、推测有关交际对象的信息。认真接收、分析交际对象的体态语言，是观察对方，摸清其需求和意图的重要途径，也是体态语言运用的重要领域。

公关人员在公关传播过程中，除了运用口头与书面等自然语言和体态语言以外，还要善于运用副语言和默语。

副语言也称类语言，是指一种有声而无固定语义的语言，主要有两类：声音要素和功能性发声。前者包括音强、音长、音高、音色；后者包括哭、笑、叹息等。公关人员特别要注意副语言的使用，尤其是说话过程中善于运用重读、语调、笑声和掌声。

默语是指说话中的短暂间隙，即停顿、沉默。书面语用省略号来表示。在一定的公关场合和语境下，恰当地运用停顿和沉默，也会表达出特定的信息和情感，从而达到用有声语言所达不到的效果。公关人员应注意传播目的与对象的分析，在必要时，巧妙地运用默语，以求得特殊的功效。

无论是体态语，还是副语言和默语，都是重要的非自然语言的传播手段，它不但能作为信息传播的工具，有时还可以克服虚假语言传播的弊端，能更真实、准确地传输信息。因为它既有自觉的、有意识的表现，又有非自觉的、无意识的自然流露。德国的一位动物学家冯斯特曾对人与马的非语言传播进行研究。柏林贵族奥斯廷公爵曾有一匹高大、智力超群的马，名叫汉斯。据说这匹马能回答许多算术题。许多人都亲自试过，果然如此。于是，冯斯特对这匹马进行了一个多月的跟踪研究。他发现，这是由于这匹马善于观察人的体态变化而得到某种暗示的结果。当某人提出一个问题后，等待汉斯回答的过程中，脸上的表情会出现一些细微变化：肌肉收缩，嘴唇紧闭，眉毛微微抖动，咽口水加快等。这些微弱的变化，提问者自己也是没有意识到，而动物的某种特异功能，却使汉斯观察到了。它抬起前蹄，开始敲台阶。例如，问它："5+5 等于多少？"汉斯一面敲台阶，一面注视提问者的脸。当提问者次序地数着1、2、3、4……时，提问者就越来越紧张。当敲到第十下时，提问者紧张的神色一下子松弛下来，面部肌肉放松，嘴唇会张开些，眼睑会下垂，脸色略微发红，呼吸变得慢而深沉……，这些细微变化使汉斯得到某种暗示，所以，到第十下就停止了。这个例子从动物反馈的角度说明了人的非语言传播的重要性。

在人们的社会生活中，非语言传播的运用范围是极其广泛的。三国时期，诸葛亮唱"空城计"就是一个脍炙人口的典范。由于马谡失守街亭，蜀军全线溃败。当司马懿大军兵临城下之时，诸葛亮坐守空城，却泰然自若。他派一些老弱残兵打开城门和清扫大街（空间环境语言）。而他自己却坐在城楼之上，饮酒抚琴（动作语和默语）。特别是司马懿仔细观察，发现诸葛亮的神色镇定自若（表情语），而琴声和谐、指法不乱（动作语和装饰语），反倒大吃一惊。误认为一定有诈。于是，慌忙下令退兵。诸葛亮运用非语言传播，不战而胜，被世代传为佳话。在现代社会生活中，非语言传播仍发挥着极为重要的作用。公关人员应研究规律，结合实际，把握要领，创造性地运用以体态语言为主体的非语言传播手段，以便有效实现公关目标。

演 讲 艺 术

这里所说的演讲是广义的，泛指在各种公共场合下由一个人向多人所发表的讲话、谈话。如各类型会议上的讲话、各种大型活动或重要事项的宣传演说、各种谈判与交涉中的系统阐述、对顾客口头推销以及员工工作动员大会演说等。在许多公关场合，都需

要进行演讲，而演讲的艺术效果与公关的成败有很大联系。因此，我们有必要对演讲的相关方面进行研究。

演讲的要素

演讲的要素主要包括演讲的目的、演讲者、听众、传播以及情境。

演讲目的

演讲是人有意识的自觉行为，有极强的目的性。离开演讲的目的，就没有成功演讲可言。演讲的目的是演讲的出发点与归宿，是演讲的灵魂，演讲的设计与实施都必须紧扣演讲的目的。

演讲的目的大致可分为以下类型：①激励性目的，包括号召人们做什么、鼓舞斗志、激发情感等；②劝告性目的，包括劝说、诱导、告诫等；③说明性目的，包括介绍、说明、分析、通报等；④亲和性目的，包括表达情感与和好意愿、消除误会、化解矛盾、团结合作、增强凝聚力等。

演讲者

由于演讲主要体现为一种演讲者单向传播形式，所以演讲者是整个演讲的主要设计者、实施者和调控者，是地地道道的"主角儿"，因此，演讲者在沟通中发挥着关键或决定性作用。

演讲者的一些素质、能力与运作决定着演讲的质量。例如，演讲者的价值观、思想境界、思维力与创新意识、心理素质与情绪调控能力、文学修养与语言表达能力、知识与阅历等，会对演讲的效果产生重要影响。

听众

听众既是演讲的对象，又是演讲成功与否的最终评价者。一方面，作为现场听众，他们也是演讲的参与者（尽管演讲主要体现为单向传播，但听众的互动与反馈也是存在并发挥重要作用的）；另一方面，演讲是否成功，不是看演讲者"讲的如何好"，而是听众"听得如何好"；成功演讲的标准是能否打动听众，离开听众的需要和兴趣的演讲注定是失败的演讲。因此，听众虽然"只听不讲"，但是仍具有举足轻重的作用。

听众影响演讲效果的因素主要有听众的需要与兴趣、价值观、知识与接收能力、现场态度与注意力等。

传播

演讲中的传播主要指演讲的实施过程。在演讲目的、演讲者和听众既定的条件下，演讲的效果与成败主要取决于演讲的内容与方法。演讲内容与方法将在下面中阐述，这里不再赘述。

情境

演讲既是信息传播的过程，又是人与人之间互动的过程。因此，影响其过程和效果的远不止一般信息传递本身的因素，在这一传播过程中，大量的情感、心理等人的因素也会对演讲的过程和效果产生重大的影响，从而使得演讲过程变得更加情绪化、心理化。影响演讲效果的情景因素主要有现场演讲者与听众的情绪与态度、演讲过程中的互动程度、现场整体氛围的营造等。

成功演讲的基础

成功的演讲是以思维、心理、口语为三大基础的。

思维基础

精彩的演讲，首先是缜密思维的外在表现。缜密思维包括对事物的观察能力、对问题的分析理解能力、清晰的思路、严谨的逻辑、材料的组织运用能力等。"想清楚"的问题不一定能"讲清楚"；而"想不清楚"的问题肯定"讲不清楚"。

想获得较强的思维能力，就需要加强思维能力的训练：①大量阅读，训练阅读分析能力；②深入研究实际问题，学会分析的思路与方法，如分析问题通常的模式是问题的现状描述—问题性质界定或危害评估—产生的原因（根源）分析—解决问题的方向；③在解决实际问题过程中，培养解决问题的思路与方法，解决问题的通常模式是问题分析界定（如分析问题模式）—可解决路径—解决方案设计—对方案评估与抉择；④传播与表述，无论是分析问题还是解决问题，无论是说明还是劝说，都必须以清晰的思路与结构编排材料进行表达。

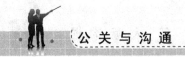

心理基础

演讲与其他传播（如各种书面传播）形式的显著区别是：要面对听众（常常是多人），许多情况下都是现场发挥。由一个人独立面对多人演讲，会使演讲者有一种恐惧感，人数众多的时候这种恐惧感更明显。这种面对面的演讲即使事先有所准备，由于许多影响演讲的因素存在，在许多情况下仍需要演讲者进行现场发挥以应对"突发事件"。这使得演讲者更加紧张。有的人有很强的书面语言表达能力，在登台演讲前做好了准备，但他一登场，在大庭广众之下，阵脚就全乱了，讲得一塌糊涂。显然，这是心理因素在作怪。心理紧张是演讲的大敌！而心理紧张的头号大敌就是演讲者自己！失败的演讲者不是被听众吓倒，而是被自己吓倒的。其实，"紧张是层窗户纸"，"一捅就破"。只要勇于自我突破，加强心理准备与训练，就一定能战胜恐惧！

演讲时心里紧张的原因主要有：①心理素质差，缺乏在公众场合讲话的训练；②准备不充分，对所讲的内容吃的不透，所运用的技巧没有很好掌握，丹尼尔·韦伯斯特曾讲过一句极精彩的话："如果我不做好准备就出现在听众面前，就像没有穿衣服一样；"[1]③期望过高，这也是重要原因，对自己的演讲期望过高，引发心里紧张。

要想拥有良好的演讲心理基础，首先要高度重视并坚持进行必要的自我心理训练。自己采取有效心理训练项目进行训练，并在实践中用心培养，自我突破，建立自信。同时，还要结合演讲进行自我培养。此外，演讲前一定要做充分的准备，如熟悉演讲的内容、时间、场所等。

重要的演讲应事先进行有效的练习或预演。通过预演要达到以下目的：①熟悉与记忆演讲内容；②增强自信，减轻紧张情绪；③设计出能有效塑造现场形象的体态语言；④增强对现场环境的熟悉与把握。预演的重要目的之一是对演讲内容的熟悉与记忆。如果是照稿讲（除重大的程序性会议外，最好不要照本宣读），重点是对演讲稿内容的理解与熟悉。如果是脱稿讲，则重点是：①对演讲稿内容的理解与熟悉；②写出并记忆详略程度不同（依演讲者习惯而定）的提纲；③着重把握总体思路与重点内容。此外，也要注意演讲表现方式的演练，如注意体态语言运用的演练等。

口语基础

演讲是一种典型的口语表达形式。这就要求演讲者要有一定的口语表达基础能力。

---

[1] 卡耐基. 2006. 演讲与口才. 北京：中国城市出版社：32.

这里所讲的口语基础，主要是指对发音、音量、语速、节奏等方面的有效把握程度。口语训练是一个长期的过程，只有经过严格反复的训练，才能使口语水平获得较大的提高。

演讲的艺术

内容设计艺术

1. 服务于演讲目标。深入探究本次演讲的目的与作用，研究与辨析演讲的主题，紧紧围绕主题设计演讲内容。要明确演讲的目的与听众，根据目标需要搜集相关信息。在搜集演讲的相关信息资料时，需要注意以下问题：①确定实际演讲的具体目的，以提高演讲的针对性；②提炼与界定演讲主题；③了解演讲现场与环境的相关信息；④最基本的是搜集演讲内容的相关材料。

2. 信息真实可信。演讲本质上是信息传播的过程。获得真实而可靠的信息是成功演讲的前提。信息要正确、及时、准确。信息要新，信息量要大，与主题相关度要高。用大量华丽辞藻堆砌而空洞无物的讲话，是在浪费听众的时间和消耗讲话者的生命。演讲必须有新知识、新消息、新见解，使听众获益。虽演讲技巧不高明，但有足够信息量的讲话仍然不失为有价值的演讲。

3. 入乡随俗，适应听众需要。这是极为重要的问题。设计演讲内容，必须认真了解并掌握听众的类型、特点、需要，了解听众对相关知识的掌握程度及他们的理解能力。内容要适应听众的基本需求，要能迎合其兴趣，要能满足听众对此次演讲的具体期望与要求。同时，还要入乡随俗，拉近与听众的心理距离。

4. 基本结构设计。编写大纲或讲稿的结构模式，可按问题归类、比较与对照、原因与结果、时空顺序等多种结构编写。演讲稿的传统型结构可分为三大部分：开场白、主体部分、总结（结尾）。一般开头与结尾只占演讲时间的 20%左右，而 80%左右的时间为主体部分。要增强演说主体部分的说服力。听众们的要求大多是在演说主要内容的部分获得满足。除了采用有力的说理论证外，还可以采用讲故事、举例子、列数据、谈亲身经历等方式说服与感染听众，以增强演讲信息的可信度，使听众作出情绪性的回应或逻辑性的回应。同时，还要注重开头与结尾的特殊作用。演讲的开头会产生优先效应，给人一个明显的第一印象；而结尾会产生近因效应，给听众长时间地留下一个最终印象。设计的原则是少而精。开场白要奇特鲜明，引人入胜，如可以"开门见山"，可以设置悬念，可以"引经据典"等；结束语要明晰精练，推至高潮，如可以总结概括，可以鼓

动听众，可以启发深思等。

5．清晰的思路与结构。演讲必须有清晰的思路，符合逻辑结构，使听众能够全面、准确把握所要传播的信息。演讲要善于运用为听众所熟悉、易于听众理解的语言，深入浅出地阐述复杂问题。

6．富有趣味，生动感人。要以鲜活的事实、精辟的见解、生动的语言等一切可以调动的因素或手段，吸引听众，感动听众。

7．以"质"取胜。演讲最大的误区，就是"空洞无味，又臭又长"。精彩演讲的唯一标准是"质量"，而不是"数量"。高质量的演讲能给人启迪、力量，乃至享受。这样的演讲即使简短，也是很有价值的；而空洞乏味的洋洋万言，带给听众的只能是时间与精力的消耗，甚至是无奈与痛苦！

情景操控艺术

演讲的内容是基本的、重要的，但是这绝不意味着演讲的方法以及现场的情景与氛围就不那么重要了。恰恰相反，同样的演讲内容在不同情境下演讲会产生明显不同的效果。因此，要想获得良好的演讲效果，除了设计好演讲的内容外，还要把握好影响演讲效果的相关因素。

1．演讲者形象塑造。演讲者的形象是演讲成功的重要影响因素。演讲者仪表服饰要努力塑造成预期形象，穿着打扮要适合演讲的目的与场合，要保持仪容衣着整洁，不要穿着可能分散注意力的服装。演讲者通过言谈举止，能够表现一定的风度、魅力与亲和力，以吸引听众，影响听众的理解与感受，特别是情绪的反应。因此，演讲者除了要注意仪表和穿着外，还要注意自己的言行举止。

2．演讲语言艺术。这是所有演讲形式中最重要的手段。演讲语言总的要求是准确、鲜明、生动、有力。要根据需要巧妙地运用各种语言技法，如上节所介绍的各种语言艺术，强化语言的生动性与语言效力，更好地促进演讲目标的实现。

3．声音与体态。声音是语言的载体，声音的控制是演讲的重要技巧。声音的控制主要包括以下方面：①音量，演讲者应该根据听众的多少、场所的大小以及音响效果和想要强调的言辞调节嗓音的响度；②语调，要通过语调的变化来提高演讲的生动性以及表达内容重点、情感变化、演讲进程、关系沟通等极为复杂的信息；③语速，要根据演讲目的与内容的需要调节语速，并形成和谐的节奏感，演说中的停顿作为一种"留白"

的语言技法，具有特殊的作用，停顿可产生悬念，抓住听众的注意力，让听众思考，演讲伊始，一般语速较慢，讲到高潮之处，语速自然加快。同时，演讲中还要注意体态语的运用。要根据演讲的需要，适时、适度地运用体态语，特别是要保持目光与听众接触；体态运用与情境相结合，比如，手势动作幅度的大小要适应演讲场所的大小。既要根据演讲目标要求，自觉地运用体态语去传播信息、交流情感，又要从听众自觉或不自觉表现出的体态语中去观察、分析、推测有关听众的信息，注意现场反馈。

4．鼓励现场互动。积极的现场互动与热烈的氛围是成功演讲的左膀右臂，具有十分重要的意义。这就要求演讲者：①巧妙地赞赏听众，拉近心理距离，促进感情融通；②激励听众参与，在演讲中设疑或提出问题引发听众思考、现场请听众回答问题、鼓励听众发问或质疑、激发听众有感而发、请听众作现场配合等，使听众广泛地参与到演讲之中，在互动与交融中实现演讲目标；③认真而巧妙地回答问题，演讲结束后演讲者要回答听众的提问。问答很可能会拓展、强化，或改变听众对演讲者的印象，并会长期地保留在广大听众的记忆中，因此，必须认真对待。对听众的提问，要仔细聆听，认真作答，并做到答是所问，简要清晰。对于刁钻难答、过分敏感的问题，要礼貌地巧妙作答。

5．精心营造现场氛围。这需要注意以下几点：①一开场就要创造良好氛围，使演讲在热烈的氛围中开始；②控制节奏，高潮迭起，制造高潮的方法是：演讲者以激情感染听众；以高价值信息满足听众需要；以严密逻辑、有力论证、生动语言打动听众；以高超的演讲技巧吸引听众；③演讲者激情演讲，如果要别人有激情，自己必须先有激情，演说者对演说主题表现出的热情常常可以打动听众，产生强烈的感染力。

美国学者查尔斯·贝克将有效演讲归纳出一般指导方针，见表8.1。

表8.1　有效演讲所应遵循的一般指导方针[①]

项　　目	指　导　方　针
观点	请记住，不管听众规模多大，是众多个体而非一个群体在接受交流的信息
准备	准备要点而不应是完整的演讲稿，千万别对着听众照本宣科
	多加练习，这样你就会对内容熟悉
	练习演讲姿势和接受反馈
	对不熟悉的内容使用延伸的定义，描述你的观点时多采用举例和类比的方法
	利用视觉效应来强调演讲内容：幻灯片、投影仪、录像带、讲义
	检验视觉效果以确保演讲者、视觉和听众间的协调

① 查尔斯·E. 贝克. 2003. 管理沟通——理论与实践的交融. 北京：中国人民大学出版社：84.

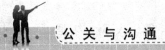

续表

项　目	指　导　方　针
过程	放慢语速，提高音量，以保证在既有的场地设施和麦克风等条件下听众都能听到
	发音清晰，否则很多听众都无法听清楚
	注意：发音清晰则必须放慢语速，而紧张则易使人加快语速
	与听众保持眼光接触
	使用有意义的手势：你得显得自然而不做作；你还得使手势有助于强调你的观点
	而不是分散听众的注意力
观点	习惯紧张情绪：尽管你可能高度紧张，但这种感觉是可以隐藏的，听众未必知道

第九章

沟通行为 2：交际与融通

交际心理机制

交际概述

交际的概念

就一般意义而言，交际是指人与人之间相互接触、彼此交往的行为。凡有人群的地方，人与人之间就要发生各种接触和联系，就存在着交际。社会交际是普遍存在的社会现象。

公关交际，是一种有目的的特殊社会交际，是社会组织的成员为完成职能任务，或独立社会成员出于生产劳动和生活的需要，有计划、有步骤地与其公众进行的一种具有公共性质的人际交往。交际作为一种社会互动行为，本质上是一种无媒介的直接传播。

综合以上分析，本书所谓的交际，是指为实现组织或个人的公关目标，社会组织成员或独立社会成员同其公众所发生的人际接触与交往。

交际的特点

公关交际是具有明确目的的特殊交往行为，具有以下特点。

1．传播的直接性。交际是公关人员与公众个人之间进行的面对面的直接接触、交往，是一种无媒介传播。例如，公关人员拜访公司的用户，进行面对面的交谈等。

2．沟通的双向性。公关人员要将信息传输给公众，这是公关交际的主导方向的传播，即主向传播。而公众不但要接收来自公关人员的信息，而且在交际的过程中，将自己所要表达的信息向公关人员传播。所以，交际是一种公关人员与公众之间相互传递信息和情感的并以主向传播为基础的双向沟通。例如，公关人员在拜访顾客时可以向顾客介绍本公司的服务宗旨，而顾客也可能向公司提出适应顾客需要的服务项目。

3．反馈的即时性。交际由于是面对面进行的直接传播，所以，公关人员在交际的过程中就可以迅速地得到有关的信息反馈，甚至只说出半句话就可能借助语言或非语言形式（如体态语言）得到信息的反馈。由于反馈迅速，就为交际过程提供了可以调整的机会，使交际的传播过程更有效。例如，一位推销员来到一个用户单位，刚表明自己是某公司销售部的人员，就遭到对方拒绝："我们不再需要购买这种产品。"由于反馈及时，这位推销员立即作了调整，马上说明来意："您别误会，我这次来主要是征求对我们公司产品的意见。您是这方面专家，特来请教。"这样，消除了对方的拒绝心理，使交际得以继续下去。这种反馈的即时性，是任何大众传播所不及的。

4．交流的综合性。不要认为交际仅仅是两个或几个人在一起随便交谈的简单过程。实际上交际是一个多因素交流的复杂过程。一个公关交际过程，就主体与对象而言，不只是一个人对一个人的单线关系，而通常是多人对多人的多重交叉网络；就交际内容而言，既交流信息，又交流情感与思想；就交际动机而言，既有实现组织目标的要求，又有满足个人需求的要求；就交际环境与条件而言，空间、时机、社会互动、心理与情感等多方面因素都对交际过程与效果产生重要影响和作用。公关交际是一个多因素作用的复合系统。

5．动态性与非可逆性。公关交际是一个不断变化的动态过程。公关人员的传播行为会随着主要目标、环境变化、对象反馈而不断调整自己，改变策略；而交际对象也在根据公关人员的传播内容而不断调整自己的对策。双方每时每刻都在根据对方的反馈进行及时调整，从而使交际形成一种动态化的对策行为。随着交际过程的进行，双方输出信息的行为作为一种业已发生的客观过程而不具有可逆性。例如，公关人员失言伤害了顾客，虽然可以解释、道歉，但曾发生过这种不愉快事的过程是不可逆的，是客观存在并已产生影响的。

交际的功能

公关交际作为公共关系的基本活动形式，在公关体系中占有举足轻重的地位，发挥着一些特定的功能。

1．传播信息。在交际过程中，交际主体总要运用语言和非语言手段向交际对象传输信息；而交际对象不但向交际主体发出信息反馈，而且还输送一些新的信息给交际主体。他们的交际过程，就是双向信息传播的过程。人们通过交际活动可以得到大量信息。

2．联络感情。交际过程是人与人直接进行交往的过程。在传播信息的同时，也时刻进行着人与人之间的感情交流。由于交际是面对面接触的，人们的思想感情可以相互影响、相互作用。空间的接近，思想的交流，使双方的感情加深。通过交际，可以使生疏的关系变得亲近，使对立、抵触的情绪得以消除，使原本良好的关系变得更加密切。交际活动是密切人际关系，增进双方感情的强有力的公关手段。

3．实现目标。公关交际，不同于一般的个人交际，它具有明显的目的性。它是一种有目的、有计划的管理职能。公关交际最重要的功能就是有助于实现社会组织的公关目标或其他业务目标。离开公关目标或具体目标，公关交际也就失去其意义。交际是促进目标实现的重要手段。例如，1972年尼克松首次访华时，周总理了解到由于美方内部矛盾，国务卿罗杰斯及其手下的专家们对已经达成协议的《中美上海公报》大发牢骚，还说到上海后他们要大闹一番，又联想到毛主席接见尼克松时基辛格在场而职务更高的罗杰斯却不能参加会见，这使他感到问题的严重性。于是，周总理决定到上海后，特地去看望罗杰斯，以补上这一课。当周总理来到罗杰斯下榻的锦江饭店时发现，他们被安排在第13层，而西方人最忌讳"13"。面对满脸怒容的罗杰斯及其手下的外交家们，周总理一边伸手，一边热情地说："国务卿先生，我受毛泽东的委托，来看望你和各位先生。这次中美两国打开大门，是得到你罗杰斯先生主持的国务院大力支持的，……几十年来，国务院做了不少工作。我尤其记得，当我们邀请美国乒乓球队访华时，美国驻日本使馆就英明地开了绿灯，说明你们的外交官很有见地……"罗杰斯听到这些赞扬的话，转怒为喜，说："总理先生，你也是很英明的。我真佩服您想出邀请我国乒乓球队访问的招法，太漂亮了！一下子把两国的距离拉近了。"周总理一看气氛已缓和，接着说："有件很抱歉的事，我们忽视了，没想到西方风俗对13的避讳。"然后风趣地说："我们中国有个笑话，一个人怕鬼的时候，越想越可怕；等他心里不怕鬼了，到处上门找鬼，鬼

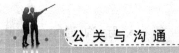
也就不见了……西方的'13'就像中国的'鬼'。"众人哈哈大笑。周总理走后,罗杰斯的助手问:"怎么办?还找麻烦吗?"罗杰斯摇摇头说:"算了吧,周恩来这个人,真是令人倾倒。"这就是周总理成功运用交际来实现目标的典型范例。

4．满足需要。公共关系交际有助于组织目标的实现。但由于这是一个人与人之间交往的过程,在这一过程中,在保证实现组织目标的同时,交际双方也谋求个人社会心理需要得到满足。满足个人社会心理需要是交际参与者的潜在目标。例如,有的人追求在交际的过程中扩大自己的知名度和影响;有的人需要广交朋友,得到情感上的充实;有的人是为追求成功与自我实现等。

喜欢与吸引机制

交际的核心内容就是通过各种交际行为,增进与公众的感情,密切与公众的关系。而相互喜欢与吸引是交际的核心机制。

交际的基本动因

按照交换理论,人们之间的交际行为,本质上是一种交换关系。人们之间之所以相互喜欢与吸引,其基础是在交际中获得"回报"。"关于人与人之间吸引力的一个最基本的假设是:我们是被那些其出现对我们是一种回报的人吸引。"①

在泛公共关系中的交际中,交际主体有着明确的目标及动因。但是,双方进行的行为,单方的动因是无法建立融洽的关系的。只有研究并利用交际双方的动因,才能实现有效交际。推动人们之间的交际行为与关系的融通主要有以下动因。

1．归属需要。人们之间的交往与关系,是泛公共关系中的核心内容。"人与人之间终生的相互依赖性使得人际关系成为我们生存的核心。"② 而这种人际关系是基于一种归属需要。"亚里士多德将人称为'社会性动物'。确实,我们有一种强烈的归属需要——与他人建立持续而亲密的关系的需要。"③ 所谓归属需要,是指人们在社会生活实践中存在的一种与他人相处、成为社会群体成员的欲望与要求。归属需要是人的最基本的社会性需要。归属需要直接体现为人际交往的强烈愿望。如果人被排除在群体之外,归

① 莎伦·布雷姆. 2005. 亲密关系. 郭辉等译. 北京: 人民邮电出版社: 63。
② 戴维·迈尔斯. 2006. 社会心理学. 侯玉波等译. 北京: 人民邮电出版社: 308。
③ 戴维·迈尔斯. 2006. 社会心理学. 侯玉波等译. 北京: 人民邮电出版社: 308。

属需要得不到满足，人就像在物质世界中得不到阳光和水那样痛苦。澳大利亚新南威尔士大学的吉普林威廉斯考察了归属需要被排斥行为（拒绝或忽视的行为）阻碍的后果。研究发现，所有文化中的人们，无论是在学校、工作场所还是家庭中，都会使用排斥来调节社会行为。那么，被故意回避——避开、转移视线或沉默以对——是一种什么滋味呢？人们（尤其是女性）对排斥行为的反应常常是抑郁、焦虑、感到情感被伤害并努力修复关系，以至最后陷入孤僻。从家庭成员或同事那里遭受这种沉默对待的人，都会认为这种对待是一种"感情上的虐待"，是一种"非常可怕的武器"。① 人们可以使用"排斥行为"这种"武器"去"惩罚"某人，自然也可以使用"亲和行为"这种"武器"去发展与某人的关系。所以，交际的基本动因就是为了满足人的归属需要。

2．自尊与快乐。人们不但希望通过交往获得一种基本的归属感，而且还希望在交往的过程中获得某种心理上的满足，如自尊与快乐。人们并不是只要同人交往就会得到满足，他们在交往中总会做这样或那样的选择——选择与能带给自己自尊或快乐的人交往，从而在交往中获得这种满足。这就说明为什么有的交往是愉快的，而另一些交往不但是不愉快的，甚至是痛苦的。这就为交际主体提供一条准则：你要想对方愿意与你交往，你就必须能为对方带来自尊与快乐！这包括公关主体与公关对象双方面的自尊与快乐，这也是交际关系的重要吸引力之所在。

3．知识。当你与一位博学多才者交往，你的最大收获可能是在交往中获得知识。人一生中的知识，来自学校的系统学习是极其有限的，而更多的是来源于工作与生活实践，其中相当一大部分则来源于与其他人的各种形式的交往。一位有知识才能的人的人格魅力很大部分来自其广博的知识——带给交往者的收获。

4．利益。基于交换理论，上述的各项动因均在一定程度上反映着利益交换关系。在这里对利益作进一步强调，首先是最基本的、物质化的利益；其次是包含上述所提到的、物质利益之外的所有利益形式。这里首先要强调的是公共关系主体的公关目标，这是公关交际最基本的动因。当然还应包括交际双方多种多样的利益与欲望。对利益的渴望是一切交际的根本动因。

喜欢与吸引的社会性诱因

人与人之间关系的建立、维系与发展，从根本上说，是靠一种相互之间的喜欢与吸

---

① 戴维·迈尔斯. 2006. 社会心理学. 侯玉波等译. 北京：人民邮电出版社：309。

引。正是这种吸引力的存在及其大小，决定这关系的存续、发展与解除等状态。因此，研究交际关系最重要的就是研究喜欢与吸引规律。根据社会心理学的研究成果，影响人们之间喜欢与吸引的因素或力量主要包括交际双方之间的空间相近性、特征相似性、个性互补性、回报相互性等。

1．空间相近性引力。空间相近性是指交际双方在地域或空间上的邻近性影响着相互的吸引与喜欢程度，从而形成双方之间的吸引力。这种空间相近性吸引力，是由多种复杂因素形成的。首先，空间距离的相近提供了人们之间更多的交往机会。"事实上，地理距离并不是关键，功能性距离——人们的生活轨迹相交的频率——才是关键。"[①] 人们之间的熟悉程度与感情是在经常性的实践中形成的，这种大量的交往机会通常会增进感情。其次，空间相近可以降低交往成本。同样的回报，如果降低成本就意味着获得更大的交际价值，从而增强相互间的吸引力。相反，如果获得同样的回报，需要付出更大的成本，这种关系的吸引力明显会消减。再次，"曝光效应"的影响。"事实上，熟悉诱发了喜欢。对于各种新异刺激——无意义音节、汉字、音乐片段、面孔的曝光都能提高人们对他们的评价。"[②] 大量心理学实验证明人们会更加偏好那些出现频率高的人或事物。由于空间的接近，相互之间会有很高的"曝光率"，这有利于这些人之间的相互吸引。最后，人们空间位置之间的实际距离近，接触的频次多，交流与沟通的机会多，容易形成某些相似的特征和一致性，从而使吸引与喜欢的程度增加，感情加深。空间的相近性，既指交际双方居住或工作地的距离，又指接触双方各自所处的具体位置关系。前者如邻居之间是居住地接近；后者如两个交谈者坐的位置的远近。当然，相近性是就一般规律而言的，有时越接近，可能越会加剧矛盾，如邻居之间所发生的冲突。

2．特征相似性引力。相似性是指在交际中，存在或具备某些相同或相近属性或特征的人们之间容易相互吸引与喜欢。这些相同或相近的属性或特征主要指民族、地域、政治信仰、宗教、职业、教育水平、年龄、性格、态度、经历等。存在着某些方面的共同性，就会增加相互间的吸引程度，就存在着明显的喜欢倾向。人们总是追求共同的属性、共同的语言、一致的看法、协调的行动。这反映了人们的一种普遍的社会需要。例如，在异地他乡，两个老乡相见，"老乡见老乡，两眼泪汪汪"，自然是格外亲近。这种相似性引力，可能是由多种因素引发的。首先，每个人都有强烈的"自我服务意识"和

---

① 戴维·迈尔斯. 2006. 社会心理学. 侯玉波等译. 北京：人民邮电出版社：311。
② 戴维·迈尔斯. 2006. 社会心理学. 侯玉波等译. 北京：人民邮电出版社：312。

"自我中心主义"。"人类总是喜欢对自己感觉良好，……我们喜欢与自己相关的事物。"[①]
出于对自己品质、个性、经历、价值观等特征的自我欣赏与肯定，自然会"爱屋及乌"，
迁移到与自己相似的人，从而喜欢他们。其次，双方共同的价值观、志趣、爱好、语言，
会使得相处极为融洽与愉快。再次，由于双方诸多方面的一致性，在一起相处时的分歧
和冲突就较少，且会大大降低交际成本。最后，相同的价值观，同乡、同学、同经历等
因素会使交际者感到交际对象一定会与自己高度一致而喜欢自己，根据下面的报答原
则，从而会喜欢上对方。

人们之间对于相似性的认识有个过程，不可能一接触就准确并全部了解对方与自己
的相似性。伯纳德·默斯坦提出了刺激—价值—角色理论。他认为对于一个新接触人的
认识，先后有 3 类信息影响着他们之间关系的发展。最初遇见的时候，影响他们彼此吸
引的主要是"刺激"信息，包括年龄、性别、外表等吸引力明显的特征；再进一步接触
的实践中，影响他们彼此关系的是"价值"信息，包括态度、信仰等价值观方面的精神
层面吸引力；在更长时间的接触中，"角色"的兼容性变得更为重要，即决定相互吸引
力大小的因素是各自在事业和生活中所扮演的角色的兼容性。如在事业上各自扮演的角
色、在家庭中所扮演的角色，是否相互认同，如图 9.1[②]所示。

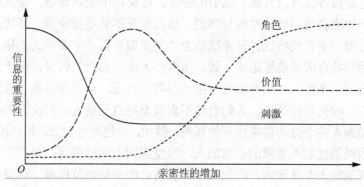

图 9.1　关系发展的 3 个阶段

3．个性互补性引力。人们追求相似性，但同时，还在某些方面追求互补性。互补
性是指人们有时愿意与存在某些不相同属性与特征的人相处，以取得某些互补效应。互

---

① 戴维·迈尔斯. 2006. 社会心理学. 侯玉波等译. 北京：人民邮电出版社：313。

② 莎伦·布雷姆. 2005. 亲密关系. 郭辉等译. 北京：人民邮电出版社：82。

补是交际过程中的一种社会心理需要，特别是表现在性格特性上。人们之间的互补性导致喜欢与吸引，主要满足了人们在工作与生活中的互补需要。在工作中，以及某些生活的活动中，互补是显而易见的——需要协作与配合。在上述关于角色分析及角色兼容性也说明了这种互补导致喜欢与吸引的道理。同时，在社会性需要上，人们在性格特性上更多地是希望与个性互补的人在一起，从而满足双方各自的社会心理需要，并实现更加和谐的共处。例如，一个支配型的人，有着强烈的支配、控制他人的需要，他自然会选择接近服从型的人，而回避那种支配型的人。

4. 回报相互性引力。回报相互性，也称报答性原则。它是指在交际中，一方对另一方的吸引与喜欢程度会直接地决定着另一方对这一方的吸引与喜欢程度。"人们似乎了解他们将被别人接受或喜欢的可能性，更可能与接纳他们而不是拒绝他们的人接近。"[①]就一般规律而言，人们喜欢那些喜欢自己的人。如果人们能得到交际对方喜欢自己的准确信息，那么，就一定会对对方产生好感，喜欢对方；同时也会得到对方的喜欢报答。反之，如果对方不喜欢自己，一般来说，自己也很难喜欢对方。这样相互性或报答性规律，首先是由人们在交往中存在着强烈的渴望受到尊敬的心理引起的，而且这种需要的强度，还决定着报答强度或喜欢、吸引的强度。在交往中受到尊敬，是人们对交际的重要期盼。由于知晓获得对方的尊敬与喜爱，自然就获得满足与快乐。其次，这反映了人的一种回报心理。学者们将这种现象概括为"平衡理论"。"平衡理论，指人们渴望他们的思想、情感和社会关系能够达成一致。当两个人彼此喜欢的时候，两个人的感情契合就可以说取得了'平衡'。"当得知对方接纳与喜欢自己，会心存感激，自然会将这份情感回报给对方。根据平衡理论，人们自然不喜欢拒绝自己的人。再次，人们的报答心理及其强度还受到人的个性与情境因素的影响。例如，一位地位较低，担心不受别人尊敬，因而有着强烈渴望受别人尊敬的心理的人，当受到别人的称赞后，就产生强烈的报答心理，会对称赞他的人非常亲和，产生深厚的感情；而一位地位很高，耳朵里灌满了赞誉之词的人，对于别人的称赞，其报答心理就不会像前者那样强烈。最后，人们报答心理的强度，还受到对方的喜欢程度是增加还是减少的变化趋势的影响。人们会非常喜欢那些对自己的喜欢程度不断增加的人，而不太喜欢那些对自己的喜欢程度不断降低的人。"当个体获得了目标人物的尊重，尤其当这种尊重的获得是逐渐发生的，并且还推翻了

---

① 莎伦·布雷姆. 2005. 亲密关系. 郭辉等译. 北京：人民邮电出版社：76。

目标人物先前的批评之词时，个体就会更加喜欢这个目标人物。"① 即否定之后的肯定会更受欢迎。根据相互性原则，要想得到别人的喜欢，首先必须喜欢别人。

5．形象引力。这是指人的形象对交际双方的吸引力。从狭义上讲，主要指人的外表形象，包括人的长相、装束、谈吐、行为举止等；而从广义上讲，除上述这些外表形象外，还应包括通过这些外表形象折射出来的人格魅力。形象吸引力，在交际中具有显著的、不可否认的作用。首先，美丽的外貌是一种财富。"外貌的作用，在日常生活中表现出了一致性和普遍性的特点，这的确令人感到不安。然而事实上，美貌的确是一种财富。"② 在社交中，人的漂亮的外貌、衣着、谈吐举止有很强的吸引力。特别是"外表吸引力对第一印象的形成产生相当的影响"③。其次，究其原因，至少有两方面：一是喜欢美好的事物，是人的"天性"，是普遍规律；二是受"刻板印象"的影响，即认为"美的就是好的"。所以，美好的形象对交际对方有很强的吸引力。再次，内涵美胜过外表美。外表美对最初的交往影响较大，而深入的交往则更多地受人的内涵美的影响。如人的高尚思想境界、正确的价值观、深厚的文化底蕴、出色的才干、极具特色的个性风格等，会对人与人之间的深入交往产生深刻的影响，在更深层次上决定相互之间的吸引力。在交际中的形象应是外表形象与内涵形象的统一，是美好而富有魅力的形象。

交际的核心机理

综上所述，交际的核心机理主要表现在以下几方面。

1．交际最基本动因是利益交换。交际主体是基于特定的目标而主动与交际对象交往的；而交际对象作为一开始的被动者——后来的主动者之所以能积极地参与交往，也是为了实现一定目的。交往的深入、关系的发展，内在的根本原因在于交往双方为获得各自的回报而对利益交换的渴望。

2．交际的核心动力是相互吸引力。基于上述利益交换或回报理论，交际的直接动力来自于人与人之间的喜欢与吸引力。喜欢与吸引规律决定着交际各方是否愿意与对方相处，相处的质量，能否建立融洽而持久的关系等的状态与发展、变化。人际交往的过程，就是这些吸引力相互作用，并决定关系质量与状态的过程。

3．交际的实质过程是缩短心理距离。通过上述各种吸引力的相互作用，人们之间

① 戴维·迈尔斯. 2006. 社会心理学. 侯玉波等译. 北京：人民邮电出版社：329。
② 戴维·迈尔斯. 2006. 社会心理学. 侯玉波等译. 北京：人民邮电出版社：315。
③ 莎伦·布雷姆. 2005. 亲密关系. 郭辉等译. 北京：人民邮电出版社：67。

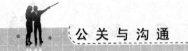

的喜欢与吸引程度增强，关系密切，在实质上，就是拉近了人与人之间的心理距离。而这种心理距离的拉近，就是公共关系中的感情的融通。所以，交际成功的显著标志就是与交际对象建立亲密的关系和深厚的情感。

交际系统模式

交际是一个由多要素构成的、结构化有机系统。本书将这一实际系统抽象成一个理论模型。它的构成要素包括交际主体与对象、交际手段与内容、交际环境与目的等。

交际主体与对象

交际是双向进行的互动性质的活动，必须具备交际的双方。当然，各方的人员可以是多个。因为公关交际是一种有目的、有计划的公关行为，所以有意识开展公关交际的社会组织成员是主动的一方，属于公关交际的主体；而参与公关交际的公众是被动的一方，属于公关交际的对象。公关交际虽然是双方双向交流的过程，但从公关的目的性角度看，是公关人员（主体）通过交际行为去影响、作用于公众（对象）的过程，是主体与客体的统一。

1. 公关主体。非职化公关主体指开展公关活动的社会组织的领导人、所有参与公关交际的组织的其他成员以及独立开展公关的个人。组织的领导人和组织的其他成员，当同外界公众接触，参与交际活动时，不管其在组织内是何种身份，其言行都自觉不自觉地影响社会组织在公众中的形象。这些主体均具有双重身份：他们既是本社会组织的代表（不管是否是正式的），又是相对独立于该社会组织的个人。作为社会组织的代表，在与公众的交际中，他们站在本组织的立场上，按照组织的宗旨行事；作为相对独立于社会组织的个人，他们在交往中又有自己的行事准则与行为方式。从总体上说，两者应一致，并相辅相成，但由于个人的思想觉悟、生活经历、文化水平、教育素质不同，两者之间可能出现某种偏差。如有的人大公无私，善于运用自身的良好形象与高超的语言技巧，高效率地实现组织目标；而有的人则假公济私，利用本组织的权威和便利条件，通过人际交往，牟取私利，损害本组织在社会公众心目中的形象。

2. 交际对象。交际对象是指社会组织的公众，既可以是独立的个人（如商场的顾客），又可以是社会组织的代表（如用户厂家的领导人）。从公关主体的角度看，他们是被动的，是社会组织开展公共关系的对象。当然，他们一经介入实际交际过程，也是自主行动的主动交际者。在公关交际过程中，他们接受公关主体的传播，可能采取有利于主体所在社会组织的行为，并可能成为再传播者，义务地为该组织进行再传播。由于其身份的特殊性，特别是有着不同于社会组织的独立利益，这种再传播可能会产生更大的效力。例如，营业员在与顾客交际过程中，当顾客接受了营业员有关商品质量、价格等信息的传播后，再对别的顾客传播这些信息，那么，其他顾客会很容易接受这些信息。交际对象在被动性地接受交际主体的传播的同时，也是有其独立性和主动性的。在交际过程中，有他们自己的见解、需求和利益。通过交际，他们也要主动地发挥自己的影响，满足自己的需求，实现自己的目标。例如，在上例中，顾客在与营业员的交际过程中，他并不是完全被动地接受营业员的传播的。他要主动了解一些信息，要实现购买适合需要、价格优惠的商品，还要追求在交际过程中受到热情接待和周到服务，满足渴望受到尊重的心理需要等。交际对象是被动性与主动性的统一。

交际机制

在前面的研究中已作出归纳：交际的基本动因是利益交换；核心动力是相互吸引力；实质过程是拉近心理距离。

交际手段

交际主体与交际对象之间进行交际、相互联系与作用，总是需要借助一定的形式或手段，这就是交际手段。公关交际的手段主要是指各种语言沟通和非语言沟通。这两种手段虽然相对独立，但在实际运用中，两者是相互配合、相互渗透的。

1. 语言沟通。语言沟通是指第八章所讲的语言传播，具体指运用各种形式的口头语言和书面语言进行双向传播。交际者运用语言向对方传递信息，交流感情；对方则进行着信息反馈。语言沟通是最基本的交际手段。交际中的语言传播是双向的，双方不断地进行着各种信息、情感的交流。

2. 非语言沟通。非语言沟通是指运用自然语言以外的、以体态语为主的各种手段所进行的双向传播。非语言传播主要是指体态语传播，具体包括交际者的身体动作和面部表情、衣着服饰、空间关系、触摸行为、声音暗示等。在公关交际中，体态沟通占有极为重要的位置，大量的信息传输、感情交流不是正面通过自然语言沟通的，而是通过体态语沟通的。例如，你去拜访一位客人，一见面，就看到对方满脸带笑，你就会知道你的来访是受欢迎的；而如果一见面，对方脸上毫无表情，甚至不用正眼看你，你就会

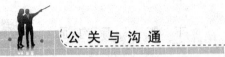

知道你的来访是不受欢迎的。在上述两例中，对方都可能是一句话没说，你就已掌握了基本的信息。

交际内容

公关交际内容是指交际双方实际交流、沟通与相互影响作用的内容。这是交际的实质部分。交际内容问题解决了，交际目标也就实现了。不同的公关交际行为，具体内容千差万别，相当复杂。但就其实质而言，无非是信息流与影响力。

1. 信息流。信息流指在双方交际过程中各自向对方发送的信息和反馈回来的信息。例如，一位公关人员在联谊会上向顾客介绍本公司正在研制一种新产品的信息；顾客也说了对这种新产品的意见和建议。这一交际从本质上看是双向的信息流通。

2. 影响力。影响力是指交际过程中，双方各自对对方发生的影响与作用。在交际过程中，双方必然产生相互影响,如对对方感情、态度产生一定的作用等。这种影响力在本质上是一种能量，但不是物理能量，而是一种社会心理能量。它摸不着、看不到，却实实在在地发挥作用，产生影响力。公关交际中的影响力主要包括以下方面：①对心情的影响：通过交际，可使双方的心情发生明显的变化，成功的交际可以使双方心情愉悦；②对需求的影响：通过交际对双方需求的影响，这既包括物质需求的满足，又包括社会心理需求的满足，如在业务交往中，实现合作目标使双方的追求利润的需求得到满足；在联谊活动中，使交际者追求受人尊敬的心理需求得到满足；③对感情的影响：交际行为对双方感情的影响最为直接、显著，通过交际可以增进双方的感情，使双方关系更为密切；④对态度的影响：在交际过程中，随着信息、感情等交流，双方对一些问题的看法、态度也会发生变化，这是公关交际的核心内容之一，一个社会组织的公关状态，归根结底是公众对社会组织的态度问题，实现公关目标，解决业务问题，都需要形成或改变公众的态度，使其有利于本组织目标的实现；⑤对行为的影响：通过交际过程，双方相互影响作用，随着态度的改变，必然使各自的行动发生变化，例如，大学毕业生去某家公司应聘，通过有效传播与沟通，促使该公司招聘人员改变不招专科生的原有态度，并正式聘任该名大学生。

交际目的

公关交际目的是指交际双方通过交际过程各自所要达到的目的。公关交际作为一种有意识的管理活动，有明确的目的，而且所有交际要素都要为实现目的服务。不同社会组织，不同任务，不同场合下交际的具体目的各不相同。但归纳起来主要有两类：一是社会组织的目标得到实现；二是参与交际的个人的社会心理需要得到满足。

1．实现社会组织的目标。公关交际的目的，首要的是实现社会组织的目标。这些目标可划分为两类，一类是直接的公关目标，如传播信息、扩大影响、改善组织的形象；另一类是各种经营、管理、合作与竞争等经营性目标。

2．满足个人社会心理需要。公关交际还有一类目标就是通过交际活动，使交际者（包括主体与对象）个人的社会心理需要得到满足。无论是社会组织的代表，还是公众的一员，作为个人参与到交际活动之中，自觉不自觉地总要寻求个人的社会心理需要的满足。当然，这绝不是指个人谋求私利。例如，在交际中，人们总要追求个人能力的培养、受到别人的尊敬、提高威望和知名度、自我表现和自我实现、获得愉悦心情等。在交际中，绝不可忽视双方这些社会心理需求问题，要特别重视交际对象个人对这些方面的需要，这直接关系到交际的成效。只有将组织的目标与交际者个人的需求有机结合起来，才会取得交际的成功。

交际时机与环境

公关交际总是在一定的时空条件下进行的。交际的时机与空间环境也是决定交际效果的重要因素。

1．交际时机。时间既是公关交际的一种存在条件，又是影响交际成效的重要因素。交际时机是指开展公关交际所选择的时间与机会。交际时机一般有两层含义：一是选择什么时间进行接触、会面；二是在交际过程中一定的传播手段如何抓准机会进行运用的。事物是在不断发展变化的，促使交际成功的客观条件在不同时间内的成熟程度也是不同的。同时，在不同的时间里，交际双方的心理因素也是不同的，这些使得交际成功的主客观条件受到时间的影响，由于时间不同这些条件因素表现出不同的成熟度和影响作用。因此，交际时机是非常重要的，有时甚至决定着交际成败。

2．交际环境。交际环境是指进行公关交际的一定空间、物质与精神等外部条件。公关交际是在一定的空间场所进行的，相应地存在一些物质或精神条件。这些环境从多方面影响和制约着交际过程，决定着交际的具体安排、程序、方式，直接影响着交际的效果。交际环境主要包括：①空间环境，如交际所处的地点、场所及相应设施等；②心理环境，即在交际过程中，双方各自的社会、心理状态以及当时形成的气氛等；③其他环境，如交际时的政治环境、经济形势等。

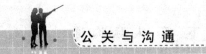

公 关 与 沟 通

理论模型

综合以上各公关交际要素的分析,笔者提出一个公关交际的理论模型,如图9.2所示。

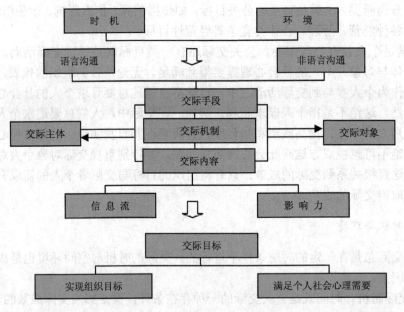

图9.2 公关交际理论模型

这一模型表示:社会组织与个人是交际的主体,公众是其交际对象;两者遵循双向沟通原则,在一定的时机和环境条件下,进行接触、交往;在交换与吸引机制内在作用下,双方运用语言沟通与非语言沟通等手段,交流信息,传递各自的影响力;通过交际,实现社会组织的目标,同时,满足交际者个人的社会心理需要。至此,完成交际的一个周期。

自我塑造:形象与魅力

印象与形象形成机制

公关交际最先涉及的是社交礼仪与交际者自身形象问题。交际双方接触一经开始,

194

就有一个礼仪问题，随着交际的深入，交际双方都会在对方心目中形成一种印象，树立起一个交际形象。这种形象是交际的产物，同时，交际形象又制约、甚至决定着人们在交际中的态度与行为。

印象与形象

交际形象是由交际中印象升华而形成的，它是客观的公关交际过程与人的心理过程的产物。

交际中的印象是指在公关交际的过程中，交际者对他人作出判断，进而形成关于他人若干特性的概括认识。印象是交际一方的属性或特征在另一方头脑中的反映，属社会知觉范畴。交际者在接触的过程中，以各种传播手段，向对方发出大量信息。信息接受者作出判断，提出假设，从而形成一定的印象。例如，有的人一见面就给人一种热情豪爽的印象；而有的人一看则知道是忧郁内向的人；有的人越接触越感到真诚可信；有的人则给人以见利忘义、不守信用的印象。

交际形象是指公关人员在交际过程中，在交际对象心目中所形成的综合化、系统化印象。在交际过程中，交际者之间相互的印象不断地形成与深化。当公关人员在交际对象心目中的印象不断形成、深化，达到综合化、系统化时，公关人员的形象就建立起来了。交际形象是交际中印象不断积累、调整、升华的产物。每一个公关人员在交际过程中，无论自觉还是不自觉，总要在交际对象心目中建立一定的好的或差的形象，这是一个必然的过程。

交际形象在公关交际中具有重要作用。交际形象，决定着交际双方的相互喜欢与吸引程度，决定着交际过程中双方的态度与行为，进而影响着交际目的的实现程度。例如，一位大学生非常乐意在联谊会上同一位知识渊博的学者交谈；一位经理当同一位真诚可信的对手谈判时，容易作出适度让步而促使成交；一位家庭主妇很可能将一位衣冠不整的推销员拒之门外。因此，每个公关人员必须高度重视自身的交际形象问题，并要根据交际目标和交际环境的要求，努力塑造良好的自身形象。

交际形象的塑造，是公关人员在交际过程中的重要任务。印象实质上是主观对客观事物的反映。交际形象首先是具有客观性的，是对客观存在、客观事实的反映；但交际形象又具有主观性，它毕竟是属于人的主观认识的范畴。受人们的主观认识能力和客观复杂性所限，交际形象的客观存在与主观认识不可能总是完全一致的，甚至可能出现虚

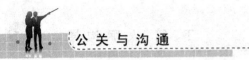

假、错误的印象，从而损害双方的关系。因此，就有一个公关人员在交际中自觉塑造形象的问题。

形象的自我塑造包括两层含义：一是公关人员在交际过程中正确地表现自我，主动地让对方客观地了解自己，消除错觉或误解，使其形成真实的印象；二是公关人员要在交际中，自我设计，能动表现，不断完善与提升自身形象。在交际中，公关人员的言行不应是自然主义的随意流露，而应是有明确目的、实施严格自我控制、努力自我表现的产物。公关人员在交际中，必须根据组织的目标，发挥自己的优势，自觉地进行自身形象塑造，形成所期望的良好形象，以有效促进交际目标实现。

交际中印象形成的特点

在公关交际过程中，交际者之间相互形成一些印象，这是一个特殊的社会知觉过程。这一过程具有以下特点。

1. 掌握的信息少。由于是公关交际，相互之间是较为短暂的接触，而且只能是个人间面对面地捕捉某些现象。不可能了解许多背景情况和长期的历史资料，不可能由众人提供全面资料。所以，借以形成印象的信息是很有限的，而且，还可能存在着某些虚假信息。交际者只能凭这些明显不足的信息去判断、评价对方。

2. 印象形成快。在交际过程中，人们没有更长的时间去分析和判断，这既没有多大必要（只是一般性交际），更没有可能（交际的过程总是短暂的），因此，只能凭着掌握的有限信息去迅速作出判断，形成印象。在交际中，人们一接触，甚至一句话也没有说，只是瞥了一眼，就可能一下子形成一个清晰、稳定不变的印象。例如，青年男女在恋爱中出现的所谓"一见钟情"现象。

3. 具有伸展性。在交际中，人们不但靠很少的信息去迅速地形成印象，而且，人们还可能做进一步发挥、拓展，而形成超出所得信息实际能说明的范围之外的、更为广泛的印象。例如，有的人很可能根据对方戴一副眼镜就推测对方一定博学多才，但这个人却可能是先天性近视的半文盲。

总之，交际者在交际中往往是根据有限的信息，迅速地形成被拓展了的印象。可见，印象形成过程是极易产生偏差的。因此，无论是形成对别人的印象，还是自身的形象塑造，都必须认真对待，精心控制。

印象形成的基本过程

在公关交际中，交际者相互印象的形成是由以下三个子过程组成的。

1．知觉过程。交际者即观察者的印象形成过程始于在交际中的感性刺激，即首先是通过感官察觉对方，交际者总是以一定的仪表、装束、具有特征的容貌、声音和一定的动作、表情、语言出现在交际场合的。观察者通过感觉器官接受这些形态、色彩、动作、声音、气味等感性特征，这就是知觉的过程。例如，一位交际者在与一位交际对象刚一见面时，首先感触到的是衣着整洁，戴着眼镜，举止稳重，说话文雅。这样，通过视觉和听觉形成了对交际对象的知觉。

2．评价过程。随着知觉，曾和该知觉相同或相似的知觉产生的先行经验被表现出来。这就进入了运用先行经验进行思维活动的评价过程。例如，在观察到上例中具有哪种特征的人，就会想起以前曾经见过类似外表特征的人的知觉经验，并据此推判出这个人可能是一位稳重文雅的知识分子。这种评价过程，可能由于观察者的先行经验不同，而作出不尽相同的评价。对于上述特征的人，如果观察者是一位学生，那可能认为这个人是一位教师；如果观察者是一位农民，则可能认为这个人是一位农艺技术员。

3．概括过程。当观察者得到关于对象的各种有意义的特征后，需要概括出一个综合的结论——印象。对概括过程，美国社会心理学家 J. L. 弗里德曼等人做了富有成效的研究，总结出一些规律性[①]。这个特殊的系统化过程，实质上是一个处理反映交际对象各种特性的信息的过程。从横向上看，是观察者如何把有关对象特性的信息综合化的问题；从纵向上看，是如何把先后得到的信息加工处理的问题。前者起作用的主要是一致性或中心性原则；后者起作用的主要是平均或增加原则。其具体为：①一致性原则，在交际中，人们接触大量的零星信息，但他们总是力求从中获得关于对象特征的一致性的印象，当对象某些特性不一致时，观察者总是习惯于将对象看成是一致的。甚至当得到矛盾的信息时，观察者会歪曲或重新整理信息资料，以减少或消除不一致性，例如，认为一个人不好，就会认为其哪方面都不好。碰到说明其做了一件好事的消息时，也会将其解释为其动机不纯；②中心性原则，人们将感知到的关于对象的多种特性概括为观念的过程中，对各种特性并不是等同对待的，在评价一个人并形成印象的过程中，某个

---

① J. L.弗里德曼, D. O. 西尔斯, J. M.卡尔史密斯. 1984. 社会心理学.高地, 高佳等译. 哈尔滨: 黑龙江人民出版社: 82～106。

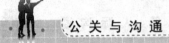

（或某些）方面特性处于中心地位，发挥着支配、决定性的作用，而其他的一些特性只起附加作用，例如，当一个交际者想交朋友时，他一定把忠诚作为中心特性，根据这一中心特性去综合评价和形成印象；③平均与增加，当人们有关对象的信息不断增多时，先后得到的关于各种特性的信息综合为一，常运用平均模式或增加模式，平均模式就是将几种有关不同特性的信息资料加以简单平均；而增加模式则是将有关对象特性的信息累加起来，前者如得到一个人好与坏的信息而形成一个一般化印象，后者如得到一个人好与较好的信息后，形成更好的印象，多数学者支持平均模式，在大多数情况下，一个人的综合印象是由一种增加和平均相结合的模式决定的。

影响判断的因素

在公关交际过程中，人们依据上述规律处理信息，形成印象，但同时还有一些心理因素在影响观察者的判断。

1．投射效应。投射效应是指判断者总是把自己的情感投射到观察对象身上，在对别人的一些特性作出判断的时候，判断者的需求、情感及所处的环境条件都极大地影响着其对观察对象的判断。例如，观察者高兴的时候，他会感到对方似乎心情也很好，他们之间极易形成融洽的气氛。而如果他心情不好，很可能觉得对方令人讨厌，就是对方的友好表示，也会认定是不怀好意。观察者常常用自己的需求、价值观推测别人的思想和行动。俗语讲："以小人之心度君子之腹"就是这个道理。不管观察对象是个什么样的人，观察者总是用自己习惯的术语去描述关于对方的印象，根据自己认为重要的特性形成对别人的印象。因此，在交际中，必须摸清对方的需求、情感、兴趣，以及评价他人所重视的标准，自觉地利用这种投射效应。

2．晕轮效应。晕轮是指佛主头顶上的光环。直意是指由于光环的突出作用，其他方面可能被忽视。晕轮效应是指人们在评价别人的过程中，由于对方的某些品质特性非常突出，掩盖了对于对方其他特性和品质的知觉，只根据这一突出特性来推断出其他品质也具有与之一致的特性。例如，对于貌美的人，人们往往会认为其一定聪明伶俐，正所谓"一俊遮百丑"。而认为一个偷过东西的人，可能是一无是处。这种知觉上的偏见，对于初次见面或接触较少的交往关系影响更大。公关人员可以发挥自己的优势和长处，利用这种晕轮效应。

3．优先效应和近因效应。优先效应和近因效应是研究交际中最先的印象和最后的印象的特殊作用。所谓优先效应，是指一个人最先给人留下的印象影响或抑制以后他给人的印象；近因效应则指一个人最后给人的印象会冲淡或调整以前所形成的印象，并较长时间地被保留下来。第一印象在交际中是极为重要的，这是由人们在认识上先入为主以及晕轮效应所决定的。第一印象将决定观察对象形象定位的起点高低，并影响与制约着后续的交际过程以及相应的形象形成过程。而交际结束时留下的印象是最为深刻、稳定的，它可以调整原有的印象，弥补以前的不足，甚至取代原有的印象，并作为相对稳定的交际形象较长时间地留在观察者的脑海中。因此，公关人员必须高度重视在交际场合的第一次露面以及交际活动结束时给人留下完美、深刻的印象。

4. 定型效应。定型效应是指观察者在头脑中存在某一类人的固定形象对他知觉过程的影响。人类在长期的社会生活中，形成了各种亚文化群或具有某些共同特征的其他类别、群体，进而形成一些具有普遍性的传统认识。人们往往会将人按年龄、性别、职业、居住地域及外表特征进行分类，赋予每类人以一定的典型形象，并以此作为判断他人的依据。例如，认为运动员性格豪爽，少年儿童天真浪漫，知识分子典雅持重，北方人粗犷，南方人精明等。就一般而言，了解一个亚文化群的共同特征，并以此对观察对象做某些推测，对于交际与认识对方是有益的。但这种共同性的传统认识并不总是靠得住的，因为它忽略了人的特殊性，这种思维定式常会造成观察者的失误。

上述四种心理效应对观察判断过程影响是明显的，对交际的作用具有两面性。因此，公关人员要认真分析这些作用，尽量避免其不利作用，并巧妙利用其有利作用，促进交际形象的塑造。

塑造形象的途径

公关人员在交际过程中，要自觉地塑造形象，主要通过以下五个途径。

1. 礼貌礼仪。公关人员在交际中要特别注意礼貌礼仪问题，这不仅反映交际者的文明程度，还反映出对交际对方的尊敬与情感。

2. 服饰仪容。公关人员的服饰、仪容是最先影响交际形象的要素。公关人员应根据自身的个性和交际的需要，精心设计交际场合下自身的衣着、仪容和饰品。

3. 交际举止。公关人员在交际场合的体态动作、一举一动，都会向对方传递一定的信息和情感，从而，在对方心目中形成一定的印象。因此，要自觉控制、精心运用自身的体态语言，为塑造良好的形象和实现交际目标服务。

4．会话谈吐。在交际过程中，交际者之间要进行大量的两人或多人会话、交谈，这些会话交谈，有利于增进相互了解与加深感情，同时，又是相互产生影响、形成印象的重要途径。公关人员必须高度重视这些因素对形象塑造的作用。

5．人格魅力。在交际形象塑造中，最核心的影响力是交际者的人格魅力。这是一种基于交际者自身品德、境界、才能、个性、作风，以及情绪调控等形成的综合影响力。人格魅力对交际对象具有巨大的、无形的吸引力和影响作用。人格魅力是交际形象的核心要素与灵魂。人格魅力的培养是交际形象塑造的关键途径。

礼貌礼仪

称谓

在公关交际过程中，交际者最先采取的行动是打招呼与相互介绍，这是交际礼仪的重要组成部分，是交际活动的起点。

交际中人们一见面，首先就得相互称呼对方。这种称呼运用得当也成为交际中的一个可以利用的要素。

古今中外，称呼既有共通的，又有不同的，归纳起来，称呼主要有以下几类。

1．通称。如我国解放后，无论男女老少，是何职业、身份的人均可称"同志"，有职务的称"×长同志"，没职务的称"××同志"；年岁大的称"老同志"，少先队员可称"小同志"。"文革"后，在相当范围又称"师傅"。在国外以及在我国的过去和现在有一些通称是共同性的，对男子称先生；对女子，未婚的称小姐，结婚的称夫人，同时，又可以通称女士。

2．职务、职称。在工作场合，以及其他场合凡有一定身份的，常用其领导职务或专业技术职称作为称呼。如厂长、经理、将军、教授、工程师等，一般前面可冠以其姓氏。

3．亲属称呼。除了真正具有亲戚关系的人以外，在许多场合下，人们为了表示亲近，常借用亲属称谓来称呼别人。如大哥、大姐、叔叔、阿姨等。

4．敬称。例如，古代称皇帝为陛下，王子为殿下。现代的敬称就更多了。例如，称握有军权的人为老总，现在也常称公司的总经理为老总，生意场上也常称经营者为老板。除正式师生关系外，学术、文化界常对所尊敬的人称老师。

5．谦称。人们作自我称谓时，常使用自谦性称呼。例如，皇帝自称寡人，官吏对上级自称下官，侍女对主人自称奴婢，等等。

交际中选择称呼应注意以下几点：①贴切，无论选择什么样的称呼，最基本的是要符合实际情况，根据相互关系的性质，选择适当的称呼，做到贴切，例如，有的人为了迎合对方心理，不顾对方是否担任职务、年龄大小而乱加称呼的效果是不好的；②满足对方需要，选择称呼，特别要注意研究交际对方的心理需要，尽可能选择使对方能受到尊敬，使对方感到光荣、感到亲切的称呼，以尽可能满足他们的社会心理需要。例如，个体户在推销商品时常使用亲属称呼，就是为了联络感情，以促进购买；③自然得体，运用称呼时要尽可能表示对交际对象的尊敬，但要适度，恰到好处，不能过分，选择的称呼，要使对方感到受尊敬，自己又不失身份，别人听起来又觉得自然。如果称谓运用不当，使自己太卑微，反倒不利于公关交际。

介绍

不熟悉的交际者一见面，就有一个相互介绍、相互认识的过程。介绍除了使交际者相互认识外，在介绍的过程中还涉及文明礼貌问题。

1．自我介绍。在许多交际场合，公关人员需要作自我介绍。一般是自报家门，同时用双手递上名片，接对方名片的时候也要用双手，以表示恭敬，名片接到手绝不可以不看一下而直接放入口袋中，而应仔细看一遍，有些显赫的头衔还可以小声读出来，并努力记住名字，然后，再小心地放入口袋中。整个过程都要显示出恭敬之意。

2．介绍他人。为他人作介绍时，一定注意介绍的顺序，这种顺序反映了被介绍者的地位及受尊重程度，具体包括：①要将年幼的介绍给年长的；将地位低的介绍给地位高的；将男士介绍给女士，例如，对一位女士说："这位是×先生，"然后，再对男士说："这是×小姐"；②当被介绍者是多个人时，先向别人介绍年长的、地位高的和女士，后介绍年幼的、地位低的和男士；③当将一个后来者介绍给多个人时，应先向众人介绍后来者，再为后来者逐一介绍众人，如果倒过来介绍，就会出现将大家都介绍给这位后来者，可大家还不知道后来者是谁，握手寒暄的时候都无法掌握分寸。

当为别人作介绍的时候，一定掌握以下要领。

1．把握介绍是否必要。并不是在交际场上的人都逐个介绍，应把双方或一方有结识意愿的交际者加以介绍。介绍既可以促进相互了解，又可以增强被介绍者的影响。

2．应尽量选用被介绍者有代表性、显赫的头衔来介绍，因介绍语不能冗长，只能

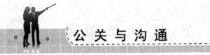

选择那些有特色、引人注目、能提高被介绍者身价的头衔来加以介绍。这既会引起别人的注意与重视，又可以使被介绍者得到一种心理满足。

3. 要注意双方的共同性和联系。在介绍交际者彼此认识的过程中，应尽可能寻求双方的共同性或双方之间的联系。例如，是不是同乡、校友、同经历、同性格、同专业、同爱好等。这种共同性或联系会促使双方在介绍的过程中缩短心理距离，增进感情。

4. 在介绍过程中引发话题，要运用一些可以引发双方交往的话题来进行介绍，使介绍变为促进双方交流的手段。例如，向别人介绍说："这位就是刚从美国访问归来的××先生。"这样，自然引起人们的关注和兴趣，使别人产生想了解国外见闻的欲望，并为进行这方面的交流拉开了序幕。

寒暄

交际者相见之后，总要在一起相互问候或致意，寒暄几句。公关人员绝不可以小看这些客气话，这些话运用得当与否，关系到相互接近的程度以及彼此的印象，对后续交际活动会产生一定的影响。

1. 要有真诚，深厚的感情。两人见面，随便打一声招呼，绝不是"例行公事"。而是一种感情交流的过程。例如，刚一见面，就面带微笑说"见到您非常高兴"或"咱们又见面了"，前一句表示对对方的高度重视与喜欢的心理；后一句则表示他们双方过去曾有缘相识，这次则以老朋友身份相见，自然格外亲近。这样，从一开始就大大拉近了心理距离，有了一个极好的交流气氛。反之，如果见面只是冷冷地问候一句，会使双方的交流遇到困难。

2. 善于运用敬辞。交际伊始，灵活地选择有针对性的话语进行寒暄是必要的，但在大多情况下，可以采用交际场合习惯使用的一些言辞，来得既快，又规范。例如，对初次相见的人说"久仰"；对长时间不见的人说"久违"；宾客来时用"光临"；向人祝贺用"恭喜"；看望别人用"拜访"；等候别人用"恭候"；求人解答用"请问"；自己作品送人看说"斧正"；称赞别人的见解用"高见"；物还原主用"奉还"；询问别人年龄用"贵庚"（对老年人用"高寿"）；中途先行一步说"失陪"；请人勿送说"留步"；麻烦别人说"打扰"；央求帮助说"劳驾"；请人批评说"指正"；求人谅解说"包涵"；求教别人说"赐教"等。

3．寒暄要注意习俗。寒暄用语一定要注意不同国家、民族的生活习俗，特别是问候语要规范、恰当；不可引起对方误解。如在我国人们见面问"吃饭了没有？"而回答什么并没有多大意义。如果这句话问候西方人，可能被误解为要邀请去吃饭。再如，我国人们在寒暄时常使用嘱咐口吻的话语，如"天气冷，应该多穿点"，以表示对对方的关心。而如果这样对美国人说，很可能引起反感，认为这是不信任他，哪能连冷天多穿点衣服的道理都不懂呢?因此，对外国人问候或寒暄的时候，尽量使用如"您好"之类的规范礼貌用语。就是对内宾，也应逐步采用规范礼貌用语。

礼节

交际中的礼节是表示礼貌和敬意的一种形式，礼节在交际过程中具有重要意义。一定的礼节，可以反映双方的地位、相互关系，还可以表达感情、传递信息。

礼节是在人类交际的过程中，约定俗成的。古今中外以及不同民族、地区形成了形形色色的礼节，有的差异极大。但随着不同文化群的交流，出现了许多普遍通用的礼节。在交际场合中应用的礼节可大致划分为以下四类。

1．东方礼节。东方，特别是我国形成了一些依托于东方文化的传统礼节。在中国古代有下跪、叩首的大礼。见皇帝要"三叩九拜"。跪拜已在现代社交场合消失了。现代社交场合最常用的是鞠躬礼，而且多用于一些仪式，如婚礼、葬礼、演出谢幕、向众人致意等场合。日本人则对鞠躬应用极为广泛。再如抱拳、拱手、合十等礼节，这只在某些特定人群或地区中使用。

2．西方礼节。在欧美等西方国家流行的礼节有拥抱礼、亲吻礼。男人们在相逢和分别的时候，习惯于相互拥抱。彼此张开双臂抱住对方，相互贴一下一边的面颊，然后再贴另一边面颊。男人与女人以及女人之间不采用此种方式，亲吻则应用得非常普遍。不同地区和民族，亲吻的方式和习惯各有不同，欧洲人习惯亲对方的面颊，一边吻一下；而阿拉伯地区男人只亲吻对方一边面颊。有的地方久别重逢才用此礼；而有的地方日常见面也用此礼；有的地方只有熟悉的人之间用此礼；而有的地方则不管熟悉程度如何都可采用。有的地方男人与女人只有关系亲近，且年龄相差较大的人之间才可用此礼；而有的地方则没有太多的限制而可广泛使用。

3．通行礼。当今在世界范围，还有一些礼节被普遍采用。不管这些礼节是来自东方还是西方，世界各地的绝大多数国家和地区都是通用的。这主要有握手礼和举手礼。

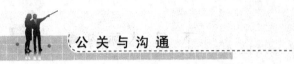

握手礼，从西方到东方，从政界到民间，从隆重场合到日常生活，都被极为广泛地加以应用。而举手礼，则几乎被世界所有国家的军队所采用。

4．准礼节。这里所讲的准礼节，是指由不太明显的动作或兼具有其他功能的动作构成的礼节。其主要包括：注目礼、点头礼、招手礼、脱帽礼、鼓掌礼、示意礼等。

礼节运用要领主要包括以下几个方面。

1．根据交际双方身份、相互关系选择礼节。礼节作为一种表示敬意的形式，首先要求做到恰当、得体。在选择使用什么样的礼节时，一是要依据双方的身份、地位。对上级、同级、下级，对年长者、年幼者，对有特殊身份的与一般身份的，在使用礼节上应有区别。例如，一位年长资深的上级领导同志来视察工作，单位领导热情陪同，上下楼梯伸手搀扶，被看成是很有礼貌的表现；若这位上级领导是一个比单位领导还年轻的同志，如果上下楼梯搀扶，必然引起别人的非议。二是要依据交际双方的相互关系。交际双方是职位关系、业务关系、合作关系，还是亲朋关系等，所采用的礼节形式及运用深度自然要有所区别。例如，如果见到刚刚结识的上级领导或重要客人，应极其恭敬、谨慎地同他握手；如果见到的是久别重逢的同学，就会激动而不能自控，而当胸打他一拳。只有根据双方关系的性质与程度，正确地选择与运用礼节，才能取得好的交际效果。

2．要注意不同国家、民族、地区的礼节差异。不同国家、民族和地区，由于长期的社会生活的差异，必然带来社交礼仪上的差异。这种差异是明显的，有时甚至具有不可逾越的界限。例如，在西方，新婚儿媳吻一下公爹的面颊是正常的，而在中国则是不行的。因此，在公关交际场合，特别要注意这种因国家、民族、地区因素形成的礼节差别，否则就可能导致严重的后果。这就要求：一是根据交际对象的习俗选择恰当的礼节，例如，与西方人相见行拥抱礼，与日本人相见行鞠躬礼，而到柬埔寨则双手合到胸前致意；二是根据交际对象的习俗准确地运用礼节。同样是拥抱，具体的要求有所不同。特别是在与日本人行鞠躬礼时，无论在姿势和次数上，与我国一般的鞠躬礼都有很大的差别。这就要求正确把握，恰到好处，以避免失礼。

3．以礼传情。在社交过程中，交际者对礼节的选择与运用是大有文章的，这是传递信息和情感的过程。古代向皇帝行三叩九拜的大礼与一般人的抱拳拱手，是有明显不同的含义与情感的，就是同一种礼节，运用不同，其效果也是不同的。例如，同是点头礼，在街上碰到一位不太熟悉的邻居点一下头与两位合作者在合作项目成功信息发布会上的相互满意地点一下头的含义是大不一样的。同样是握手，不同身份、关系、感情的交际者之间会具有明显的不同。因此，在交际过程中，公关人员要善于恰当地运用礼节，有意识地输送信息，传递感情，为交际服务。

握手

握手是世界上最通用的一种礼节。握手来源于原始时代，人们在狩猎和战争中，手持石块和武器。当见面时，为表示友好、善意，放下武器，张开手掌，让对方摸手心，以后演变为握手。

握手是一种通用礼节，但同时具有多种功能，可表示多种含义。握手除可以表示敬意、亲近这一基本礼节含义以外；还可以表示感谢，如感谢某人给予的帮助时握手；可以表示祝贺，如某人立功受奖别人同其握手；可以表示鼓励，如领导鼓励年轻同志时，用握手来表达；可以表示欢迎和道别，如同客人见面和离别时都以握手方式加以表达。

交际过程中，一般是身份高的、年长的、女士先伸手，身份低的、年少的、男士后伸手应握。当然，也不能伸手太晚，以免怠慢之嫌。让前者先伸手，主要是尊重前者的地位、意愿和决定是否握手的主动权。只要认为必要，身份高的、年长的、女士应主动伸手同对方握手。当主人接待客人时，一般不必拘泥于高低、长幼、男女，主人需主动伸手，以表示欢迎之意。当同多人握手时，应先同身份高的、年长的、女士先开始握手，然后再同其他人握手。

握手是一种礼节，可以表达多方面的信息。握手动作涉及三个因素，即姿势，力度与时间。

1. 姿势。握手的姿势可分四种。一是控制式，即握手时掌心向下，有一种想争取主动、优势或支配地位的心理。一般这样容易给交际对方一种不舒服、受压抑的感觉。二是乞讨式，即握手时掌心向上，是一种性格软弱，处于被动、劣势或受人支配地位的心理，当同上级，同想求助的人握手常用此姿势，但运用不当，也可能引起对方或他人的鄙视，反而效果不好。三是平等式，即握手时手掌垂直，这是一种正常的、标准的握手姿势。四是加握式，即右手握的同时，左手加握，用双手握住对方，以表示特别的激动与亲切。

2. 力度。握手时用力大小不同可以表示不同的信息，有不同的含义。在正常情况下，握手时既不能有气无力，也不能过度用力。握手力量太小，会使对方觉得无心握手或没有热情；握手用力太大，又可能使人觉得不舒服。当同陌生人，同异性握手时力度宜小些；当特别激动，想表达特殊的信息时力度可大些。一般握手要平稳，不宜上下大

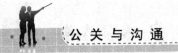

幅度摇动，但当表达特殊激动心情时，这也是必要的。

3．时间。握手的时间一般为 1～3 秒。与对方握手，手刚一接触就立即缩回，会使对方感到你没有诚意或对其不够尊重；而长时间握住对方的手，也会使对方感到不舒服。所以，应以正常的时间为宜。当然，当特殊场合需要时，也可长时间握手，以表达双方非常激动的感情。

另外，要注意握手时的附加语言。在握手时，一般都要同时伴以口头问候、询问等。同时，为了更好地表达感情，可以用微笑、目光、点头、稍稍躬身等体态语言来配合，但不宜过分点头哈腰。交际的实践证明，谦虚热情是受欢迎的，而过分谦卑反而引起对方的蔑视甚至厌烦。

服饰仪容

首先影响公关交际中交际者形象的因素是交际者的服饰仪容。这是因为交际伊始，最先通过视觉传递信息。由于第一印象的首因效应，它往往决定着交际中人们相互认识的起点或基点，并对交际的全过程产生明显的约束和导向作用。

服饰与仪容的交际功能

公关人员的服饰与仪容，在交际过程中有着重要的功能。

1．识别功能。在公关交际场合，交际者之间相互认识的途径，除了作正面介绍以外，就是对服饰与仪容的观察。通过服饰观察可以得到多方面的信息，如性别、年龄、职业、地位、身份、文化程度、道德修养、性格等。

2．表现功能。识别功能主要是就对别人的观察角度而言的；而从着装仪容的主体角度看，服饰与仪容又有一个主动表现的功能。交际者结合自身特点，为实现交际目标，可以利用服饰与仪容去表现自我的某些特性，如学识水平、精神状态、思想感情、文化素质、道德修养等。这是一个自觉塑造形象的过程。

服饰的美学要素

交际者的服饰，从美学的角度看，主要有四个构成要素，即款式、色彩、质地和装饰。

1．款式。交际者衣着的式样、款式具有多样性，不同款式会传递出不同的信息，对人们产生不同的社会心理影响。在国外，有礼服与便服之分。日常穿便服，隆重场合穿礼服。在我国，除了军装有所分别外，并不明确区分礼服与便服，但男士同色同质的中山装和西装，习惯上起礼服作用，在隆重和正式场合下穿用，而其他的各式服装可被看作便服，在非正式场合下穿用。而女士在正式场合下则常穿西服套裙、旗袍、连衣裙等。而非正式场合下可穿健美裤、体形衫等。

2．色彩。服饰的色彩也可以表达许多信息。由于色彩的配置与联想作用，可以使服饰的色彩组合产生各种视觉和心理影响，并对交际过程发生微妙的影响作用。色彩的三要素是色相、纯度和明度。色相指红、黄、蓝等不同颜色；纯度则指颜色的浓淡程度；而明度则指颜色的明暗程度。除这三要素外，由于联想作用，色彩还有冷暖之分，并在一定的条件下具有一定的感情和心理作用。由于色彩的对比、配置作用，还可使观察者的视觉出现某种变幻或调整的效果。因此，服饰的色彩对于更好地表现交际者的形体、个性、风度，以及服务于交际目标都具有重要的作用。

3．质地。服饰的质地也是服饰交际信号的组成部分。不同质地的服饰，标志着不同的成本与外观形象。在交际场合，交际者着装服饰的不同质地，可以显示出交际者不同的身份、职业、实力、地位、风格等。一般在正式、隆重的场合，穿质地高档挺直的服装为宜，而在一般业务交往场合穿质地中档挺直的服装为宜。而在特别随便的场合下，穿中、低档柔软质地的服装显得更协调。

4．装饰。这里讲的装饰既包括交际者服装本身的某些装饰因素，又包括交际者另行配戴的饰品，如领带、耳环、项链等。这些装饰对服装有补充、配合作用，并可强化一些表现作用。一般装饰要少而精，恰到好处，不可过多，否则易造成累赘之感。

服饰的要求

在交际过程中，服饰作为一种塑造形象的手段，交际者要精心设计，自觉地加以运用，以增强自身的美感并有助于交际目标的实现。

1．服饰要谐调自然。谐调自然是交际时对服饰的最基本要求，是选择衣着款式、色彩、质地和装饰的一般原则。所有公关人员在任何交际场合的服饰都要做到谐调自然。就服饰的色彩而言，一般衣着配置要有主色调，上下衣应选同色系的相近色为宜，如草绿色与淡黄绿色相配。我国过去时代新婚妻子回娘家穿红袄绿裤正是一对补色，但对比过于强烈，显得不谐调。但由于能突出喜庆氛围，还是长期被沿用。如果在相近色的服装上再加上小面积的补色的因素，如围巾或饰品，则效果更佳，正符合"万绿丛中一点

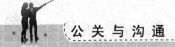

红"的最佳配色原则。而黑、白、灰 3 种色是最安全色,与任何颜色的服饰配置都能谐调。再如,要注意一些衣着误区:笔挺的新式西装与老式鞋或旅游鞋搭配;细高鞋跟的皮鞋与一条牛仔裤;颈短的人挂戴大颗的珠链等。

2．服饰要与体形相适应。衣着的款式、色彩、图案等必须根据交际者身体的状况精心加以设计。例如,胖人宜穿竖条纹的服装,这会有延长身高的微弱视觉作用;若穿横条纹衣服,则会产生横向放大的作用,更显得身体发胖。高大肥胖的人宜穿黑色衣服,而瘦小的人宜穿白色衣服。因为黑色有一种微妙的缩小视觉作用,而白色则有一种放大作用。胖人宜穿肥大宽松一点的衣服,而如果穿紧身的衣服,就会显得更加肥胖。体形美的人宜穿紧身服装,突出男子的刚健之美与女子的曲线之美。而体形不好看的,则宜穿宽松衣服,以掩盖体形不足。试想,一位体形难看的女士若穿一套紧身的体形衫裤,一定会把其缺陷充分显露出来,使"家丑外扬"。

3．服饰要与本人身份相称。服饰总是在一定程度上反映着人们身份、地位的某些特征,这就要求交际者的服饰应同其身份相适应。例如,从职业与阶层上看,有工人、农民、军人、干部、知识分子等。在长期的生活中,他们的特定工作、生活对服饰提出一定的要求,从而形成了某些服饰特点。这些被概括化了的服饰类型或特点,适应了人们的认识惯性,并成为人们判断观察对象身份的依据和进行相应联想、推测的感性刺激因素。一位教师如果身着色彩斑斓、式样时髦怪异的衣服,就会引起人们的非议,甚至影响到这个教师的形象。再如,一个小企业的一般业务员如果穿着高档昂贵的西装去推销,也会引起其顾客的某种疑心和不安。

4．服饰要与环境气氛相协调。交际者的着装必须同一定的现实气氛相协调。不顾环境场合,衣着不合时宜,不但从外观上显得不协调,而且还可能引发失礼、误解等事端。一般在正规、隆重的场合下,应着整齐、笔挺的中山装或西装,质地要好些,要单色、素色更显得严肃、庄重;而在非正式场合下,应着衬衫、运动服、夹克等,质地柔松,色彩可多样化一些,衬托随和、轻松的气氛;在一些热烈、喜庆的场合,交际者着装的款式应新颖、时尚,特别是女士可着时尚新潮服装,色彩尽可能鲜艳、漂亮,以使气氛更加活泼、热烈。例如,一位衣着时髦、华丽,又善交际的年轻女士,会为联谊会带来光彩;而如果一位男士身着一套肮脏不整的旧衣服去参加朋友的婚礼,自然与婚礼的喜庆气氛不协调,甚至可能会使主人以为是不重视或不恭敬的表现。

5．服饰要显示个性、风度。富有魅力的成功交际形象,应是富有个性、风度的鲜明化形象。在公关交际过程中，公关人员要努力保持自我的本色，突出自我的个性，形成自我的风度，从而使自我形象区别于众多交际者并增加对交际对象的吸引和影响。要正确认识自我优势和不足，准确把握自身的气质特征和风度类型。同时，要遵循生命力原则，即追求一种健康向上、充满活力的风格。然后，从衣着款式、色彩、质地、装饰等多方面进行设计，形成自己的个性和风度。例如，在色彩上交际者应为自己选择一种有利于突出自身特色的色彩主调，作为服饰的基本色，设计各种相近色的巧妙组合，形成独特的色彩风格。交际者主色调的选择要根据自己身体条件，如选择适合自己的发色、肤色、脸部造型以及体形的色调。此外，还要根据性格特征选择色调。如寒色、暗色、灰色给人以稳重或消极、内向之感，而暖色、明色、鲜色则给人以活跃或积极、外向之感。可依需要利用色彩强化、补充或调整某种性格倾向。例如，一个以自己性格太内向而苦恼的交际者，可以穿着款式新颖、色彩鲜艳的服饰去参加交际活动，从而对内向性格倾向进行调整。

6. 服饰要为实现交际目标服务。交际活动归根到底是为了实现公关目标。因此，利用服饰塑造形象最终也必须服务于实现目标的需要。要根据实现交际目标的特定要求，去精心设计和选择适宜的服饰。例如，法官身穿宽大的黑色博士服，端坐在高大的审判台上，会给人一种不可侵犯的威严感。

仪容发式

公关人员代表社会组织参加交际活动，因此，要尽量使自己的个人形象庄重些，而绝不可只凭个人兴趣爱好随心所欲。在社交场合，公关人员必须注意自己的仪容和发式，保持一个良好的形象。

1. 仪容整洁。整洁是最基本的要求。公关人员在社交场合中，必须保持自身仪容的整洁。例如：衣服要干净整洁，男士不留胡子、不留长发，女士不留长指甲、不化浓妆。

2. 发式适宜。发式也是公关人员在社交场合应注意的一个方面。发式可表示人的个性、愿望和社会阶层属性。例如，采用流行发式的人通常热衷于对新潮的追求以及具有较强的适应性；留披肩发式的女士通常具有较开放的思想等。在公关交际场合下，公关人员应采用适宜的发式（不可采用怪异的发式），以给公众留下良好印象。

交际举止

交际形象是在交际过程中塑造的，交际目的是通过一系列交际行为实现的。在交际过程中，公关人员的一举一动、一言一行都可能会对交际的效果产生重大影响。

公关人员在交际中应努力塑造一个富有魅力的自身形象，以增强对交际对象的吸引力。这种魅力的一个重要表现就是风度，如学者风度、企业家风度、外交家风度、艺术家风度等。

所谓风度，是指人们通过举止谈吐以及其他仪表因素所表现出来的一种带有魅力的个性风格。风度是人的内在精神状态和气质的外在表现形式。公关人员要在交际中培养自己的风度，除前面提到的交际礼仪外，还要特别注意举止、身势和谈吐，而且还要注意有效地进行心理控制。

面部表情

公关人员首先要注意面部表情的运用问题。面部是表达思想和情感最丰富、最重要的部位。人类的表情是极其复杂、极其微妙的。通过表情变化，可以准确地传递信息、交流思想和融通感情。面部表情具有超越不同文化进行传播的优势。语言不通的种族，可以通过表情来进行一定的信息沟通，如高兴、悲哀、惊讶、愤怒、恐惧、好奇等，这些基本的面部表情具有明显的超越文化传播属性。面部表情是多种多样的，而每一种表情又包含多层次含义，这就是说通过眼、眉、口、鼻和面部肌肉的动作组合可以反映出不同层次、不同深度与不同性质的表情。例如，微笑是公关交际中运用最多、表达含义最广泛的一种表情形式。微笑可以最简单明了地表示对他人的亲近和喜欢之意；微笑可以消除双方思想的隔阂，沟通彼此的感情；微笑可以显示出自身的自信与真诚；微笑可以……

目光

眼睛被称为"心灵之窗"，一是指眼睛可以反映深层的心理活动，二是指眼睛无法掩饰它对深层的心理活动的反映。一般人的表情可以加以掩饰，而唯独眼睛对内心的反映是无法掩饰的。目光是交际双方进行传播与沟通的极为重要的通道。因此，要从目光注视的时间、方式和方向以及视线交流的角度等方面对目光这种体态语进行深入的观察、分析和研究，总结出一些规律性的东西，并在交际中自觉加以运用。

公关人员在交际中必须重视目光的运用，始终注意以专注、亲切、认真的目光同交际对象进行交流。在同别人谈话时若东张西望，会使对方认为你心不在焉，感到不受重视，甚至有一种受冷遇、受侮辱的感觉。美国女企业家玛丽·凯年轻的时候，一次听一位经理作讲演，非常渴望在讲演后能同这位深受敬慕的经理握手。她等了3个小时，终于等到这位经理同她握手了。她非常激动地伸出手去，可是，这位经理几乎没有正眼看她，而是把目光射向后面，看看队伍还有多长。这目光的短暂移动，竟使她大失所望，这位经理在她心目中的形象一落千丈。她甚至感到受了侮辱和伤害。如此可见，目光的运用在交际中是何等重要。

在交际中，既忌讳目光东游西荡，又忌讳直勾勾盯住对方不放。在交谈中，一般要把目光投向对方的面部及其周围一定范围以内，以表明对说话的重视以及受到对方谈话的吸引，当到一些关键点时，可直视对方的眼睛，即目光相遇，进行直接的目光沟通。在一定时机，目光也可以作一些较大范围的移动，如当点头称是的时候或认真思索对方说话的分量、含义时，宜将目光收回。

手势

手势是交际中表达信息和情感的一种强有力的手段，特别是稍远一点距离的交流中，手势的作用更大。手势可以补充或强化语言表达，增强感染力。交际中手势要运用得当，否则，画蛇添足，效果反倒不好。运用手势总的要求是自然、准确、简练、有力，具体要注意以下几点。

1．节拍。节拍是指手势的运用必须与所讲的内容、声调高低以及内在感情同步运行，紧密地结合起来，真正做到与这些因素合拍，形成共鸣。

2．频次。频次是指手势在交际过程中应用次数的多少。手势虽然重要但不能过多，要少而精，只有确有必要时才加以运用。一般是高层领导比下层领导运用得少，女士比男士运用得少，性格内向的人比性格外向的人运用得少。

3．幅度。幅度是指手势摆动范围的大小。一般手势的摆动幅度不宜过大，特别是在近距离的交谈中，切忌做大手势，幅度过大，既不雅观，又不礼貌。而在大庭广众的远距离传播中，手势幅度自然要大一些。

躯干的姿势与运动

人的身躯的某种姿态与运动都反映出一定的信息与情感。

1．躯干的姿势。公关人员出现在社交场上，应注意立、坐、行的姿势。中国传统上就有"站如松，坐如钟，行如风"之说。站如松指挺拔、直立；坐如钟指坐在那里稳重、端庄；行如风指行动矫健利落。据学者研究，人直立时，身体向后倾斜 10 度是极其放松的姿态，前倾 20 度以及左右倾 10 度以内的范围是自然的交际姿态。如在与人交谈时，身体略向前倾斜地坐在那里，是洗耳恭听的坐姿；而架着二郎腿，仰身后靠的姿态，肯定给人以漫不经心，不耐烦或高傲的感觉。

2．身体的运动。交际者身体的运动也可以反映出一定的个性和信息。公关人员在交际过程中，无论是走动，还是举手投足，都要做到端庄、自然，合乎习惯规范。要注意动作改变的速度和幅度，既要干净、利落，又要持重、稳健，给人以敏捷、文雅之感。

交际谈吐

在交际过程中，交际者之间总是要进行一些交谈的，这些交谈看起来轻松随便，但却关系到交际形象塑造和相互关系是否融洽问题。如果交谈不成功，会导致"话不投机半句多"的被动局面。这种交谈的效果主要受交谈内容、用语、数量与时机以及音韵等因素影响。

交谈内容

人们在接触的过程中，常评价一个人说"谈吐不凡"，是说这个人话语有惊人之处，其实主要是指所说的内容与众不同，有令人折服之处。公关人员在交际中要给人在谈吐上留下好的印象，首先必须注意讲话的内容要有一些可以吸引人的特别之处。

1．要言之有理。讲话言之有理这是交谈最起码的要求。内容空虚、推理荒谬的讲话无异于"废话"，它是不会给人留下好的印象的。

2．要体现本人阅历广。交际过程中交谈内容的涉及面非常广泛。交际者若能使自己所谈话题都"在行"，那么就会给对方留下"博学多才，见多识广"的印象。

3．要有一定的理论深度。公关交谈，虽不是学术讲座，但谈到一些比较擅长的话题时，也应有一定理论性，反映一定的理论深度，给对方以"内行"、"专家"的印象。

4. 要有自己独特见解。在交谈中要有新视角、高视点，以形成自己的与众不同的独到见解，即使谈论老话题，也会令听者耳目一新，从而使交际对象刮目相看。

交谈用语

同样的内容，使用不同的话语，表达的效果会大不一样。公关人员在交际中除了选择好话题以外，还要运用各种语言传播技巧，使遣词造句更富有艺术性。

1. 要文明礼貌。公关人员在社交场合讲话，一是要规范，说话要符合语言规范，不要乱用只有自己才听得懂的"土话"，由此可以显示出其文学修养水平；二是要文明，要多用文明用语，讲话要符合自己的身份和当时的场合，绝对不可说"粗话"、"脏话"，真正给人以一种文明感；三是要有礼貌，尽可能使用敬辞，用词造句要反映出对交际对象的尊重与敬意。

2. 要生动幽默。交谈中讲话要生动、形象、富有吸引力。特别是要善于运用幽默。幽默本身就是一门艺术，它可以增强说话的趣味性和吸引力，可以活跃交谈的气氛。与幽默感强的人谈话是一种乐趣和享受。因此，幽默感强的人容易受到别人的喜欢和钦佩，而枯燥无味的交谈是不可能给交际对象留下好印象的。

3. 要简洁明了。交际中的交谈虽然有点类似于闲谈，但也要注意语言的组织，推理要严密（理要说清），内容要精简（事要讲明），切忌啰唆。说话"倒车"、"拉磨"，会影响对方的兴趣，还会使其产生不好的印象。在讲话中，要努力形成自己的个性风格，以给对方留下一个鲜明的印象。

数量与时机

在交际中，什么时候讲，讲多少也是有学问的，它也关系到交际形象与交际效果。

1. 不宜多讲。交谈是交际双方共同进行的会话行为，公关人员应控制讲话的数量。不能见面伊始，话语就如开闸之水，一泄不止，而应自觉加以控制，保证让交际对象能畅所欲言，有足够的自我表现时间。这样既可以显得城府较深、修养水平较高，又可使对方得到充分的自我表现机会，得到心理满足。当然，讲话的数量多少，也得分场合、话题，特别是对方是否健谈等因素，应灵活掌握。

2. 善于抓住时机。在公关交际中，要抓住适当时机去插言、讲话。问候的话要主动讲，以表示你的热情；回答的话语要及时讲，不要怠慢；当对方想讲又未讲时，要主动启发；当对方讲得正在兴头时，不可转换话题给予打断，而应不断地表示赞许、应允；

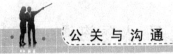

当对方对某事极有兴趣时，尽可放开讲；当对方对话题不感兴趣时，应及时转换话题或引导对方讲对方感兴趣的话题。

音韵

交际者之间的交际语言总是通过一定的声调及节奏表达的。交谈时的声调的高低和节奏的快慢是影响谈吐效果的因素之一。有的人一张口，就给人以明显的影响力，甚至还未见其人，就"闻其声如见其人"了。

1．要控制声调的高低。人们在交谈中，声调高低不同，所表达的信息和感情就不同。一般而言，公关人员在交际中，尽可能用较低的、和缓的声调讲话，并寓情感于声调之中。平稳和缓的声调，使人感到谈话人胸有成竹，城府较深，文雅庄重，并且十分友好且易于亲近，这样常能收到好的效果。同时，还要注意声调的变化，根据需要运用抑扬顿挫，利用声调的变化来掩饰或强化某种情感。

2．要控制嗓音。公关人员要讲究发声方法。有人总结道："出声之要领视如吐痰时加压一样，出声的方法也要让气息像碰着上牙根那样出去。"使从口中进出的每个字都清晰有力。那种好像嘴里含东西，含混不清的讲话，是不会有魅力的。同时，要把发声同音量大小很好地结合起来。有人提出：最有魅力的声音是"明朗的低音"。

3．要控制速度。在公关交际场合，谈话的速度不宜过快。速度过快，会破坏交际的悠闲气氛。但也要根据具体场合气氛和交际对象而加以适度控制。如果交际对象是个年轻的大学生，那么，谈话速度过慢会令其很不愉快，因为年轻人喜欢较快的节奏。

4．注意停顿的运用。停顿是讲话人的休息，但更重要的意义在于，它让对方消化和思考，使对方处于紧张的状态。这正是可以使你观察对方的反应，调整自己的言谈的机会。总之，要善于运用声调的抑扬顿挫，形成和谐的节奏感，增强谈话的魅力。

人格魅力

交际者交际形象的核心内容是人格魅力。什么是"人格魅力"并没有统一的定义。《魅力的力量》一书提出："魅力使某些人拥有的一种能力，这种能力能够营造出一种极为融洽的氛围，让与他们在一起的每个人都感觉自己拥有一种无与伦比的体验。魅力是一种迷人的品格，让我们几乎出于本能地在情绪上对它产地生强烈的反应。"[1] 这个

---

[1] 博恩·崔西，罗恩·阿登. 2009. 魅力的力量. 邱晓亮译. 北京：东方出版社：2.

定义显然更强调魅力给他人带来美好的心理体验。本书作者认为，公关交际中的人格魅力，是一种由于交际主体其自身的品格和特定行为而形成的吸引与取悦他人的影响力。即魅力应包括两种影响力：一是吸引他人的能力，能令其倾倒；二是愉悦他人的能力，能令他人快乐。而且这两者也相互促进。

"当我们讨论魅力的时候，我们说的并不是餐桌礼仪、漂亮的容貌和华丽的着装，我们说的是更深层次的东西，真正的魅力是超越外表的。"[①] 人们在交际中的举止谈吐是内在精神世界的一种外在表现形式。人的言行举止归根结底是由思想境界、品德修养和性格特征等精神因素决定的。因此，要增强自身的魅力，最根本在于有真才实学和良好的品格与行为修养。

人格魅力的构成要素及其形成途径主要有以下几个方面。

良好的精神状态

公关人员在交际中必须始终保持良好的心境、饱满的情绪、旺盛的精力和火一样的热情。公关人员要以这种良好的精神状态去接触、影响、感染交际对象。同时，要特别注意真诚和感情的交流。在与交际对象接触的一言一行中，都要注入自己的真诚和感情。一些本来寻常的动作或话语，由于注入了强烈的情感，就会产生非同寻常的效果。要达到这样的效果，需要在内心保有良好的精神状态的基础上，综合运用表情、目光、手势等各种体态语言来强烈地感染交际对象。

克服恐惧，增强自信

交际形象是人们心理素质的一种外在形式。人们在初次交际或陌生而重大的场合中，往往会出现一种恐惧的心理。这种心理会影响、妨碍交际目标的实现。一方面，由于恐惧，会使自身的各种能力不能很好发挥，不能有效、自然地开展公关；另一方面，恐惧也会给对方带来不安，影响合作气氛，并会影响到你在对方心目中的形象。公关人员在公关中必须克服恐惧心理，坚定自信心，镇定自若地参加交际活动。这就要求：一要加强思想修养，培养正确的人生观，正确地认识自己，正确地认识别人，克服自卑感；二要在交际场合中锻炼自己，特别是培养同他人讲话的能力、协调关系的能力、交涉问题的能力，"艺高人胆大"；三要有正确的动机和高尚的目的，采取正当的行为，"无私

---

① 博恩·崔西，罗恩·阿登. 2009. 魅力的力量. 邱晓亮译. 北京：东方出版社：2.

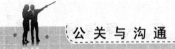

才能无畏"；四要善于控制自己情绪的外露，冷静地分析与处理问题，特别是在竞争性交际中，要自觉利用自信去影响对方；五要保持自己的本色，发挥自己的优势，形成自己的特色，甚至某些缺陷都能成为交际中的优势，无悔无惧，形成坚强的自信心。

鲜明的个性风格

以上介绍的一些交际举止谈吐规范，只是就一般公关艺术规律而言的，并不是要将所有的公关人员的行为言谈都约束成单一化的通用模式。恰恰相反，要想使交际形象有魅力，必须努力突出鲜明的个性，只有有鲜明个性的形象，才是有魅力的形象。这就要求公关人员在掌握基本规范的前提下，正确认识自己的性格特征和气质类型，扬长避短，强化某些富有积极意义的性格特征，突出自己的气质特点，塑造具有本人特色的鲜明个性形象。

崇高的品德与思想境界

影响人格魅力的因素是极其多样和复杂的，其核心还是交际者的品质与作为。人的品德与思想境界是一个人的灵魂。品德高尚的人才能赢得他人发自内心的尊敬。交际者必须加强自身修养，树立正确的世界观、价值观，并将其体现在与人交往过程的一言一行之中，要有尊敬他人、有益于社会的实际行动。

出众的才干

既拥有高尚品德与思想境界，又才华出众的人往往让人敬佩。因此，交际者学识渊博，才华横溢，一定会给交际对方留下良好而深刻的印象，从而令对方折服。

情绪的表露与封闭

情绪是影响交际过程和效果的重要心理因素。一方面，一定的情绪通过交往要传递给对方，情绪成为交流的一个内容；另一方面，双方的情绪会加快或阻碍信息与情感的交流。因此，公关人员要自觉进行情绪控制与调节。

1. 情绪表露。情绪是人们的一种内心状态、心理现象，是指人类对于周围各种物体和现象的一种内心感受。情绪总是以带有各种特殊色彩的体验形式表示出来，并借助一定的面部表情、声音和姿态表达出来。例如，一个内心十分高兴的人会喜形于色，而一个愤怒的人会疾言厉色。内在情绪与情绪的表露是内容与形式的关系，两者从根本上来说是一致的。但在有些情况下，两者又不一定完全一致。自持力强的人可以控制自己情绪的表露，从而使两者出现有意识的不一致。公关人员在交际中的情绪不应是自然的随意表露，而应根据需要，使内在情绪与情绪外露之间拉开一定距离，进行有目的的适度表露。即在交际中自觉对情绪进行调节控制，减弱不良情绪对交际过程的影响，放大积极情绪对交际过程的作用，使情绪的运用服务于交际目标。

2．情绪封闭。人的情绪具有迁移性，即人的某种情绪会不自觉地被传递到其他方面。例如，当一个人情绪非常不好时，看什么烦什么，甚至可能对别人的一个善意小玩笑大发雷霆。再如，有的人在生气的时候乱摔东西，正是这种内在情绪向无生命的物体的一种迁移。公关人员在交际场合中一定要善于自我控制，将不良情绪封闭在内心，绝对不可将不良情绪发泄到交际对象身上。

忍耐与宽容

公关人员在交际中必须加强修养，有忍耐与宽容精神。在交际中，会出现大量的刺激事件使人发怒，而发怒又常常容易出现不良情绪和不当行为，导致双方关系破裂、交际失败。因此，公关人员要善于制怒，要培养忍耐与宽容精神。这既有情绪控制问题，又有思想修养问题。

1．加强自身修养，拓宽心理容量。心理容量与发怒存在某种反比关系，心理容量大的人，受到强烈刺激也不容易发怒；反之，遇事则怒。公关人员必须拓宽心理容量，尽力做到宽容大度。这就需要加强自身修养，培养忍耐和宽容的能力。

2．要防怒于未然。在交际中注意消除发怒的不利因素，创造良好的制怒条件。要注意维持心理平衡，善于冷静地处理问题；要控制好自己感情的闸门，珍惜双方的感情，万万不可轻易就撕破"脸皮"；出现问题要多作自我反省，而不可一味地从别人身上找原因；要培养和保持良好的心境，消除发怒的内在隐患。

3．发怒过程中的控制。如果在交际中一旦开始了发怒过程，也要努力及时制止。当怒火中烧之时，要进行逆向思维，即把思路从恨的方向扭转过来，朝相反方向想想，怒气即可消除；在怒气冲天之时，要格外注意控制自己的行为，防止因怒气而导致越轨行为发生；要把自控与助控结合起来，发怒时要能够接受别人劝告，切不可一意孤行。

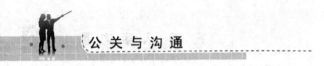

人际互动：感情融通

感情或称情感、情绪，在广义上是指人们对与之发生关系的客观事物的态度的体验，包括喜、怒、哀、乐、爱、憎、惧等；在狭义上，则指对人或事物的关切、喜爱的心情。这里所讲的感情是指在交际过程中交际者之间，所产生的一种吸引或喜欢的心理。公关交际中的感情融通，是指公关人员通过一系列与交际对象的感情交流与沟通，缩小双方的心理距离，导致相互吸引与喜欢的交际行为。

世界上没有无缘无故的爱，也没有无缘无故的恨。人们之间的相互关系与感情，主要是受物质利益支配的。如果交际对方能够给你带来物质利益上的满足，当然会增加你对他的亲近感。同样，你肯于帮助别人获得物质利益或解决实际困难，自然会赢得对方对你的好感。物质利益关系是决定人的感情的基本因素。但人并不单纯是经济人，特别是在现代社会，人们更注重社会心理需要的追求。在公关交际过程中，决定交际者之间感情的主要力量是社会心理规律的作用。公关人员在交际过程中，要认真研究并掌握这些决定人与人之间相互吸引与喜欢的社会心理规律，自觉地加以利用，以有效地进行感情融通。

真诚与行动

真诚待人，诚信为本

要想受到别人的尊重与欢迎，首先必须真诚地对待别人。为人处事必须有真诚的思想基础。任何联络感情的技巧都是建立在这一基础之上的，是派生的、辅助性的。在联络感情的过程中，特别要注意以下几个方面。

1. 真诚是与人交往中所需要的最重要的品质。只有具有真诚品质的人，才会赢得别人的喜欢，这反映了人们交往中的安全需要。如果你的热情被看成是虚情假意，你的赞美被看成是别有用心，你的主动接触被看成是在耍手腕，那么你是无法在交际场上立足的。所以，在交际场上必须以诚待人，也只有以诚待人的人才会受到别人的真诚欢迎。

2. 人们在交往中渴望得到对方的尊重和热情对待。对人的热情，反映了他对这个人的喜欢与被吸引程度。根据报答理论，尊重、喜欢别人，定会受到别人的尊重和欢迎。

所以要想受到别人的尊重和欢迎，必须先通过自己的言行去尊重和欢迎别人。

3. 微笑是热情的一种便捷而永恒的表现形式。日本推销专家原一平根据他 50 年推销生涯的经验得出结论："能够想到以何种笑容与人亲近，便是扩大人际关系的关键所在。"交际双方，即使没有话语，而只是发自内心的微微一笑，往往就能迅速传递对对方尊敬、欢喜、亲近等一系列复杂信息。纽约一家大百货商店的人事部主任说得好，他宁愿雇用一个小学未毕业的女职员——如果她有一个可爱的微笑，而不雇用一位面孔冷淡的哲学博士。可见，微笑在交际中的作用是非常大的。

理解对方

交际双方的相互理解，是他们彼此吸引与喜欢的重要前提。当人们处于逆境或被人误解的时候，会产生一种强烈的渴望被人理解的需求。对解放军战士的有关调查显示：在枪弹横飞的战场上，他们没有什么奢望，而只提出了一个最基本的要求：要得到后方人民的理解，他们发自肺腑地喊出了"理解万岁"的口号。如果这种被理解的需求不能及时得到满足，他们就会极为痛苦；而得到了别人的理解，这种需求得到满足，他们就会获得心理上的解脱。对于能理解你的人，一定会加深你对他的好感与喜欢程度。因此，同他人打交道就必须努力去细心观察对方，理解对方，以缩小双方的心理距离。

要正确理解别人，必须冲破优先效应的影响。人们塑造自身形象时要顺应或利用这一效应；而在观察别人时，一定要突破有限效应的影响，要细心地观察对方，特别是善于设身处地，站在对方的立场去思索、认识问题。人们的某种行动总是在一定条件下采取和进行的。正确地分析当时的行动背景，对于正确地认识与评价人的行为是有益的。能体谅别人的心情和难处的人，通常会受到对方的尊重与欢迎；而那种一味谴责别人、埋怨别人的人是不会受到欢迎的。

寻求对方的价值

人们生活在世界上，都在追求自身的存在价值。特别是在各种社交场合，更要寻求与检验自己的价值，这反映了人们的一种普遍的社会性需求。在交往中，如果对方给予了你这种满足，即对方充分肯定了你的价值，那么你会对对方产生一种喜欢与亲近的感觉。相反，如果对方一味地突出与强调他自己的价值，那必然会引起你的反感。所以，在各种社交场合中，公共关系人员一定要注意如何寻找对方的价值，多看对方的长处、

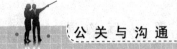

优点，并真诚地给予肯定。只有这样，才能赢得对方的好感，从而使双方的感情得以加深。

适度自我暴露

人际交往的过程是一个相互了解、信息交流的过程。彼此间了解的深度一般是与双方间的感情同比例变化的。作自我暴露，可以增进彼此间的了解。同时，由于你对对方主动自我暴露，使对方觉得受到你的高度信任，就会大大缩短了你们之间的心理距离，从而增加了喜欢与吸引的程度。因此，在交往中，主动地作一些自我介绍是必要的。当然，自我暴露要适度。暴露的深度、广度及速度要因事、因人、因时、因地而异。与陌生人见面，若开口就把自己的"老底"讲出来，不但不能讨对方喜欢，反而会引起对方的反感或误解。

尽力帮助别人

人们的利益得失是衡量相互关系的重要标准。人们总是要求交往对方采取一些有利于自己或社会的行动。只有以实际行动帮助别人、造福于社会的人才能真正赢得别人对他的尊重和欢迎。那种损公肥私、损人利己的人，就是使尽浑身解数，也难以得到公众的真正欢迎。公关人员在交往过程中，在保证公关目标有效实现的同时，必须尽力帮助对方排忧解难。这样才能赢得对方的欢迎。

赞美与示好

根据情感融通的回报规律，要想获得交际对象的好感与密切双方的情感，就必须运用各种方式与手段，向交际对象表示对其好感与积极的评价，满足其受尊敬的心理需要，使其获得愉悦的心情。这就要求赞美与示好交际对象。

观察对方

要赞美与示好交际对象，就必须了解对方，以便进行有针对性的沟通。要全面了解一个人是很困难的，在一两次交往中是难以办到的。但是，在交际中，可通过观察先着重摸清对方的需求心理、个性特点及思维方法等，其中需求心理是最重要的。只有准确掌握其需求心理，才能针对其需求，创造条件，尽力去加以满足。摸清对方的个性思维方法也是必要的。谈话只有顺应或利用他们的思维特点，才能有效进行，收到良好效果。

谈话内容

公关人员在与公众交往时，该说些什么内容呢？基本的业务工作是必然要说的，但绝不能仅仅说这些。有感情的人的交往不同于通信装置间的信息传播，必然涉及一些同组织目标无直接关系、表明彼此间感情联系、内容广泛的话题，而正是通过这些话题，交流彼此的思想，融通双方的感情，并最终促进组织目标的实现。这就要求公关人员掌握以下要领。

1. 选择对方感兴趣或擅长的话题。谈话对人来说，既是一种社会心理方面的需求，又是一种沉重的负担。一方面，人们出于某种目的，总是要寻找机会与人谈话，发表自己的见解，说明自己的要求。当人们产生这种强烈需要时，若不能得到及时的满足，将是很痛苦的。另一方面，当对方所谈的话题不合自己口味或自己不擅长时，则会把谈话看成是一种负担，甚至是一种沉重的负担。试想，如果一个人不厌其烦地向你说些与你毫不相关、令你兴味索然的话题时，你心里是什么感觉？所以，在谈话中要使对方对你有好感，愿意同你交谈，就必须选择令对方感兴趣的话题或对方擅长的话题。这样，交谈才不会是一种负担，而是一种需要的满足。

2. 尊重与赞美。在谈话中，要注意尊重对方，使对方受尊重的需要得到满足。这样对方就自然给予你好的报答。为什么说记住别人的名字就能使别人喜欢你呢？就是这个道理。人们在交际中寻求自身价值，希望能得到别人的承认和赞美，这是一个普遍规律。因此，交际中要注意寻找并适当地赞美别人的长处。当然，赞美应是符合实际的，并且是真诚的，应同那种不顾事实的、虚情假意的奉承相区别。按照报答规律，你肯定对方的价值，赞美对方，必然使对方对你产生好感。赞美可以缩短交往双方的心理距离，增进双方的感情。

3. 要有足够的信息量。交际场合中的谈话，看起来像闲谈，其实不然。除了正式的业务内容外，一般性内容也应注意要有足够的信息量，全是毫无信息的废话是不会使人感兴趣的。会话内容，一是要有知识，人们往往在闲谈中获得新知识；二是有新消息，会话中把对方不知道的消息告诉他，自然会令其感兴趣；三是有新见解，即评论一些问题，要有自己的独到见解，而那些人云亦云的平平之说是不能引起对方兴趣的。因此，知识广博、消息灵通、见解精深的人话题丰富，谈话中能给对方带来大量信息，也就很容易吸引对方，进而得到对方的钦佩与喜欢，从而促进感情融通。

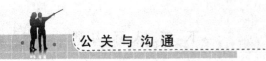

4．回避忌讳的话题。会话有广泛的话题，可以从社会谈到企业，从组织谈到个人。但要注意的是，要保守别人的秘密，不要揭露别人的隐私。此外，不同交际对象，可能各有各的忌讳之处。如宗教的、民族的，地区的、乃至由个人的具体条件形成的各种忌讳都应特别小心地加以回避。要投其所好，避其所讳，这样才能保证会话顺利进行，并不断获得对方的好感，才能使双方感情越来越融洽。

谈话形式

在交往会话中，除了注意说的内容之外，还要注意说的形式。其形式的恰当选择与运用，有助于双方感情的融通。

1．以全身说话。其即在交际会话中充分运用体态语言来增强语言表达的效果。如原一平所说："必须拿出浑身气势同对方说话。"人际交往都是面对面直接进行的。影响双方情感的，不仅仅是语言，表情、目光、手势等，各种体态都会对交际效果产生影响。如同样一句话，东张西望地说出来与注视着对方的眼睛说出来，两者的效果是完全不一样的。要增强交际效果，就要运用各种体态语，进行"全身说"。

2．方言与外语。在同外国、外族或外地区的人员谈话的时候，适当地使用一些那个国家或地区的语言，常常能使双方更加亲密，这体现了相似性原则的要求。一些国家领导人在访问某个国家时，常用被访国语言说"您好"、"再见"之类的词语，这样会使主人感到高兴。方言常能唤起乡土情。在美苏首脑会谈中，美国总统里根经常引用前苏联典故同戈尔巴乔夫谈话，以表明里根对前苏联的熟悉及对前苏联文化的感情，从而增强双方谈判的融洽氛围。

3．幽默。幽默是谈话气氛的调节器。一个善于运用幽默的人，能有效地调节谈话气氛，吸引对方，赢得对方的好感。特别是在交际伊始，双方都不熟悉的情况下，幽默的语言，往往引起一阵笑声，会使双方由于陌生而形成的屏障在瞬间被清除掉。

善于倾听

一个善于交谈的人，首先应是一个善于倾听的人。一般而言，人们愿意自己说，而不愿意听别人说。如果你参加一个社交场合，整个晚上都由对方说话占用了，你连插言的机会都没有，你肯定会感到兴趣索然或感到沮丧。这反映了人们的一种普遍性社会心理需求。作为一名公关人员，必须研究这种需求。为了实现公关目标，要老老实实当一名倾听者，以满足交谈对方的需求。而且，你听得越认真，越入神，对方的满足感越强。人们评价自己讲话的水平及自身价值的依据是别人的反应，而你正是对方观察自己谈话效果及自身价值的一面镜子。你的认真倾听，反馈给对方的信息是：他的讲话很有水平，很吸引人，他已引起你的高度重视，在你的心目中占有举足轻重的地位。从而，他会对你产生非常好的印象并倍感亲密，他会把你当成"知己"。卡耐基曾讲过他本人的一次经历。他在一位纽约出版商的宴会上遇见一位著名的植物学家。他觉得这位学者极有诱惑力，就坐在椅子上，静听他讲大麻，大植物学家勃办及室内花园，以及关于卑贱的马铃薯的惊人事实。他撇下了其余的十几位客人，同这位植物学家谈了数小时之久。直到深夜，宴会散了的时候，这位植物学家对他极力恭维，说他是"最富激励性"的，最后还说他是一个"最有趣味的谈话家"。而他整个晚上一直在洗耳静听，几乎没有说什么话。事后，他深有感触地说："那种静听是我们对任何人一种最高的恭维"。

要做一个善于倾听的人，必须加强自身的修养，掌握倾听的技巧：①要鼓励对方说自己；②要洗耳恭听，并从内心表现出浓厚的兴趣；③有足够的耐心，尽可能不要打断对方的谈话，听了不同意见不要争论，就是听了令人气愤的话也不要反驳；④不要多讲话，但也不能太寡言，否则完全是对方讲，气氛反而不协调了。除了抓住关键点作适当的应声赞同外，还要抓住时机提问或接好话题，要鼓励对方讲下去，诱导他说出他感兴趣的或你想要知道的内容。

情境

人们的交往总是在一定的时间与社会环境下进行的。而这些环境也会间接地作用于交际的双方，从而对双方的感情融通产生影响。

空间语言

在公共关系场合下，有关人员之间的空间位置关系有着重要的意义，它反映了亲密或疏远关系。这种空间关系包括两类因素：一是交际者之间的距离；二是姿势与位置。交往者之间必然存在着某种空间距离，这种距离经常影响着感情和思想的交流。一般来说，这种距离与双方的亲近程度是一致的。在人际交往中，较长时间处于很小距离的接近状态，将导致人际关系的加深或改善，这体现了邻近性原则。如同学、同事、战友等往往形成十分亲密的关系。同样，较小距离也是亲密关系的一种表现形式。两个人在交

际场合中，距离很小，如所谓"促膝谈心"，一般会促进感情融通。所以，在各种交往场合，要尽可能靠近对方，通过缩小实际距离来缩小心理距离。例如，你接待一位客人，往往请他们到靠近自己的位置坐下，会使对方有一种亲切感。反之，如把客人让到远离自己的位置坐下，会给对方一种"拉开距离"的印象甚至疏远他的感觉。再如，你如果是一位营业员，对向你打听某种商品的顾客，凑近后轻声介绍说："这是刚购进来的一种新产品，性能很好。"那么，就容易使他相信你的话，并且有一种特殊关照的亲近感。

当然，在各种社交场合，与对方的距离不是越近越好，而要分清双方关系的性质、熟悉程度，以及男女、民族等差异，灵活掌握，如果失度，那就会适得其反。这就是社交中所谓的"势力圈"。如陌生男女之间接触距离太小，可能要引起对方反感。再如，美国人与巴基斯坦人"势力圈"差异就很大。他们在相互接触或谈话中就可能发生问题，美国人喜欢站到大约三四步远，而巴基斯坦人则喜欢近些。巴基斯坦人谈话时总想凑近点，而美国人对近距离感到不舒服，想后退些。这样巴基斯坦人又向前凑近点，甚至会把美国人逼到墙角。美国人则认为对方过于靠近，一点也不懂礼貌；而巴基斯坦人则认为美国人冷漠不友好。因此，公关人员一定要正确地运用空间距离。

交际中双方的姿势与位置也关系到双方的感情融通问题。如两个人相对站立距离较近，都将身体略向前倾，注意力集中，动作协调，形成"A"形组合，这种姿势与位置说明双方具有融洽的亲密关系。而同样是两人相对站立，但保持一定距离，且身体都略向后倾，双方动作不协调，形成"Y"形组合，这表明双方关系疏远，不太融洽。坐的姿势也是如此，如在倾听对方谈话时，身体略向前倾，就给人一种全神贯注，极感兴趣的印象。若跷着二郎腿，身体后仰，必然给对方一种不受重视，不感兴趣的感觉。如果两个人在一个方桌旁就座，不同座次则具有不同含义。如果两人分坐一个桌角的两边，称桌角座次，是一种容易产生亲切气氛与达成协议可能的座次；若两人并排坐在同一侧称合作座次，反映两人亲密关系，并且无任何妨碍信息交流的间隔；两人相对而坐为竞争防御座次，中间隔着桌子，适应了警惕防御的心理。所以，公关人员在各种场合下，要注意恰当地选择姿势与位置，以促进感情融通，思想交流。

氛围

感情属于一种社会心理现象，它必然受到一定的社会环境、气氛的影响。人们在满腹牢骚的情况下，不会对来访者产生太好的印象，形成特别融洽的关系。在各种社交场合难以完全避免情绪的迁移性。在剑拔弩张的紧张环境里，双方难以心平气和，融通感情，反之，在心情特别畅快的情境下，会出现一种普遍的投射现象，把周围的人和事物都看成是美好的、亲近的。因此，公关人员必须审时度势，冷静分析各种社交场合的气氛、情境，并能自觉地利用有利因素，因势利导，化消极因素为积极因素，创造和谐、融洽气氛，促进双方的思想交流和感情融通。

第十章

沟通行为 3：说服与交涉

说服与交涉机制

说服与交涉的含义与特点

说服与交涉的含义

说服与交涉是指为实现特定目标，与特定公众交流信息、融通情感，以改变公众态度和行为的过程。理解这一概念，应掌握以下要点：一是交涉是主体与对象的互动过程，公关人员作为主体要与特定的公众即交涉对象进行双向交流与作用；二是交涉双方必须面临共同的问题，即与双方都相关联、由双方共同处理的问题，这个共同问题按有利于交涉者的方向得以解决，这正是公关人员的特定目标；三是双方交涉使用双向的信息传播、情感融通、思想交流，特别是说服等手段；四是交涉的核心是交涉对象态度的改变，进而导致行为的改变，这样才能实现特定目标。

说服与交涉的特点

1. 广泛性。说服与交涉应用是极为广泛的。在大量的公关活动中，都不同程度地存在着交涉的问题。大到外交国务活动，小到与同事谈心，都要以不同的方式进行不同深度的说服与交涉，而在一些具有特定任务的活动中，如在进行各种谈判、推销、寻求支持、化解矛盾等活动中，其核心环节即是说服与交涉。只有实现了有效交涉，活动才能成功，特定的目标才能达到。生存于社会之中的每一个人，都会经常碰到各种各样的交涉问题，从公务到个人生活，总是在自觉或不自觉地进行着多种说服与交涉活动。

2．双边性。交涉总是在主体与对象之间进行的（多方共同交涉是双边关系的拓展）。双方相互联系，面临共同的问题，并且相互依存，需要通过竞争与合作来解决共同面临的问题。所有交际行为，都是一方对另一方的作用或另一方对这一方作用的回应，都是交互作用的。

3．对策性。说服与交涉是一种双方不断地根据对方的反应调整策略的动态过程。任何交涉都不可能是一次性的单向信息传播过程，而总是"你来我往"的双向信息沟通过程。当公关人员将自己的某种意图、决策或要求向对方提出后，对方必然作出相应的反应。公关人员还需根据对方的反应再对自己原有的意图、决策或要求作进一步的调整，重新向对方提出，而对方也会针对新提出的意见再作出相应的反应。如此反复，往往需要多个回合或过程才能达成交涉目标。

4．两重性。说服与交涉既具有明显的竞争性，又具有合作性，而且合作性更是说服与交涉的根本属性。在交涉过程中，交涉双方为了取得各自的利益，实现各自的目标，都要运用自己的优势手段，主动进攻，展开激烈的竞争，但由于问题的解决要靠双方的共同努力，离开另一方的配合，单独一方很难取得交涉的成功。因此，双方归根结底又是一种合作关系。把交涉只看成竞争而忽视合作是极为危险的。任何性质的交涉，只有以合作为出发点和归宿，创造合作的基础，才能取得交涉的成功。正确认识和把握交涉中的这种"竞争—合作"关系，对于掌握说服与交涉规律、取得交涉成功具有重要意义。

5．综合性。说服与交涉是一个涉及多因素的极为复杂的综合系统。与不同的对象，交涉不同的问题，涉的因素各不相同。而无论哪类问题的交涉，均要涉及诸多领域，各种复杂因素都在影响交涉的成效。一般而言，交涉总要涉及各方的物质利益、社会心理需要、一定时空条件和其他外部环境等。一项成功的说服与交涉，总是诸多因素综合作用的产物。公关人员要谋求交涉成功，必须将交涉作为一个综合系统来处理，统筹考虑并全面运用各种要素与手段，协调运作，以形成巨大的整体效应。

说服与交涉的理论模式

说服的过程是一个受诸多因素影响、多阶段转换的复杂系统。因此，一些学者从动态的角度研究说服的过程理论。主要的说服过程模式有：麦圭尔的信息处理理论、佩蒂和卡西欧普的精心的可能性模式、蔡肯和蒂伯曼及伊格雷的启发—系统模式。

麦圭尔的信息处理理论

麦圭尔的信息处理理论提出，态度改变要经过 6 个步骤：①说服者将说服信息传递给被说服者。人们通常只接受被认同的信息。信息一般要经过"观念的过滤"和"媒体设置议程"的影响，信息往往被过滤。这一过程被称为"选择性曝光"。说服者的任务在于将说服信息完整、准确地传递给被说服者。②使被说服者注意到说服信息。信息受到被说服者的注意是极为重要的，传递了而没有引起注意的信息仍然是无效信息。但同时，让被说服者注意信息也是困难的。认知不协调理论预测了"选择性注意"，即对支持自己现有观点的信息的注意高于对相悖于自己观点信息的注意的一种倾向，从而引发认知不协调。这个协调过程可能引起了对信息的注意，也可能是信息被拒绝。③被说服者理解说服信息。即被说服者能够理解说服信息的结论与证据。这一过程也受到信息媒介的影响。要根据信息的内容与复杂性，选择合适的媒介。④被说服者接受与认可说服的理由与观点。安东尼·格林沃尔德从认知反应的角度提出，人们接收信息的时候，思考是关键。他认为："我们通过把说服性信息与我们对有关问题的已有态度、知识和情感相联系，从而对说服性信息作出反应。"[1] ⑤新态度的保持。刚刚形成的新态度一般是不太稳定的，可能会受到一些因素的影响而改变，或随着时间推移而淡忘，这样就无法影响行为了。⑥态度向行为的转变。这是最为关键的一步，也是说服的最终目的。

精心的可能性模式与启发——系统模式

在说服的过程中，被说服者不可能对大量的、所有的信息都进行认真的处理。精心的可能性模式认为，被说服者可能只选择一部分信息作重点处理，进行"精心"分析和思考；而对其他信息，则以更简单的、武断的方式来处理。他们强调，"精心指的是'一

---

[1] 菲利普·津巴多，迈克尔·利佩. 2007. 态度改变与社会影响. 邓羽等译. 北京：人民邮电出版社：135。

个人在仔细思考与问题相关的信息时，所达到的用心程度'。精心包括仔细关注诉求、试图进入相关信息（记忆或外部来源）、仔细考察和仔细推断观点、对观点的价值作出结论，以及对所推断的立场得出总体的评价。"[1] 这一模式是基于佩蒂和卡西欧普等提出的说服的中心途径和外周途径的理论进行分析的。

启发——系统模式与精心的可能模式大致相似。启发——系统模式提出要用两种方式来处理说服信息。一种是系统的方式，即仔细地、分析式地尽力研究信息。这需要人们有开展系统处理信息的动机。另一种是启发式处理的方式，即人们使用推理规则或者概略方法，以简单地进行判断或决定。

说服途径理论

说服是通过什么路径实现的？佩蒂和卡西欧普以及伊格列和察肯探索说服的途径。他们提出，说服有两大途径：中心途径和外周途径。中心途径是指基于思维逻辑，主要通过提供有说服力的论据，令被说服者信服，从而使其改变态度的方式。例如，营销人员详细介绍某种全新产品的功能、质量、性价比，并进行现场演示，引起顾客极大兴趣，使顾客形成了购买意向。外周途径是指基于直觉判断，主要通过某些外部线索或因素，令被说服者不假思索地接受，而导致其态度改变的方式。例如，顾客看到特别喜欢的一位明星所做的某产品的广告，出于对这位明星的喜欢而产生购买动机。下面简单分析这两者的区别。

在说服的内容上，中心途径靠的是体现说服理由的论据，是"以理服人"；而外周途径靠的是外部的线索、情境等因素，是"凭直觉决断"。这些外部的线索是指信息源的专业性、权威性，或现场情境、氛围感染等。

在说服的过程中，中心途径必须经过系统的分析，认真理解、逻辑判断，经过一定时间才作出态度的改变；而外周途径并不经过系统的分析，甚至是"不假思索"作出的改变，是迅速完成的。

在说服的效果上，中心途径对于态度的影响是深刻的，态度的改变是持久的、经得起考验的；而外周途径对态度的影响是表层的，态度的改变很难持久，是不稳定的。

在适用情景上，中心途径需要系统思考，必须是被说服者有强烈的认知动机，能够

---

① Werner J. Severin, 等. 2006. 传播理论：起源、方法与应用. 5 版. 郭镇之等译. 北京：中国传媒大学出版社：153。

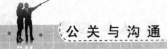

认真接受并深入分析说服信息的情况；而外周途径不需要系统思考，适用于那些有权威信息源、而被说服者关注程度低的情况。

说服与交涉的系统模型

说服与交涉是一个有着明确目标的、由多重要素构成的复杂系统。正确地分析这些构成要素，把握交涉的内在机理，是有效运用交涉艺术进行科学交涉的基础。

说服与交涉的系统模型概述

基于对说服与交涉系统的研究，本书提出了一个说服与交涉的系统模型，如图10.1所示。

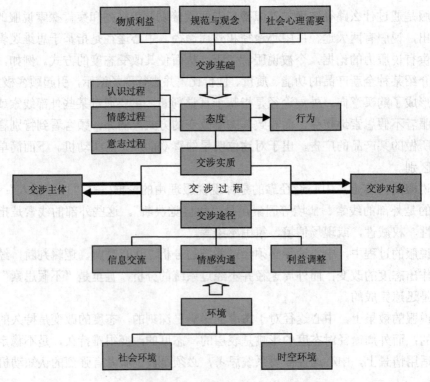

图 10.1　说服与交涉的系统模型

说服与交涉的系统模型表示：公关人员作为主体，与其特定公众即交涉对象进行交涉。这一交涉过程就内在而言是具有特定内容的实质过程；就外在而言是采用相应手段与途径的实施过程。从其实质过程上看，经由人的认知、情感和意志三种活动交互作用，影响或改变态度，进而导致行为的改变。这一实质过程在深层次上归根结底是由交涉者的物质利益、社会心理需要和相关的规范与观念决定的。

　　从说服与交涉的实施过程上看，公关人员主要是通过信息交流、感情沟通和利益调整等基本途径进行交涉的。这一交涉过程，受到了一定的社会环境和时空环境的影响与作用。正是上述诸因素的综合作用，影响或决定了说服与交涉的成效大小以及最终能否取得成功。

主体与对象

　　说服与交涉作为一种双边活动，是公关人员以交涉主体的身份同交涉对象——特定公众之间相互影响、相互作用的过程。

　　1. 交涉主体。说服与交涉的主体是各类社会组织的成员或独立开展公关的个人。为实现特定目标，去同特定的公众打交道，进行各种交流、说服工作。公关人员作为交涉的主体。在交涉过程中发挥着能动性的、主导性的作用。公关人员若干自身因素对交涉过程有着重要的影响作用，这些因素主要包括：①知识。公关人员的知识水平、工作经验、业务素质等，是开展有效交涉的基本素质条件。这些基本条件不具备，很难胜任说服与交涉工作。②个性。公关人员的个性特征与思想修养也关系到交涉的成效。如公关人员的兴趣、气质、性格等因素，会对交涉过程产生多方面的影响，从而对交涉成效发挥着重要的作用。③威望。公关人员的威望也是影响交涉过程的重要因素。一个有威望的交涉主体会对交涉对象产生更大的影响力，从而促进交涉目标的实现。公关人员的威望既取决于自身的水平、能力及一些个性因素，又取决于其所在组织的实力以及他本人在社会组织中的地位、权力等诸多因素。④诚意。公共关系人员对交涉问题的热情、态度也会影响交涉效果。如果怀着满腔热忱、全身心地投入，既会加快交涉进程，提高交涉工作质量，又会对交涉对象产生更大的情感影响力。⑤期望。公关人员对交涉目标的期望状况也影响交涉过程。如果期望值过大、实现的可能性小，则交涉的成功率就低；如果能冷静分析，科学地确定对交涉目标的期望值，就会使交涉成功的可能性增加。⑥观察与判断能力。说服与交涉是一个极为复杂的系统，有许多变动因素，要求公关人

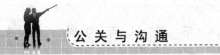

员在交涉过程中能对变化纷纭的各种现象进行科学的观察和分析。⑦传播技能。说服与交涉，是个典型的传播的过程。所有交涉活动都是借助一定的传播手段实现的。无论是语言传播还是非语言传播，其艺术技巧掌握与运用程度，都直接决定着传播的效果，进而决定着交涉的成败。

2．交涉对象。说服与交涉中的对象是指公关主体为实现特定目标而涉及的特定公众。交涉活动的目的归根结底是使交涉对象的思想和行为发生变化。所有交涉行为是否有效，都取决于其对交涉对象能否发生影响作用。因此，交涉对象自身因素是至关重要的。交涉对象的物质需要与精神需要、价值观念、个性特征、信息接收与处理的能力等，都将对交涉过程产生重要的影响作用。

交涉基础

这里所讲的交涉基础，是指决定交涉成败的最基本因素。交涉取得成功，是由于这些因素得到了很好处理；反之，则是这些因素没有处理好。正是这些因素，在深层次上决定着说服与交涉的成败。交涉基础包括以下三大基本因素。

1．物质利益。所有的说服与交涉，总是要涉及物质利益关系。物质利益是交涉过程最基本的因素。人们动机的产生、态度的形成、行动的变化，最根本的驱动力是物质利益。绝大多数的交涉要想取得成功，都在相当大的程度上取决于物质利益关系是否调整适当。一般来说，公关人员在交涉中提出的一项建议，如果能为交涉对象带来物质利益，就会为对方所接受；如果该建议将使对方物质利益受到损失，则必然会遭到对方的拒绝。从这个意义上讲，交涉就是双方物质利益调整、分配的过程。交涉能否取得成功，就看双方物质利益的这种调整、分配是否适当，是否为双方所共同接受。因此，共同利益是交涉成功的物质基础。说服与交涉中主要涉及以下几方面的物质利益：①财产利益。这是指公关主体与公众之间相关的各种实物财产和价值形态的货币、利润等。在交涉中要处理好这些财产利益关系，使双方互惠互利，都感到满意。②服务利益。这是指通过交涉谋求获得各种服务、方便、享乐等形式的福利与优惠。③安全利益。通过交涉，解决好种种安全利益，如经营安全、财产安全、人身安全等。从而保证社会组织与公众均在安全的环境下生存。④发展利益。即通过交涉，争取发展的机会，谋求发展的基础与条件。例如，工商企业为寻求自身发展而通过说服与交涉开拓市场，扩大市场占有的份额等。

2．社会心理需要。人们在交涉中不单是谋求物质利益的满足，而且还追求社会心理需要的满足。社会心理需要的满足是说服与交涉的重要目标。同时，由于交涉是多因素构成的复杂系统，有大量的社会心理因素在其中起作用。这种社会心理因素的作用极其广泛，而且影响力度也相当大。因此，社会心理因素既是说服与交涉的目的，又是说服与交涉的手段，是决定交涉进程、影响交涉成效的重要因素。说服与交涉主要涉及以下社会心理需求：①友情。在交涉过程中，交涉双方个人之间的感情、友谊对交涉过程的影响是明确的。当双方关系紧张、缺乏必要的信任和友谊时，就会影响信息的交流，甚至造成交涉"顶牛"、"搁浅"。若双方感情融通，会促进信息的沟通，加快说服进程，促进交涉目标的实现。②尊敬。在交涉中，公关人员要努力满足交涉对象希望受到尊敬的心理需要。根据回报原则，促使对方积极与自己配合，尽快达成交涉目标。③自我实现。要通过说服与交涉，给交涉对象创造一个表现自我、实现自我的机会。这就会促进对方高层次心理需要的满足，从而自觉促进交涉目标的实现。例如，在请求某位领导帮助解决一个难题时，使该领导确信：只有你这位领导，才有能力解决这一问题。这就可能使这位领导觉得解决这一难题，是自我价值（权威、水平）实现的一种形式，从而促使其宁可冒一点风险也要果断地为自己解决这一难题。④兴趣。兴趣在激发人的动机、促进人的行为上具有特别重要的作用。在说服与交涉中，如何有效地吸引交涉对象，使其对所交涉的问题产生浓厚的兴趣，是交涉取得成功的重要途径。⑤恐惧。在有些特殊的交涉中，通过陈述利害，使交涉对象感到解决不好这一问题可能使自己处于危险之中，从而引发恐惧心理，导致他采取积极的配合行动，很好地解决所交涉的问题。⑥个性特点。在说服与交涉中，双方自身的个性特点也会从不同角度和程度影响交涉过程。例如，不同性格的人在处理同一问题时会有不同的理解，采取不同的方式，从而形成不同的结果。因此，公关人员必须认真分析、掌握对方的个性特点，以便有针对性地开展工作，才能促使说服与交涉的顺利进行，谋求交涉的成功。

3．规范与观念。决定说服与交涉的基础，除了物质利益和各种社会心理需求外，还有社会、组织以及个人的有关规范与观念，就是使交涉占据"有理"的优势。例如，成功的交涉，需要符合政策、符合规定、符合事理、符合价值观念等。这里讲的规范与观念主要包括：①党和国家的方针、政策。执政党和各级政府制定的各种方针、政策是交涉的重要依据。只有自己所争取的交涉终极目标符合党和国家的方针、政策，交涉才能取得成功。②相关系统的规章制度等规范体系。既包括相关组织的规章制度，又包括

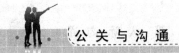

相关问题的具体规定，是交涉成功的重要依据。③社会价值准则。一个占主导地位的社会价值准则是人们判断是非的重要依据。所交涉的问题及要求，只有符合社会价值准则与社会的流行观念，才容易为对方所接受，从而使交涉取得成功。④群体与个人的价值观念。与之交涉的群体成员，特别是交涉对象个人的价值观念也是决定交涉能否成功的重要因素。只有所交涉的问题及要求符合他们的价值观念时，才会为交涉对象所接受，从而促使交涉有效进行。

交涉成功的基础可以概括为：有利（物质利益）；有情（社会心理需要）；有理（规范与观念）。只有具备这些（或部分）基础，交涉才能取得成功。

交涉环境

说服与交涉总是在一定的环境下进行的，而这些环境必然对交涉双方产生重要的影响。环境不同，对交涉者的认识、情感、态度乃至行为都会产生不同的影响。因此，环境是影响交涉进程及其成效的不可忽视的因素。说服与交涉环境可以划分为社会环境和时空环境两大类。

1. 社会环境。这是指说服与交涉的内外部社会环境，主要包括以下几方面：①政治环境。包括社会的基本政治结构、政府重大方针政策演进趋势、社会意识形态取向等。②经济形势。包括社会的经济发展状况、调控的方向与效果、市场繁荣或萧条、需求与供给的关系等。③文化环境。包括与交涉双方相关的群体的价值观、知识水平、风俗习惯等。④群体氛围。指交涉双方所处群体的风气、舆论、多数人倾向等总体氛围。⑤心理环境。指交涉双方在交涉过程中心情愉悦程度、紧张轻松程度、戒备或信任程度等。

2. 时空环境。时空环境是指说服与交涉过程中相关的时间因素和空间条件。具体包括：①时机选择。要谋求交涉成功，应注意选择最为有利的时机实施交涉行为。②时间延续。指交涉过程所占用时间的长短。交涉时间的长短对交涉过程及效果也有一定的影响。③场所。说服与交涉所选择的地点，场合及其设施也在一定程度上会影响交涉双方的心理。④空间位置。在交涉过程中，双方具体所处的空间距离、位置摆布等也会造成相应的心理反应。

交涉实质

说服与交涉的实质，是通过认识、情感和意志活动，影响和改变交涉对象的态度，进而导致预期行为。

1．三种活动的交互作用。在交涉过程中，交涉主体通过一定的手段与交涉对象之间进行沟通和交流，这种沟通与交流是由三种活动同时交互作用构成的。①认知活动。交涉者的认知活动是由以下环节组成的：感官在外部刺激下形成感觉，即人脑对客观事物个别属性的反映；知觉，即把感觉到的事物的各种属性联系起来，形成对事物整体的认识；记忆，即对经历过的事物以印象形式保留在脑海中，事后能复现出来；思维，即对感知所得的材料进行分析、综合、判断、推理，然后加以抽象和概括。在交涉过程中，通过交流信息，接触事物，完成认知过程，形成可以影响态度的理智化认知。②情感活动。即在交涉过程中，通过人与人之间的交往，形成一种好恶亲疏的心理体验。交往活动中形成的交涉者之间的感情也会影响交涉者态度。③意志活动。是指在交涉过程中，双方为实现各自目标，坚持各自立场的决心、毅力和坚定程度的动态心理过程。意志活动对态度的坚持或改变有着直接的影响。

2．态度的形成与改变。态度的形成与改变是交涉过程中的核心环节。在上述三种活动的综合作用下，交涉对象对交涉的问题形成一定的态度或导致原有态度的改变。态度的形成与改变，反映了交涉的实质性成果。

3．采取行动。交涉双方的态度一经形成或改变，就要采取相应的行动，共同实现交涉目标。这种行动是由态度决定的。交涉对象的态度主要是通过行动，而不是口头或书面来表现的，说服与交涉的实质过程就是由上述三种活动决定态度、由态度导致行动的过程。

交涉途径

说服与交涉的手段与途径由交涉的基础和实质过程决定。公关人员必须善于运用交涉基础的有关要素，有效作用于交涉实质过程诸环节，谋求交涉成功。具体而言，主要有以下三条最基本的途径。

1．信息交流。开展双向的信息传播是说服与交涉最基本的手段与途径之一。说服与交涉过程，是由公关人员向其特定公众传播有关信息，公众再将其回应信息反馈回来的过程。一个交涉过程一般是多次信息交流、反复沟通的过程。交涉中的信息交流主要包括以下几个方面：①有关交涉问题的基本事实。通过信息传播让交涉对象了解有关的背景情况，特别是交涉问题本身涉及的基本事实。②交涉双方各自的意图、目标。应该用适当的方式、准确的语言向对方表述各自对所交涉问题的态度、意向和要求达到的目标，并努力弄清双方目标的共同点和差异点，这是完成交涉过程、促进双方目标趋同的

前提。③解决所交涉问题的办法、方式与途径。要提出解决问题、实现双方目标一致化的具体方案，并力求富有创造性和可操作性，以促进问题的解决。④方案实施控制。方案的实施控制要有利于问题解决，并易于为双方接受。它有助于交涉者最终作出趋利避害的选择。

2．感情沟通。增进交涉双方的感情沟通，尽可能满足交涉对象的社会心理需要在说服与交涉中只想一味地通过讲理去解决问题是不太现实的，只有理和情有机结合起来，才能取得交涉的成功。情感融通的具体内容与策略在上一章第三节中已经系统的研究，这里不再赘述。

3．利益调整。说服与交涉，绝不仅仅是靠口头交锋来完成的，还必须在传播信息、交流感情的同时，注意双方物质利益的调整与分配。只有正确、合理地解决了双方的利益调整和分配问题，交涉才有可能成功。因此，积极合理地进行利益调整是交涉的基本途径。利益调整应注意把握好以下几方面：①在互惠的基础上谋求利益。说服与交涉中谋求本组织利益，必须以有利于交涉双方为前提。应努力寻求既能给对方带来利益、又有利于自我的交涉方案。只有这样，说服与交涉才有可能取得成功。②当双方利益矛盾时，寻求共同妥协的办法，解决好利益调整问题，努力使双方的损失都尽可能地减小。③注意眼前利益与长远利益的统一，并重视长远利益的维护。④充分发挥创造性，力求跳出双方分割既定利益的局限，开辟能带来新利益的新途径。

态度改变的理论与模型

说服与交涉的核心是关于态度改变的问题。下面将深入研究态度的改变机制与模式。

态度改变与行为

态度及其结构

态度是指对客观现象的一种认知、感情表达和行为倾向的相对稳定的系统，它反映了人对客观事物的认识，对其所表达的感情以及所表现出来的行为倾向。态度是说服与交涉的核心内容。

态度是一个系统。态度有着明确的结构和内在机理。态度的内在结构是指构成态度的三个因素及其构成状况。构成态度的三个因素是：①认知因素。指对某个客体的认知或信念。例如，某人对与之交往的人的态度包括对该人的性别、职业、容貌、体型、品质等的客观性认识。②情感因素。指对某个客体的喜好或感觉。例如，对人所产生的喜欢或讨厌的情感。③行为倾向。指对某个客体想采取某种行动的意向。例如，在喜欢或讨厌的基础上对人拟采取什么样的行动。

关于态度改变的三种理论取向

研究态度的改变，主要有两大基本理论取向：一是学习理论取向，美国著名心理学家霍夫兰及其同事的研究基本上属于学习理论或强化理论取向；二是一致性理论取向，主要由费斯廷格、纽科姆、海德、奥斯古德、坦南鲍姆等人创立的理论。

这两类理论在一段时间内同时并存，没有明显的联系。卡茨和他的同事们将这两种理论取向进行了整合研究，提出了研究态度改变的第三个取向——功能取向。

关于人的态度改变的研究是由耶鲁大学教授霍夫兰及其同事在第二次世界大战期间开始的。霍夫兰领导一个由社会学家组成的团队，为美国陆军情报和教育署调研处工作，主要研究美军的各种宣传和培训手段怎样影响士兵的态度。战后，霍夫兰继续进行对态度的研究。"霍夫兰对态度改变的研究实质上是一种学习理论或强化理论取向。他相信，态度是由学习得来的，并且态度的改变与学习同时进行。"① 这一理论是对人们态度形成与改变的一般规律进行了概括，认为人们通过对有关信息——说明关于态度的充分论据的接收与认真分析，采纳该信息的立场将会被强化，就会合乎逻辑地形成相应的态度或改变态度。它突出信息中的论据，包括为什么所提倡的观点是正确的、采纳这一立场为什么会带来好处等。这一理论取向被卡茨称为"理性模式"。"理性模式则认为，人类是聪明的、具有批判力的思考者，只要被给予充足的信息，便可以做出明智的决定。"② 就一般情况而言，这一模式是普遍适用的。

一致性理论取向，被卡茨称为"非理性理论模式"。"非理性模式认为，人类是不爱思考的生物，其信念是很容易受周围人影响的，人类对现实的理解甚至受到他们自身欲望的摆布。"③ 一致性理论提出，人类总是通过各种方式追求一致性。人们试图以合理的或一致的方式来解释不合理的行为。其过程是：不一致性导致"心理紧张"或不舒服感，这又导致人的内心压力，迫使其排除或降低这种不一致性；如果可能，则达到一致

---

① Werner J. Severin，等. 2006. 传播理论：起源、方法与应用. 5 版. 郭镇之等译. 北京：中国传媒大学出版社：133。
② Werner J. Severin，等. 2006. 传播理论：起源、方法与应用. 5 版. 郭镇之等译. 北京：中国传媒大学出版社：146。
③ Werner J. Severin，等. 2006. 传播理论：起源、方法与应用. 5 版. 郭镇之等译. 北京：中国传媒大学出版社：146。

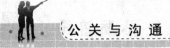

性。非理性理论模式主要包括海德的平衡理论、纽科姆的对称理论、奥斯古德的调和理论等。

卡茨认为:"人类既是理性的又是非理性的,取决于环境和当时行为的动机等因素[1]。"卡茨提出的功能取向主张,必须按照态度服务于人格需要的功能不同,采取不同的改变态度的条件与技巧。他提出的关键论点是:同样的态度可能是基于不同人心中不同的动机。要有效地改变人的态度,必须了解人们的某种态度可以满足其哪种心理需要,以便采用有针对性的手段。

卡茨总结出态度能服务于人格需要的四种功能:①工具性的、调节的或功利主义的功能。人们之所以持有某种态度,是为了从外部环境争取得到更高的奖赏,或将惩罚降至最低。②自我保护的功能。人们之所以持有某种态度,是为了保护自己免受伤害。③表达价值观的功能。人们之所以持有某种态度,是为了向中心价值观或同类人表达赞同。④知识的功能。人们之所以持有某种态度,是为了满足渴望知识的需要。为了使人们更好地了解态度所服务的功能,以便有针对性地促进态度的改变,他将服务于每种功能的态度的来源、动力、激发条件、改变条件,都归纳整理在一起(见表10.1)[2]。

表 10.1　与功能类型有关的态度形成、激发和改变的决定因素

功能	起因和动力	激发条件	改变条件
调节	满足态度客体需求的功用;最大限度地扩大外部奖励,减少惩罚	1. 需求的激活 2. 突出与满足需求相关的隐含线索	1. 需求被剥夺 2. 新需求及新层次欲望产生 3. 奖励和惩罚转变 4. 强调满足需求的新方法和更好的途径
自我保护	对内部冲突和外部危险的防护	1. 施加威胁 2. 诉诸憎恨和被抑制的冲动 3. 挫折感增加 4. 使用权威的建议	1. 消除了威胁 2. 发泄了情绪 3. 增进了对自我的认识
价值观表达	保持自我认同;提高受欢迎的自我形象;自我表达和自我决策	1. 突出了与价值观相关的隐含线索 2. 追求自我形象再确立的个体愿望 3. 威胁自我概念的模糊性	1. 在一定程度上对自我的不满意 2. 对自我更加适当的新态度 3. 控制所有支持破坏旧价值观的环境
知识	对理解的需求,对组织有意义的认知的需求,对一致性和清晰性的需求	与旧问题相关的隐含线索或旧问题本身重现	1. 新信息和环境变化产生的模糊性 2. 关于问题的更多有意义的信息

① Werner J. Severin,等. 2006. 传播理论:起源、方法与应用. 5 版. 郭镇之等译. 北京:中国传媒大学出版社:146.
② Werner J. Severin,等. 2006. 传播理论:起源、方法与应用. 5 版. 郭镇之等译. 北京:中国传媒大学出版社:147.

行为与态度

说服与交涉的最终目的是改变公众的态度，影响公众的行为。就一般意义而言，说服的实质是态度的改变。说服与交涉必然涉及态度与行为两个基本概念及其关系。首先，从基本层面上看，是态度改变行为。一个人的态度决定一个人的行为，有什么样的态度就有什么样的行为，态度改变了，行为也随之改变。所以，在沟通中要改变公众的行为，必须先改变其态度。因此，说服与交涉的重点与关键就是改变公众的态度。本章重点就是研究如何通过说服与交涉改变公众的态度。其次，还要知道，有时行为也改变态度。"态度—行为之间的关系也以相反的方向起作用：不仅态度会影响行为，行为也可能影响态度。"①在现实中，并非总是由态度决定行为的，经常会遇到态度与行为并不一致的情况。在某些特定情境下，行为会反过来影响态度。

态度依从行为

通常是态度决定行为，但是，在特定条件下，行为也反过来影响态度。这也是在说服过程中可以运用的策略。社会心理学家对这种现象进行了大量研究，分别从自我展示理论、认知不协调理论、自我知觉理论角度研究这一现象并揭示态度依从行为的原因。

人们具有较强的自我展示心理。"他们不断监控自己的行为，注意他人的反应，校正自己的社会行为以达到社会赞许性效果。那些在自我倾向量表上得分很高的人（这些人往往赞成'我倾向于成为人们希望的样子'）表现得像社会中的变色龙——他们不断根据环境来调整自己的行为。为了让自己的行为和环境合拍，他们很可能会支持一些他们并不赞成的观点。由于总是意识到他们的存在，所以他们很少会依据自己的态度而行动。"②当人们想在他人面前展示自我的时候，可能会违背自己的实际态度而采取与自我展示目标相一致的行动；当经常采取这种行动并获得社会预期效果时，他们就可能真的改变了原有的态度而形成与现有行动一致的态度。例如，一位同学对班级的另一位同学成见较深，但有一次，那个同学遇到了困难。这位同学为了在全班同学面前表现爱心，很不情愿但却很认真地帮助了那位同学，这受到了全班同学，特别是那位同学的好评与感谢，在这之后，他对那位同学的态度真的有了明显的好转。

---

① 戴维·迈尔斯. 2006. 社会心理学. 侯玉波等译. 北京：人民邮电出版社：110。
② 戴维·迈尔斯. 2006. 社会心理学. 侯玉波等译. 北京：人民邮电出版社：57。

认知不协调理论是由利昂·费斯廷格提出的。认知不协调理论主要研究行为和态度之间的矛盾关系，人们为了解决不协调会采取"自我辩护"来实现协调。"一个人如果在公开场合表现有违他或她自己信念的行为，也可以预见，心理的不和谐将随之而生。解决这种不和谐的方法之一是改变自己私下的信仰，而与公开的行为一致。"[①]

说明这一理论最典型的例子就是美国人对伊拉克战争的态度。美国发动对伊拉克的战争的理由主要就是萨达姆拥有威胁美国等西方国家的大规模杀伤性武器，如果不推翻萨达姆政权将危及西方国家的生存。同时美国还强调，萨达姆与"基地组织"发动的对美国的恐怖袭击"9·11"事件有关。战争开始时，大约有4/5的美国人相信他们的军队会找到这些武器，并支持这场战争。

然而在战争中，美国军队并没有找到这些"大规模杀伤性武器"，也没有找到萨达姆支持"基地组织"发动"9·11"事件的证据。此时，美国人看到的是这场战争造成的巨大破坏，人员伤亡和巨额军费负担，伊拉克战后的混乱，穆斯林国家愤怒的反美浪潮，以及欧洲人民的普遍反战情绪……美国人开始体验到了不协调。于是他们开始寻求协调。但是，他们的选择不是坚持原有的态度（有大规模杀伤武器才发动战争）而改变行动（反对战争），而是更多的人坚持原有行动（支持战争）而改变原来持有的态度：58%的美国人在没有找到原来宣称的"大规模杀伤性武器"情况下仍然支持战争。他们"自我辩护"说："因为战争的根本原因改变了。"他们认为这场战争是为从残暴的和种族灭绝的统治下解放被压迫的人民，并为中东的和平与民主打下基础。

达里尔·贝姆提出了自我知觉理论。这种理论认为，人们能像观察别人那样观察自己，并作出类似的推断。"我们也这样洞悉自己的态度。倾听自己的语言，则可以了解自己的态度；观察自己的行为，则可以提示自己的信念有多么坚定。尤其是当我们将自己的行为简单地解释为外部约束的时候。我们自由地做出行动正是自我揭露的过程。"[②]在现实中，人们的许多行为会触发一定的情绪，如采取危险的行为会造成紧张心理。采取一些态度不明确的行为，反过来会使态度更加明晰或改变。

态度改变系统模型

卡尔·哈弗兰德和欧文·贾尼斯提出一个态度变化模式。这一模式基于哈弗兰德的可遵守的说服性刺激理论。"必须有一个传达者。他们在有些问题上持有特殊见解，并

① Werner J. Severin, 等. 2006. 传播理论：起源、方法与应用. 5版. 郭镇之等译. 北京：中国传媒大学出版社：125.
② 戴维·迈尔斯. 2006. 社会心理学. 侯玉波等译. 北京：人民邮电出版社：114.

正在努力使别人接受这一见解。为此，他们提出了一条打算说服人的交流信息，用来使人们相信他们的见解是正确的，并且促使人们按照他们的指导去改变自己的见解。这种交流信息在一个特定的情境中被表示出来。"[1] 下面，参照这一理论模式，对态度改变机理做深入分析。

态度改变模型概述

按照学习或强化理论，态度的形成和变化是一个学习渐进的过程，即态度是通过联想作用（即当刺激出现时产生了联想）、强化作用（即受到支持与肯定）和模仿（即模仿他人）而习得的。

态度形成之后会相对稳定，有一种抗拒改变的力量，但态度又不是长期不变的。那么态度是如何发生变化的呢？根据卡尔·哈弗兰德和欧文·贾尼斯提出的态度变化模式，本书提出一个态度变化系统模型，如图 10.2 所示。

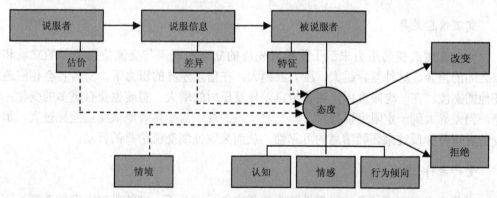

图 10.2　态度改变系统模型

态度变化在社会心理学上是一个说服性刺激——反应的过程。传播者持有特殊的见解，并努力使人接受其见解；为此他发出了一条旨在说服人的交流信息，用来使对方接受其见解，促使对方按照他的见解而改变自身原有的态度；受传者的态度由认知成分、情感因素和行为倾向三部组成；这种交流与说服过程受到对传播者的估价、交流信息的差异、受传者的特性以及情境的影响和制约；最后，在相关因素的综合作用下，受传者

① J. L. 弗里德曼，D. O. 西尔斯，J. M. 卡尔史密斯. 1984. 社会心理学. 高地，高佳等译. 哈尔滨：黑龙江人民出版社：348。

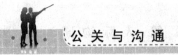

抵制说服或改变自身态度。

下面，运用卡尔·哈弗兰德和欧文贾尼斯的态度变化模式①对影响态度改变的各个要素作具体分析。

对传达者的估价

说服能否成功，首先取决于受传者对传达者的估价。

1. 见解的权威性。传达者是否是可靠的，即他是不是一个行家，他的见解是否是权威的。

2. 动机的正确性。传达者是否是真诚可信任的，即他的动机正确与否，是否可以信赖。如果他在为反对他自身利益而辩论，那么他的可靠性就会提高。

3. 关系密切程度。传达者是否是受传者所喜欢的人。人们容易接受他所喜欢人的劝告，而对于来自他不喜欢人的劝告往往会抵制。

交流信息差异

要求态度改变的压力来源于受传者先前的立场和观点与交流信息提倡的立场和观点之间的差异。这种差异越大，压力就越大。在信息差异的压力下，受传者会相应地改变他的态度。在一定限度内，随着信息差异及压力的增大，态度也会有更多的变化；但是，当差异大到一定限度以外时，即交流信息的观点与受传者原来观点差异过大，那么受传者可能会反过来怀疑信息的可靠性，从而采取抵制交流信息的行动。

受传者特性

当传播者与交流信息的可靠性基本被肯定之后，并不一定能带来态度的改变，因为态度的变化还受到受传者自身一些特性的影响。

1. 态度本身因素。态度本身的因素具体包括：①态度形成的基础。态度形成如果是以大量的事实为基础，特别是以亲身经历为基础的，则态度不易改变。这种基础越牢固，改变的难度越大。②态度形成期的长短。如果是经过长期形成的态度，特别是已形成习惯了，改变起来就极其困难；如果只是在很短时间内才形成的态度，则很容易改变。③态度的一致性。如果构成态度的认知成分、情感因素和行为倾向完全一致，则态度稳

① J. L. 弗里德曼，D. O. 西尔斯，J. M. 卡尔史密斯. 1984. 社会心理学. 高地，高佳等译. 哈尔滨：黑龙江人民出版社：350～391.

定，很难改变；反之，如果这三种因素不太一致，这种不完善、不稳定的态度就很容易改变。④态度的强度。越是强烈、极端、坚定的态度越是难以改变；反之，态度改变则容易得多。⑤态度与自身利害的关系。如果某一态度与自身利益密切相关，则不容易改变；反之，与己无关或利害关系不大，态度就容易改变。⑥是否是公开表态。如果一个人已在公开场合正式表明了其态度，要收回这些表态，改变态度，难度是相当大的。⑦是否已采取了行动。如果这种态度已通过行动表现出来了，那么，这种态度改变是困难的。⑧态度是自由选择的还是强加的。自由选择的某种态度要比强加给的态度改变的难度大得多。⑨态度被置于其他行为和态度之中的程度。如果态度已直接涉及其他相关的重大观点或问题，那么，这种态度的改变就更加困难了。

2．人格因素。受传者自身的人格因素也将影响其态度的改变。①自我尊重。具有低自我尊重的人比具有高自我尊重的人的态度容易改变。自我尊重低的人，自信心不是很强的，只把很低的价值置于他们的见解之上，因此，当其受到攻击时，很容易放弃自己的见解。而自我尊重高的人，给自己的见解赋予了很大的价值，因此，其态度极不容易改变。②智能。往往是具有较高智能的人比具有较低智能的人的态度改变困难。没有相当充分的理由他们是不会轻信的。但这也不排斥高智能的人随着论证充分的说服而迅速地改变原有的态度。但一般说，高智能的人与低智能的人相比，很少受到不一致的和无逻辑的论点的影响。③思想意识与思想方法。受家庭、社会及其他因素影响，有的人思想较保守，有的则较开放。那么前者的态度改变必然要比后者困难些。有的人认识与思考某个问题，一经得出结论，就很稳定，绝不轻易改变，在一些具体问题上表现得很固执；而有的人则较为灵活，形成的印象与结论较容易受外界影响而改变，那么，这种人在受到压力时，态度的改变就容易得多。④性格。人的性格不同，也影响到其态度改变的难易。善于随机应变的人，改变态度就容易；而生性执拗、倔强的人的态度改变就困难得多。⑤心理成熟程度。心理成熟、自信心和独立性极强的人，改变态度的难度就大；反之，则容易些。⑥心理健康程度，凡心理健康的人，能依理智而决定是否改变态度；而有心理疾病的人，有强烈的自卑感或思想非常偏激，极难改变态度。

3．受传者的抵制。在许多情况下，传播者的说服都会引起受传者自觉或不自觉的抵制。他们的抵制主要有以几种：①驳斥交流信息的观点。受传者总是努力找出根据以支持自己的见解，而驳斥交流信息与自己态度不一致的观点，从而减弱自己态度与信息中态度的差异所引起的压力。②贬损传达者。当不能有力地驳斥交流信息观点的时候，人们往往要攻击传达者本身。怀疑他的动机，造成对他本人的信任危机。显然，假如劝说者本身已不可信，那么他的劝说自然也就没有分量了。③歪曲信息。人们可能会歪曲或误解交流信息，以此来减少他们的态度与信息的见解之间差异。有时人们把交流信息的见解尽可能说得与自己的见解很接近，这被称为"同化作用"；有时还会把信息的见解夸大到极端，使它变得荒唐可笑，即故意扩大这种差距，这被称为"反差作用"。这两种作用的目的都在于减少由于信息差异面带来的压力。④文饰与拒绝。人们有时采取种种巧妙的方式，回避矛盾，混淆界限，极力为自己辩解，而有时甚至毫无道理地一概拒绝了之。

情境

人们的说服过程总是在一定的环境条件下进行的，这些情境因素也间接地影响态度的改变。

1．精神涣散。人们在受到劝说时，往往受到一种逆反心理的影响而采取积极好斗的行动。他们要调动全部的力量，驳斥传达者，捍卫自己的观点。因此，在说服过程中，如果通过一些方式分散他的注意力，就可能较为容易地达到令其改变态度的目标。研究表明，被劝说者在精神涣散情况下比精神集中情况下更易受到影响。例如，你在批评一个人的错误的时候，先谈一些家常话，就可以分散对方紧张的抵抗心理，收到好的效果。

2．强化作用。即在说服过程中，把一些与交流信息有某种联系的附加诱因加进去，使说服性信息与一些强化刺激联系起来。例如，在广告中把一些美丽的风景、鲜艳的花朵、漂亮的少女、天真烂漫的儿童等事物同所介绍的产品联系起来，以烘托出产品的美好，从而增加人们对产品的积极肯定情感，增强顾客的购买欲望。

3．社会压力。人们总是生活在一定的社会环境之中的，总是从属于某个群体的，其态度的形成与改变不可避免地受到某种社会压力的影响。①群体规范。人们有着强烈的认同于某个群体的社会需求。当其所在群体形成某种一致意见或提出某种群体规范时，个人一般是要受其影响的，自觉或不自觉地服从这一倾向或规范。否则，个人会产生一种偏离群体的恐惧感，担心受到某种形式的"社会制裁"。②行政经济手段。人们的态度与行为在相当程度上受物质利益驱动。各种奖励、惩罚或威胁等行政经济手段，对受传者的态度和行为会产生明显的影响。随着利益的得失，人们的态度必然会发生相应的变化。

说服与交涉策略

为有效进行公关交涉，要研究并灵活运用交涉过程中一些基本策略与技巧。

令对方顺从的策略

说服与交涉的最终目的是让对方接受说服者的意见，按照说服者意图行动，即让对方顺从。怎样才能使对方顺从呢？传播学者杰拉尔德·马维尔和戴维·施密特进行了富有成效的研究。他们的研究基于"交换理论"，认为顺从是"交换"的产物。由于说服者向被说服者提供了被说服者想得到或避免不想得到的东西，从而换得了被说服者的顺从。

使对方顺从的技巧

杰拉尔德·马维尔和戴维·施密特总结归纳出了获得对方顺从的最常用的 16 种策略，如表 10.2 所示[①]。

表 10.2   马维尔和施密特总结的顺从获得技巧

名　称	内　容
许诺	许诺获得顺从之后将给予回报
威胁	暗示如果不顺从将会受到惩罚
表现出对可能出现的正面结果的熟知	阐明顺从行为会带来的正面的后果
表现出对可能出现的负面结果的熟知	阐明顺从行为会带来的负面的后果
喜欢	表现出友好的态度
预先给予	在要求顺从之前先给予奖赏
运用厌恶刺激	运用惩罚性手段，直到获得顺从为止
唤起"欠人情"心理	谈及对方曾经欠自己的"人情债"
进行道德召唤	把顺从说成是符合道德规范的行为
加入积极的情感	告诉对方如果顺从，他（她）将会感觉良好
加入消极的情感	告诉对方如果不顺从，他（她）将会感到难受
正面的"角色转换"	把顺从与品质好的人联系起来
负面的"角色转换"	把顺从与品质不好的人联系起来

① 斯蒂芬·李特约翰，凯伦·福斯. 2009. 人类传播理论. 史安斌译. 北京：清华大学出版社：142。

名　称	内　容
寻求利他性的服从	请求对方以顺从的方式来帮助自己
表现出积极的尊重	向对方阐明如果服从，将会赢得别人的好感
表出出消极的尊重	向对方阐明如果不服从，将会失去别人的好感

　　使对方顺从的策略组

　　马维尔和施密特经过进一步的测试，通过对数据的整理，在上述 16 项顺从获得技巧的基础上，总结归纳出五种"整体性策略"或称"策略组"。这 5 种策略组是：①回报型策略组。说服者答应给予被说服者想得到的东西，如许诺奖励、提升、让利等。②惩罚型策略组。说服者向被说服者陈述拒绝的危害，对被说服者实施威胁。③熟知型策略组。说服者使被说服者相信如果顺从，说服者有十足的把握能给被说服者带来正面后果。④非个人化义务性策略组。使被说服者相信顺从行为是符合道德行为规范的，以实现道德感召。⑤个人化义务型策略组。说服者唤起被说服者"欠人情"心理，使其基于还"人情债"而顺从。在说服与交涉实践中，这 5 种策略是具有较大实用价值的。

创造性方案

　　创造性方案是指公关交涉中，在创造性思维指导下，兼顾交涉双方意图和利益的、具有创意的解决问题的方法与途径。

　　创造性方案的重要性

　　创造性方案在公关交涉中具有极为重要的意义。

　　1. 创造性方案是交涉的核心内容。公关交涉者通过感情融通与诱导说服等途径去实现交涉目标。而这个过程通常是根据一定的具有创造性的方法和途径（即解决问题的创造性方案）进行的。在交涉诸要素和整个交涉过程中，解决问题的方法与途径处于核心位置。因此，拟订、提出与实施创造性方案，是公关交涉的核心内容。

　　2. 创造性方案为打破僵局提供出路。在交涉过程中，当双方争执不下、各不退让、处于僵局时，应转变思路，提出能够促使双方避开难点、重新合理调整利益的创造性方案，以求打破僵局，使交涉能够继续有效进行，最后使交涉双方达成共识，从而使交涉的问题得以解决。

3．创造性方案是实现合作的基本途径。通过交涉，实现合作，达到目标，关键在于采取创造性方案对双方利益进行合理调整并使双方均能接受。因此，要实现合作，取得交涉成功，关键在于能设计并提出有利于交涉问题解决的创造性方案。创造性方案是实现合作的基本途径。

创造性方案的策略

在制订方案中有以下三种策略可供选择。

1．全胜。制订全胜方案的策略是指坚持立场，不作妥协，击败对方。追求全胜，只有在条件非常成熟的情况下才能采取这种策略。在实际公关交涉中，完全实行这种策略是不太可能的。

2．妥协。妥协策略是指根据各种力量、条件的对比，在互惠的前提下，适当降低目标或要求。这种方案策略在交涉中是应用最广泛的，绝大多数交涉过程都是双方互作适当妥协、最后达成协议的过程。

3．让步。让步策略是指当条件、态势极为不利的情况下，为将损失减少到最小限度而放弃或大幅度降低目标或要求。在形势不利或交涉极其困难的情况下，往往是不得已才采取这种策略性的方案的。

创造性方案的有关技巧

设计、提出和通过创造性方案要依据本章各节所讲的有关要领，因为许多交涉的要领都是通过拟订和提出交涉方案来实现的。但交涉的创造性方案的拟定与提出过程，又是运用创造性思维随机应变地解决问题的特殊过程。因此，在把握那些基本要领的基础上，还应注意以下几点。

1．充分发挥创造性思维的威力。创造性方案的主要功能在于解决难题，打破僵局，促使目标顺利实现。而一般化的常规思路、方法和途径则难以实现这样的目标。因此，要想打破交涉僵局，必须充分运用创造性思维以及创造性技法提出有利于解决实际问题的创造性方案。

2．善于求同存异。在设计创造性方案的过程中，一个重要的思路是求同存异。当交涉双方争执不下时，应努力寻找双方的共同点，而对于分歧点则应尽可能先放在一边，这样才有利于打破僵局，达成共识，有利于以互惠互利的方式解决交涉问题。

3．寻求互利。创造性方案的显著特点和主要价值点在于能够提供一种可以保护双方利益的办法或途径。只是一方占便宜，另一方吃亏的方案不是这里所讲的创造性方案，因为在实际交涉中这样的方案是不会为双方所接受的，这是一种没有意义的方案。因此，交涉方案的设计必须在认真分析了双方利益的基础上进行，努力寻找能保护双方利益甚至扩大双方利益的途径。只有这样的方案，才是创造性方案，才能在交涉中能取得成功。

4．巧妙避开难点和障碍。许多交涉陷入僵局，都是由于遇到难点或障碍，而使交涉难以推进。处于这种困境时，有两条出路：一是想方设法去解决难题；二是如果短时间无法解决时，就利用多种形式避开这些难点或障碍。设计创造性方案的一个重要思路就是在确保核心利益前提下，可以放弃某些利益，避开难点与障碍，而使交涉顺利进行。

5．要善于将几种方案综合为一。高明的交涉者，不是简单地赞成或反对某种方案，而是提出一种能兼顾双方合理利益且能为双方共同接受的综合型方案。因此，公关人员必须掌握这种善于将几种不同甚至对立的方案综合为一种能兼顾双方利益、能为双方共同接受的综合型方案的能力。

6．促进对方接受方案。创造性方案为双方交涉成功奠定了基础，但还需要做大量的工作，以促进对方接受这些创造性方案。要促进对方接受方案，除了前面各节所介绍的要领外，还要注意：一是从理智上使其认识创造性方案的互利性；二是从感情上消除对抗并引起对方对创造性方案的兴趣；三是从思维上使对方从对抗转到重新认识的思路上来，重新认识和评估创造性方案，最终接受创造性方案。

周恩来总理在中美关系谈判过程中，就运用创造性思维，充分发挥了拟订和推进创造性方案的艺术技巧。1972 年 10 月，基辛格第二次北京之行与周总理进行谈判。对于美方经过长时间准备而拿出来的关于尼克松访华的公报方案，周总理明确指出："你们的初稿是伪装观点一致，我们认为公报必须摆明双方根本性的分歧。"并提出了"中美双方观点并列"这一有创意的拟定方案的方针。基辛格则表示强烈反对："我们不回避双方的分歧，签公报有什么用?列出双方不同的观点，岂不等于告诉全世界，中美双方在吵架吗?"。周总理指出："你们也承认，中美双方存在着巨大的分歧，如果我们用外交语言掩盖了这些分歧，用公报来伪装观点一致，今后怎么解决问题呢?"由于双方争执不下，会谈陷入僵局。于是周总理微笑着提议："现在该吃烤鸭了，我们将在下午提出一个公报的初稿。"周总理已成竹在胸，安排熊向辉同志参照抗战胜利后国共谈判公报样式，草拟了一个我方提出的公报初稿，将中美双方的观点并列。鲜明地写进了我方的观点，并为美方留了空白。吃过烤鸭之后，周总理将我方草案交给基辛格，并笑着说："公报中双方各自阐述不同的立场观点。我方已列出了我们的观点，下面留下了一些空白由你们阐述你们的观点，然后双方再进行讨论"。基辛格及其助手看了我方的草案，大为惊诧。在他们看来，中国人提出的方案的构思是前所未有的。基辛格对周总理说："总理先生，这样的方案，我看在国际上和美国国内都是无法接受的。"双方出现僵持。周总理说；"公开地摆明分歧，就是解决问题的开始，也是通向未来的第一步。博士，你说是吗?你们不妨再考虑一下，我们稍休息一会儿好吗？"

在休息的时候，基辛格和助手们来到楼附近的花园里，一边散步，一边讨论，基辛格头脑在飞速地转动着。他的高人一筹之处在于善于运用逆向思维，在助手们一片抱怨声中，他却逆转思维，禁不住随着思路脱口而出："公开地摆明分歧，难道不会使双方的盟国与朋友放心吗？这说明他们的利益得到保护，还会使各方面的人确信公报是真诚的"。年轻的助手洛德也马上开窍了："对了，正因为我们公开承认存在的分歧，我们那一致的部分才显得难能可贵与真实可信。"这样，在休息过后，基辛格明确表示愿意接受中方方案的基本做法，双方达成了共识，从而为以后尼克松访华发表的上海公报奠定了基础。

在这一回合的谈判中，周总理一方面根据中美双方隔绝 20 多年、存在巨大分歧的现实，特别是当时中国国内的政治形势，提出了这种双方观点分歧方案的创意构思；另一方面善于运用松弛和转换场所的手段，不断打破僵局，促使对手逆向思维，最终从内心接受我方方案。这充分显示了周总理高超的交涉艺术。

妥协

妥协是进行交涉所必须运用的手段和策略。在大量的交涉中，极少有不作任何妥协而成功的交涉。正确认识交涉中妥协的意义，并掌握妥协的有关技巧与策略，对于交涉者来说是很有必要的。

妥协的必要性

妥协是交涉过程中的一种必然现象，是谋求交涉成功的必要手段。

1. 妥协是由利益分配的矛盾性所决定的。大量的交涉问题都在不同程度上涉及利益分配问题。从这个意义上讲，交涉过程就是利益分配过程。在许多场合下，利益总是

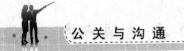

既定的，双方对利益的分配是此消彼长的关系。利益分配的这种矛盾性决定了交涉双方在追求自己利益的同时，还要考虑到对方的利益。这就要适度地限制自己的利益，作出适当的让步，这就是妥协。

2．妥协由双方的"竞争——合作"关系决定。在交涉过程中，双方都要以自己的实力去追求获得尽可能大的利益，这就是一种竞争关系；同时，双方各自利益的获得，又必须依赖于对方的配合。所以，从根本上说，交涉是一种合作关系。双方的竞争关系决定着在交涉中的进攻行为，而双方的合作关系又决定着双方在交涉中的妥协行为，这两种关系的交织，决定了进攻与妥协行为的融合。公关人员在主动进攻的同时，也必须善于运用妥协，使进攻与妥协有机结合，相辅相成，以赢得交涉的成功。

3．妥协是一种心理进攻的武器。在公关交涉过程中，适当时机作出适度妥协，可以看作是向对方表达诚意，感染对方，并且对对方造成一种心理压力。从这个意义上讲，妥协也是一种心理上的进攻。这种心理进攻对实际交涉过程的影响作用是很大的。这种心理进攻的适当运用，能诱使或迫使对方作出相应的妥协，有利于打破僵局，促使交涉顺利进行。

妥协要领与策略

妥协并不是简单的让步，而应将其作为交涉的有力手段和策略来看待，应精心运筹，巧妙运用，以促进交涉目标的有效实现。

1．以付出谋所得。交涉是实现组织目标、谋求组织利益的过程。但要想谋所得，必须有必要的付出。只想谋所得，完全不想付出，也就无妥协可言了，自然也难以取得交涉的成功。公关人员在交涉过程中，必须善于审时度势，作必要的妥协，以一定的利益损失为代价，去谋求交涉的成功，获得更大的利益。妥协的价值不在于没有付出而获得所得，而在于如何以较小的付出谋得较大的所得。

2．对等妥协。必须坚持以自己的妥协去换对方的妥协的原则。自己的妥协，是为了换取对方的相应妥协，达成共识，取得成功。如果只是自己妥协，而对方不作妥协，这种单方妥协可能对自己不利。双方妥协的幅度应相同，尽可能是对等的，而且要同步进行。当然，这种对等不是绝对的相等，应根据交涉的实际情况灵活处理。

3．进行利益比较分析。妥协的实质是进行利益调整。不妥协，不付出代价是不现实的。那么，作什么样的让步，让步到什么程度呢？这就需要进行利益比较分析。对交涉问题所涉及的各种利益，要进行认真的分析比较，主要是分清眼前利益与长远利益、局部利益与全局利益、大利益与小利益、多数人利益与少数人利益等。在此基础上，对于一次性的、近期的、局部的、次要的利益作出牺牲，以追求或保住长远的、全局的、重大的利益。"丢车保帅"是妥协的一条基本原则。

4. 善于进行替代式妥协。这里所讲的替代式妥协是指利用因素替代来进行多途径妥协。在交涉过程中，对方可能提出一些要自己妥协的方面，如果自己无法接受，则可以用其他方面或因素的让步来进行妥协。既可以保住自己不想妥协的方面，又可以作出某种妥协，用以表示自己的诚意，避免陷入僵局，并可以以此来要求对方作相应让步。

5. 强化妥协的意义。在自己作出让步或妥协后，应以事实和令人信服的说理，向对方说明自己所作妥协的实际意义。重点要说明这一妥协能为对方带来多大的实际利益，以及自己为这一妥协所作出的努力和利益损失。这种说明要以事实为基础，只可强调、渲染，但不可夸大、言过其实，并要努力表示自己的诚意，做到以利诱之、以情感之。

6. 注意社会心理因素。在交涉过程中，既需要自己作出必要的妥协，又需要对方作出相应的让步。无论是哪一方的妥协，都要注意妥协不仅仅是利益的调整分配，还是社会心理适应与平衡的过程。自己妥协要不失尊严，让对方妥协也要不失面子，使妥协变成一种表示诚意、豁达大度的主动行为。利用妥协，满足交涉者的某种社会心理需要，实现心理平衡。这方面处理不好，会使妥协者感到既丢失利益又丧失尊严，即物质利益与社会心理双损失，这就不会轻易妥协，从而使交涉陷入困境。

7. 善于抓准时机。在什么时候妥协作用最大、效果最好，这要视具体情况灵活决定。有时，可以在谈判伊始主动让步、先发制人；有时可以在出现僵局时以让步来打破僵局；有时可以在为诱导或逼迫对方作出较大让步时进行妥协；还可以在会谈的最后时刻妥协，以求得交涉成功。同一个妥协，在不同时间作出，其作用是大不相同的。这就要求交涉者要善于把握交涉的时机。

8. 善于控制妥协的幅度与速度。交涉的过程是一个双方讨价还价、不断妥协的过程。公关人员应根据交涉的性质、条件和对象的特点灵活控制妥协的幅度与速度。有两种基本策略：①"色拉米香肠"式。这是大多数交涉者常采用的方式。即每次作出一点小的让步，逼对方让步后，再一点点地妥协。这如同切香肠，切成薄薄的小片，每次作一点点让步，拖的时间越长越好。这种策略稳扎稳打，步步为营，处理得好可逼迫对方

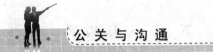

作出更多的让步。但也有其弊端，即每次让步都给对方以虚假印象，双方都不知道哪个是最后一片"香肠"，都想等着瞧，谈判时间拉长，双方压力增大，有时会危及交涉的成功。② "先发制人的让步"式。即在最敏感的关键时刻，抢先一步，主动让步，使谈判迅速进入到实质阶段，然后，对基本立场坚持到底，以求尽快取得交涉成功。

周总理擅长使用这种"先发制人的让步"策略。早在 1955 年中美大使级会谈时，周总理就运用了这种策略。当时中美双方对会谈的议程和所要达到的目的，一开始就有很大的距离和分歧。周总理认为会谈要着重解决一些实质问题，因此指示中方代表先作让步和妥协，同意先谈美方最感兴趣的遣返侨民问题，然后再讨论其他实质问题。我方在第一次会议时就先宣布释放 11 名美国间谍，这是周总理为表示我方诚意，为在会谈中争取主动，而抢在美国之前走的第一步。当时我方首席代表王炳南的想法是先谈后放人，而周总理决定先放人后谈。周总理这一招引起了很大的轰动，充分显示了我方谈判的诚意和主动地位。一位美国记者听了这个消息，不禁脱口而出："啊!周恩来又抢去了'主动'!"

在 20 世纪 70 年代初的中美谈判中，周总理还时常运用这种策略。他的谈判对手基辛格对周总理的这一策略深有体会，他在回忆录里写道："我不久就发现，和周恩来谈判的最好方式，是提出一个合理的主张，详加说明，然后坚持到底。我有时甚至把内部文件拿给他看，使他了解我们为什么达成这个结论。周恩来也采取这样的方式。企图在谈判中多占便宜，那是徒然自寻烦恼。"他承认他在以后的谈判中也经常采用周总理教给他的这一策略。他写道："只要有可能，我在后来同别人进行的一些谈判中总是尽量采用这种办法——有人把这种办法称之为——先发制人的让步。"事实上，尽管开头的让步似乎大一些，但与那种"色拉米香肠"式的办法相比，几乎可以肯定，总的让步还是比较小的。这种一步跨到一个合理立场的战略明确无误地摆出了可改变的立场；这样做更容易维护自己的立场，而那种旷日持久、零敲碎打的细小步伐所积累起来的效果却是不容易维护的，在那样的过程中总会掩盖问题的实质。

威慑

以一定的实力为基础，发挥威慑效应，以促进目标实现，这是一些特殊交涉所必需的重要手段。

诉诸恐惧理论

说服或改变人们的态度有一个重要的手段——威胁。通过使被说服者感知威胁，而迫使其改变态度，这就是所谓的"诉诸恐惧"。

贾尼斯和费什巴赫研究诉诸恐惧对态度改变的效果。在研究的基础上，贾尼斯总结出一个诉诸恐惧与态度改变关系的"曲线模式"。他认为，诉诸恐惧与态度改变之间是一种曲线关系。某条信息中的恐惧程度高与恐惧程度低都将导致态度的较少改变；而中等程度的恐惧信息将导致最大量的态度改变。这形成了一个倒"U"形曲线。

这一多年占主导地位的观点受到了保护动机理论的挑战。罗杰斯对诉诸恐惧理论进行了更深入的研究。他研究诉诸恐惧与态度改变之间的关系，总结出在恐惧诉求活动中影响态度改变效果的三个关键因素：①所描绘恐怖事件的危害性；②该事件发生的可能性；③所建议的对策的有效性。他深入分析这三个关键因素对被说服者认知的实际影响及其对态度改变的最终效果的作用。首先是人们是否对该事件的危害有清楚的认识，确定危害的程度；进而对该事件发生的可能性作出判断，如果认为可能性小，当然威胁就小；最后要评估所提出的建议的可行性、有效性。如果判断该建议确实能够避免该危害发生，自然会促使其改变态度，接受建议。如图 10.3 所示[①]。

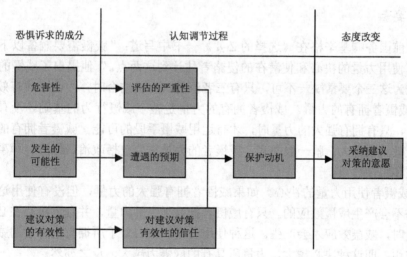

图 10.3　保护动机理论模式

---

① Werner J. Severin 等. 2006. 传播理论：起源、方法与应用. 5 版. 郭镇之等译. 北京：中国传媒大学出版社：141.

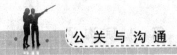

威慑的作用

威慑是指利用一定的实力所产生的威力、威望令对象慑服的过程。不同类型、不同程度的威慑，在各种类型的交涉中有着较为广泛的应用，发挥着重要的作用。

1．威慑是军事上的重要战略。威慑最突出地表现在军事上。我国古代著名军事家孙子就曾提出了"不战而屈人之兵"的著名论断。在现代战争中，威慑的作用更大更广，如核威慑。

2．威慑是政治斗争的重要工具。威慑在政治斗争中发挥着极为重要的作用。在各种政治势力的斗争中特别是在国与国之间的外交斗争中，利用自己强大的实力威慑对手，使对手不敢做出贸然举动。

3．威慑原理在一般性公关交涉中具有某种特殊作用。威慑主要应用于军事、政治、外交等领域，但其原理在一般性公关交涉中的某些特殊领域也具有不可替代的作用。因此，公关人员也应研究威慑的若干原理，并在一些特殊的交涉中恰当地运用。

威慑要素

美国前国务卿基辛格在《选择的必要》一书中写道："威慑需要兼备以下要素：有力量、有使用力量的决心和使潜在的侵略者估计到这两点。"他提出了威慑的这三个要素，并认为这三个要素缺一不可，只有三者俱备、有机结合时，才会形成有效威慑。

1．威慑者拥有的力量。威慑者拥有的力量是整个威慑行为的基础。没有实力便无威慑可言，只有拥有强大的力量时，才有运用威慑手段的可能。威慑者拥有的力量越强大，威慑效力也越大。就一般而言，威慑者的力量主要包括政治、经济、军事、科技等各种物质和精神力量。

2．威慑者使用力量的决心。如果威慑者拥有强大的力量，但没有使用这些力量的决心，是不会产生威慑效应。只有威慑者拥有强大的力量，并且下决心在必要时使用这些力量时，威慑效应才会产生。这种使用力量的决心对于所拥有的力量的威力有放大或缩小作用，即这种决心越大，力量所具有的威慑力越大，反之亦然。

3．使威慑对象感知并确信威胁。仅具备力量与决心还不能形成有效的威慑，还需要让威慑对象知道并相信有关威慑者的力量以及使用这些力量的决心方面的信息，才能形成有效的威慑。在其他条件不变的情况下，威慑对象越是相信这些信息，威慑的作用就越大。

4．除上述三个要素外，罗杰斯还提出所建议的对策的有效性。威慑的目的是令威慑对象改变态度与行为，因此，在诉诸威胁之后，能为其提供通过改变态度与行为可以使其回避威胁的建议就显得尤为重要。只有建议有效可行，威慑对象就更愿意通过改变态度而免除危险，从而使威慑更有效。

总之，只有拥有强大的实力，坚定使用这些力量的决心，并使威慑对象确信不疑，以及提出回避威胁的可行建议，才能形成强有力的威慑。

威慑的心理因素分析

威慑之所以能发挥它的特殊作用，是因为它能引起对象的某些心理反应，即由于威慑对象确实感觉到威慑者的强大力量以及运用这些实力的决心的存在而产生某种恐惧心理，这种心理形成一种驱动力，促使威慑对象的态度与行为的改变。

一般性的公关交涉场合的威慑性问题，主要受以下心理因素的影响。

1．恐惧。威慑的作用主要是通过使威慑对象产生恐惧心理来实现的。交涉对象感到恐惧是因为他觉得自己受到威胁，为避免这种威胁而对自己的态度或行为作出相应的改变。一般公关交涉中的恐惧心理主要来自以下几个方面：①担心物质利益受损。在经济谈判中常采取这种使对方物质利益受损的威胁手段。②担心承担政治与行政责任。在许多公关交涉场合，交涉者会担心由于交涉对方采取某些行动使得交涉问题不能恰当解决而使自己要负政治责任、行政责任甚至法律责任，从而产生恐惧感。③担心名誉受损。无论是社会组织还是个人，都非常重视自己的形象与名誉。如果某项交涉处理不当，可能要危害其组织形象或个人名誉，则会使组织或个人产生恐惧感。④担心自身安全受到威胁。在某些特殊的场合下，有关人员担心自身受到伤害而产生恐惧感。

2．紧张。强大的威慑力震撼会造成人的紧张，使人的正常思维受到冲击，造成短暂的思维静止或混乱，或造成人的自主性与独立性的丢失，从而出现一种盲目服从的心理或行为。这种短暂的紧张心理，可能会有利于威慑者实现自己的交涉目标。

3．意志。意志既是人们的一种个性心理，又是在外界刺激下发生变化的动态系统。强大威力的震慑会使人的意志发生动摇。利用实力威慑去动摇对方的意志，这也是公关交涉中常用的心理战术。

威慑的基本形式与要领

在重大政治、军事、外交斗争中运用威慑手段，需要很高超的艺术技巧。这里只介

绍一般性的公关交涉中运用威慑手段的一些基本形式与要领。

1．劝告。劝告是指以摆事实、讲道理的方式，正面向交涉对象说明得失，特别是不听劝阻可能带来的危害，使其行为和态度发生相应改变的行为。例如，在交涉某问题时，怀着真诚的态度，客观地详细说明或分析交涉失败可能为对方带来的各种损失、伤害、责任等，以使对方能理智地认识利害关系，从而自觉地加以配合，使交涉成功。

2．炫耀。炫耀是指利用各种实际行动或信息，显露实力，表达决心，以使交涉对象深刻感受到巨大的威慑力。例如，在业务谈判中，以语言或事实等手段，有意识地向对方显示自己的实力、优势、决心以及可能给对方带来的损失等，以期取得威慑效果。

3．暗示。暗示是指利用各种委婉的方式向交涉对象暗示自己力量的强大以及相应的利害关系，从而令其慑服。

4．布疑。布疑是在特定的环境下，故意布设疑阵，诱导威慑对象按预期思路联想、推测，以令其产生恐惧心理。在军事上这种策略应用较多，"兵不厌诈"。

5．通牒。当有些场合的交涉陷入僵局时，常采用最后通牒的方式发出威慑信息，以取得威慑效果。例如，第二次世界大战后，在远东军事法庭上，我方派出的首席法官梅汝璈义正辞严，正确地运用了威慑手段，维护了我国的尊严，并代表我国伸张了正义。在法官排座次时，居正中的位子是庭长韦伯爵士，右手第一个位子已属美国法官，而左手的第二个位子应属哪国法官，法官们为此激烈争论。此时，梅汝璈站起来，理直气壮地说："这个位子，应该属于中国法官！"众人为之一震，他接着说："我以为，法庭的座次，应按日本投降时各受降国的签字顺序排列才合理。首先，中国受日本侵害最烈，抗战时间最久，付出牺牲最大，因此有8年浴血抗战的中国，理应排在第二。""再者，没有日本的投降，便没有今日的审判，接受降国的签字顺序排列实属顺理成章。"庭长韦伯笑了笑，并没有按他的意见办，仍把英国排在中国前头，要大家先"预演"一下再说。梅汝璈看破了其用心，便毅然脱去法袍，拒绝登台"预演"，当即指出："今日有许多记者在场，如果把预演的消息发布出去，排座次便成了事实。如果我的建议大家同意，就应付诸表决。否则，我只有不参加审判，回国向政府辞去法官职务！"各国法官退让了，作为国际法学界的老权威韦伯爵士不得不宣布："第二个位子属于中国法官。"使浴血奋战了8年的中国赢得了应有的尊严，并为中国法官在审判中发挥主审官作用奠定了基础。在最后进行法庭量刑时，以庭长韦伯爵士为首的许多法官都反对将战犯处以死刑，以梅汝璈大法官为首的我国代表团寝食不安，与所有法官轮番磋商，据理力争，反复强调对这些血债累累的大罪犯必须处以极刑的道理。最后，中国法官代表团决定：如果远东国际法庭免除东条英机等战犯的死刑，自己则无颜见江东父老，决心集体投海自尽，以示抗议。远东法庭终于判决东条英机等 7 名战犯死刑。在这次审判中，梅汝璈两次运用威慑手段，都获得了巨大的成功。

6. 软硬相济。在公关交涉过程中，运用威慑手段，必须要适时、适度，并与正面说理和感情沟通等有机结合起来。不问环境、条件，滥用威慑，会使公关交涉不但不能取得良好效果，而且还会造成严重后果，如威慑力度过大会对交涉对象造成巨大伤害，从而可能导致交涉的失败。因此，威慑的运用必须慎之又慎。在交涉中，威慑手段要与各种说服、融通手段结合运用，才有可能取得良好效果。

7. 有效建议。在进行有效威慑取得预期效果之后，要适时地提出规避危害的建议。只有提出防止危害发生的建议，才会更有效地促进威慑对象转变态度并尽快采取说服者所预期的行为。建议的提出，一是要适时，过早过晚都不好；二是要有效，确实能够避免危害发生；三是要可行，包括令对方尽可能保全面子；四是要在保证本方目标实现的前提下尽可能寻求双赢或将对方的损失降到最低。

谈判策略

无论是合作关系，还是竞争关系，在协调的过程中，都要运用一些专门的方法与技术，而谈判则是协调这两种关系都要用到的一种基本技术与方法。

谈判的含义

谈判是每个人日常生活中不可缺少的活动，如买东西时讨价还价、说服同事接受某个建议等，这些都是在不知不觉中进行的谈判，这里的谈判是从广义上来讲的。美国谈判学会会长尼尔·伦伯格给谈判下的定义是："只要人们为了改变相互关系而交换观点，只要人们为了取得一致而磋商协议，他们就是在进行谈判。"可见，谈判是一种协调人们的关系与行为的基本手段。

本书研究的是狭义上的谈判，即企业之间的谈判，它是指企业之间在业务往来中对有关问题进行磋商和洽谈。

谈判的程序

1. 谈判准备阶段。谈判之前的准备工作极为重要。谈判前首先要设法了解对方的动机、态度、目标、强弱点以及道德水平等，为谈判做好充分的准备。

2．谈判进行阶段。较为正规的谈判大体可分为以下 6 个阶段：①导入阶段。这个阶段主要是参与谈判的人通过介绍与对方相互认识。②概说阶段。这个阶段主要是让对方了解自己的目标和想法。在此阶段，只需简单地说出基本想法，切不可把自己的底牌全部亮出。同时要摸清对方的想法，观察对方的反应。此阶段必须取得双方意愿一致，奠定谈判基础。③明示阶段。在这一阶段要把各自的分歧意见充分阐释，该坚持的要坚持，非原则问题可作适当妥协。④交锋阶段。谈判双方为了满足自己想得到的利益各持己见，激烈交锋。此时要坚定自己的信心，坚持自己的立场。⑤妥协阶段。经过激烈交锋之后，妥协是不可缺少的。要对谈判的情况十分了解，对可能妥协的范围心中有数，同时科学分析谈判发展的趋势，准确估计如果对某些事妥协是否还能因此得到合理的补偿，进而采用适时、适度的妥协策略。⑥协议阶段。经过交锋和妥协，双方均已认为达到各自基本需求，适时达成协议，正式签署协议，谈判过程便基本结束。

3．谈判协议执行阶段。在协议签订之后，双方要认真履约，并对双方履约行为进行监督控制，确保协议的严格履行。

谈判策略与技巧

谈判不仅是一个有关各方"讨价还价"的过程，还是一场心理角逐，一场知识、信息、修养、口才、风度的较量。要赢得谈判，说服对方，需要掌握一些谈判技巧。

1．掌握谈判对手真实意图。要战胜对方，控制谈判进程，首先必须摸清谈判对手的真实意图。因此，在谈判桌前就应该注意观察分析，留心倾听对方的陈述，注意对方的表情，从而捕捉到对方语言包括体态语言中透露出的信息，领会到其真正意图。

对方陈述问题时，如感到有疑问，应及时提出，以求澄清。这样才能有针对性地讲，掌握谈判的主动权。

2．避免发生对谈判无意义的争执。谈判的目的是双方都想得到利益，而不是孰输孰赢。因此，把精力和时间都消耗在无关紧要的分歧争论中是毫无意义的，只会使双方离合作的目标越来越远。

3．控制谈判中的心理与情绪。在谈判中切忌流露急于求成的心理。哪怕自己十分迫切希望尽快达成协议，也要从容不迫地按既定程序有条不紊地进行讨论。如果露出心急火燎的心理而被对方察觉，人家就会利用你这个弱点，使你陷入不利的地位。

4．善于运用讨价还价的策略。卖主喊价高或买主还价低的时候，都会造成对出价方有利的结果。美国著名谈判家嘉洛斯向 2000 多名谈判者进行调查表明，一个良好的谈判者在讨价还价问题上必须掌握以下三点诀窍：①倘若买主出价较低，则往往能以较低的价格成交；②倘若卖主喊价较高，则往往也能以较高的价格成交；③喊价高得出人意料的卖主，倘若能坚持到底，则在谈判不破裂的情况下，往往会有很好的收获。当然，喊价和还价必须合理，并不是漫天要价，如果失之轻率，反而会破坏交易。

5．警惕谈判过程中的各种陷阱。贸易谈判要时刻警惕谈判过程中的各种陷阱。陷阱主要有数字陷阱、假出价陷阱等。

数字陷阱经常出现在谈判中。一般说来，许多人都不太善于迅速地处理数字，特别是在谈判气氛紧张的情况下，更容易犯愚蠢的错误。谈判中应特别注意把握：①数据的准确性。要弄清对方提出的数据是否确切可靠，不能盲目相信、轻易表态、鲁莽行事，要警惕对方钻你不善于处理数据的空子。②数据的真实含义。一定要努力挖掘各种数据的内涵与外延，警惕隐藏在数字里的可能是故意制造出的事实、解释、假设等。

假出价陷阱是多家竞争时出现的不当竞争手段，即买主利用高价手段或卖主利用低报价的手段，排除交易中的其他竞争对手，先取得交易的权利，而到最后成交的关键时刻，买主大幅度压价，或卖方大幅度提价，以优势地位讨价还价。

6．"坚持就是胜利"。当谈判出现曲折，陷于僵局，双方能有诚意地适当调整自己的目标，作一些必要的妥协和让步，使谈判能继续下去。就本方而言，面对僵局，坚持就是胜利！在谈判中，"山穷水尽"之后，往往就是"柳暗花明"。

7．巧妙的妥协策略。在商业谈判中，不论双方有多么大的诚意，也不论双方提出多少个有创见的方案，由于双方存在着利益、心理等对立，总要经过一番或明或暗、或激烈或平静的讨价还价。一般说来双方都必须作出某些让步与妥协才能达成最终的协议。

8．分析谈判对手类型，采用有效应对策略。兰·勒里茨概括出谈判桌上有 5 种人，提出用 9 种方式应付。

谈判中最难应对的 5 种人：①凶悍派。他们常用语言或肢体暴力威胁对方，譬如说"这是什么话！"或"我现在就要……"，或者说"如果你不……我就……"。②逃避派。根本避不见面或采取拖延战。他们会说"明天再说吧"或"我没时间"或"这不是我管。"③龟缩派。他们通常采取逃避策略，他们推说"我不懂"或"我不理解"或"我不知道。"④高姿态派。他们通常用极端的要求想吓倒对方："我只等到 5 点，"或"中午以前一定要交。"⑤两极派。他们根本不谈，只逼你要还是不要的决定。

与这些人谈判，有以下 9 种应对方式：①引起他们的注意。这种方式对"凶悍派"特别有效，自己必须把他们吓醒，让他们知道你忍耐的底线在哪里。目的不是惩罚，而是要让他们知道你忍耐的极限。②指出对方行为的失当，建议进行建设性的沟通。若对方是"凶悍派"，就挑明指出对方态度过分凶悍，对方通常也会收敛火气，进而指出进一步谈话的方向，给对方一个可以继续交涉下去的台阶。③安抚他们的情绪。尤其针对"逃避派"或"龟缩派"，首先要了解并适时指出他们恐惧的原因，让他们觉得自己了解他们而有安全感。这对"凶悍派"也有效，会使他们对自己有安全感。④坚持一切按规矩来。"凶悍派"、"高姿态派"和"两极派"都会强迫自己接受他们的条件，你坚持规范，公平对待。⑤请对方解释。当对方采取极端立场来威胁自己时，可以请他解释为什么会产生这样极端的要求，迫使其"以理服人"。⑥沉默是金。这是自己最有力的策略之一，尤其在对付"两极派"时，可以说："我想现在不适合谈判，我们都需要冷静一下。"⑦改变话题。尤其在对方提出极端要求时，最好假装没听到或听不懂他的要求，然后将话锋带往别处。⑧不要过分防御。过分防御就等于落入对方要你认错的圈套。尽量听完他的批评，然后把话题带到"那我们可以针对你的批评如何改进呢？"⑨多问问题。避免站在自己的立场辩解，应多问问题，可避免对方进一步的攻击。尽量问"什么"的问题，而避免问"为什么"。问"什么"时，答案多半是事实；问"为什么"时，答案多半是意见，就容易有情绪。

说服与交涉的实施与操控

开展有效说服与交涉，除了采用正确的策略与技巧之外，还必须注意相应的基础性、辅助性工作，特别是实施与控制等环节与要领。

交涉准备

说服与交涉作为一种复杂的对策行为，在正式展开之前要有充分的准备。要想说服对方、取得交涉成功，必须首先摸清情况，尽量做到"知己知彼"。交涉准备主要包括以下几个方面的工作内容。

确定目标

说服与交涉是有特定目的的自觉行为。在确定其目标时，应注意以下两点。

1. 合理地确定目标。公关人员首先要明确交涉的特定任务是什么，包括哪几个方面，各自要达到何种程度，从而合理地确定交涉的目标。说服与交涉的目标通常包括：建立与特定公众的联系、增进感情；解释与平息公众对组织的误解与意见；在特定公众中提高组织的知名度和美誉度；劝导公众改变对某事物的态度；某项具体业务的成交；恳请公众给予帮助和支持；劝导公众采取或放弃某种行动等。

2. 目标要有弹性。交涉的过程是复杂的，有许多非可控因素，因此所制定的目标必须富有弹性。一般来说，最有效的目标是根据各种实际条件要素制定的目标。但是，由于这些实际条件要素是不断发展变化的，从而可能会使得原先制定的目标由最有效变成无效。因此，不能把目标定得太死，要使所制定的目标具有较大的弹性，以便适应不断变化的相关实际条件和环境。

选择进行交涉的人员

确定交涉主体是准备工作中的关键一环。交涉人选不当，很难取得交涉的成功。确定交涉人选应考虑以下三个方面的因素。

1. 交涉任务。要根据交涉的具体任务来选择人员，即要根据交涉任务的性质、难度以及所具有的特殊要求选择最适宜完成这一任务的人选担任交涉者。

2. 公关人员自身素质。即要根据公关人员的思想境界、知识水平、业务能力、交际能力、谈判艺术，以及意志坚定程度、个性风格等因素等，合理安排公关人员从事交涉过程中的具体工作。

3. 交涉对象。交涉是双方交互作用的过程，其成效取决于双方的互动效果。因此，在确定交涉人选时也必须考虑到交涉对手的情况。要根据相容性与互补性原则灵活地安排交涉人选，有时需要按相容性原则配备。例如，双方有共同语言，情趣相投，有利于交涉成功；而有时又需要按互补性原则安排人员，如挑选一位有威望、强有力的公关人员去说服一位缺乏主见的、对这位公关人员很信服的公众，效果当然会更好。

此外，还要研究确定是进行单人交涉还是进行团队交涉，这也要从以上三个方面去分析确定。

搜集信息

交涉任务、目标一经确定，接下来的工作就是搜集有关信息。进行说服与交涉前应

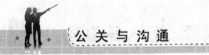
搜集以下信息。

1．背景资料。要了解交涉的有关背景情况。如与交涉相关的社会经济形势、交涉问题的现状以及过去工作的基础、有关方面对待这一问题的态度以及准备采取的行动等。

2．交涉对象的信息。了解交涉对象的信息具有重要意义，因为整个交涉过程都是在同对方打交道，对手情况不明，是难以取得交涉成功的。

要了解交涉对象，应注意搜集以下三个方面的信息：①基本情况。首先要了解交涉对象的基本情况。例如，要了解交涉对象的主要经历、文化程度、专业水平、在组织内的实际地位与影响，以及家庭、公众关系等。②个性特征。这一因素往往会对交涉过程产生重要影响。交涉对象的个性特征包括交涉对象的思维特点、气质、性格、作风、决策风格、个人兴趣以及处理问题的灵活性等。③态度与需要。交涉对象对所交涉问题持何态度，这是非常重要的。不但要了解其态度的倾向，而且还要了解这一态度的强度、形成的历史，以及其周围人的影响等。同时还要把握对手的需要情况，尽可能掌握他在交涉过程中有哪些个人社会心理需要，以便用适当的方式给予满足。

3．交涉双方的关系。要了解和掌握公关人员与交涉对象之间的相互关系。可以从以下三个方面进行把握：①双方熟悉程度。交涉双方是否熟悉、个人感情如何、相互身份地位等。②相容或互补。要从思想、专业、能力、个性风格等方面分析双方的相容性或互补性。③影响力。要从实力、威望、水平、关系等方面分析公关人员对对方影响力的大小。

交涉问题分析

在交涉之前，应对所交涉的问题有一个全面、深入的分析。具体要从以下三个方面进行分析。

1．确认事实。事实胜于雄辩。同别人交涉问题，必须以事实为依据，要对所交涉的问题进行全面、历史的调查分析，了解事情的来龙去脉，否则就难以或无法进行有效交涉。

2．找出分歧。要认真了解各自的立场，分析它们之间的关系，找出分歧，并确定分歧的大小。

3．确定解决问题的关键点。要有效解决分歧，必须找出问题的症结和解决问题的出路。如果不能找准解决问题的关键点，就不可能找到解决问题的可行出路。

设计交涉对策方案

在说服与交涉开始以前，特别是在重大交涉之前，应对整个交涉过程进行周密思考，精心设计可能采用的策略与方法。

交涉策略

交涉是对策性活动，交涉策略对交涉成效影响极大。因此，在交涉前，要充分发挥创造性思维的作用，运筹策划，设计谋略，增强交涉策略运用的自觉性。

时机与地点

说服与交涉在什么时间进行，在什么地点进行，都会对交涉进程与效果产生影响。因此，要精心选择恰当的时机以及有利于交涉顺利进行的场所，为交涉创造一个良好的时空条件。

资源配置

要根据交涉目标的要求，在交涉的不同阶段、不同时机和场合，配置相应的人力、财力、物力等资源，以保证交涉能顺利进行。

应变

说服与交涉是一个复杂多变的动态系统。即使预先设计得再好，在说服与交涉的实际过程中也会有许多未预料到的因素出现，从而使交涉出现困难。因此，当交涉出现困难且先前制订的应急方案不能奏效时，交涉者需要随机应变，根据当前的环境和条件迅速采取相应对策和行动，从而使交涉能够继续进行。

交涉中的现场观察

在说服与交涉的过程中，对交涉对象进行现场观察是极为重要的。通过现场观察，可以进一步了解对方的特性，及时得到对方对己方观点和建议的反馈信息，并可以探测出对方的心理状态和真实意图，甚至还可以预测其下步行动。公关人员必须高度重视现场观察，及时掌握相关的重要信息，以便及时作出必要的相应调整或回应，从而推进或驾驭整个交涉过程，尽快实现交涉目标。

在说服与交涉中，主要应通过以下途径进行现场观察。

借助体态语言

在交涉过程中，人们的有些想法、见解、意图是通过语言形式正面表达的，但有时为了竞争的需要，会将一些想法、意图加以掩盖。人们在交涉中的某些心态、意图总会自觉或不自觉地通过体态表露出来。这就是说，交涉者根据对方（交涉对象）的体态语言可以推测出对方（交涉对象）的某些心态和意图。

1．观察个性特征。人的衣着、仪表、姿势可以反映出一个人的个性特征。例如，一个仪容整洁、动作敏捷的人，很可能是一个办事利落、果断的人；一个不修边幅、衣着随便的人，很可能是一个不注重形式而注重本质的人。

2．观察心境。通过观察交涉对象的体态姿势可以观察到其在交涉过程中的心境。这里简单介绍交涉对象的4种心境：①兴奋。"人逢喜事精神爽"。当人高兴的时候，大都面露笑容，容光焕发，语音清脆，步履轻盈，甚至"眉飞色舞"、"手舞足蹈"。这些生动的体态语言，反映了人内心的兴奋状态。②自信。自信时，人往往是昂首挺胸，高视阔步，面带微笑，目光坚定，或将两只手臂托于胸前并交叉，或将两只手掌的手指尖顶在一起，形成一种尖塔式。③紧张。人在紧张的时候，有多种姿态或表情显露出来，如瞪大眼睛、瞳孔放大、张口、呼吸急促、时常清喉咙、不停变换姿态、坐卧不安以及手不停地摆弄铅笔或衣角等。④愤怒。人愤怒时会显现出特定的表情或体态，如眼睁大、眉竖起、嘴角向下，以及自觉或不自觉地乱摔东西等。

3．观察态度。通过体态语言，可以观察到交涉对象对公关人员所提建议的反应以及交涉对象当时的心态。①坦诚、开放。当人们在胸前推开双手且手掌朝上时（外国人还常配以耸肩），就显示了一种坦诚和开放；或者在别人面前解开衣扣，甚至脱去外衣，都表示了一种无须戒备、坦诚开放的心理。②防卫。在交涉过程中，如果对方防卫心理很强，说话就会非常谨慎，而且通常正面对着你坐或站立，并保持一定的距离。双臂交叉地放在胸前就是一种典型的防卫姿势。当然，人自信或放松的时候也有这种姿势。要区别是否是防卫心态，还可以借助对其手指的观察，如看是否紧握、抓衣袖、青筋暴露等。③思考。手托下巴、皱眉沉默、眼望远处是思考的典型姿态；沉默不语、答非所问、来回踱步也都是正在思考的表现。④拖延。交涉者对一些问题或意见没有理出头绪或表态的时机和条件还不成熟时，常用一些多余的小动作去拖延时间。例如，眼镜本来不脏，却将眼镜取下来，慢慢地擦，甚至反复取下去擦，这正是典型的拖延动作。⑤厌烦。当人们在出现厌烦情绪时，会在体态上有明显的表现。例如，当交涉对象眼睛东张西望，或在纸上乱涂乱画，或不断地变换坐的姿势，或侧着身躯对你，或用鞋底敲地板时，你就应当意识到对方已经感到非常厌烦，这个话题若再谈下去是没有多大意义的。⑥否定。当对方不赞成你的意见时，也会以体态语言表达出来。例如，若交涉对象两腿互叠，手臂交叉，身体后靠，头向前倾，则表明交涉对象已有明确的反对意见。

4．预测行动。根据交涉对象的体态语言，还可以预测他们下一步将采取何种行动。①即将采取行动。在一定的场合下，双手叉腰，表示他可能要采取某种行动了。如果在交涉过程中，对方突然离开椅子的靠背，坐到椅子的前缘，身体前倾，可能是跃跃欲试，要采取进攻行动，或决策已定而将要表态，或采取其他行动。②要求结束会谈。当对方移动身体，坐在那里而将脚和身躯指向门口时，对方已暗示想要结束会谈。此时，如果再继续谈下去效果必然不好，应及时结束。

"火力侦察"

在交涉过程中，对于对方的态度、意图，除了可以通过认真听取对方的正面申明或己方的正面提问的方式进行了解外，还可以通过采取一些主动试探的策略，从侧面进行了解，即可以就一些较为敏感的问题进行不暴露自己立场的试探性提问，这类似于军事上的火力侦察。这种提问一旦引起对方的兴趣，就会使其态度、意图通过语言和神色反映出来。对于有的问题对方可能当面回答，而对于有的问题对方则不作正面回答，甚至有意掩饰，但只要细心观察，总能找到一些能够表明其态度和意图的蛛丝马迹。例如，对方反对某一事物，却还怕别人知道自己的真实立场。如果你用此法问道："有人强烈反对这件事，您听说了吗？"对方很可能力图不露声色地简单回答。但你可以通过他的目光、眉梢等细微动作去观察和判断。

此外，还可以采取回转式问话进行观察，即较为随便地转换一些内容广泛的话题，以观察对方对哪个问题感兴趣，或流露好恶之色，从而摸清对方的心态和立场等。

利用多人之间的相互关系进行观察

当交涉对象是多个人时，他们之间的相互关系常能反映出一些有用的信息。大多数正式交涉场合身份是公开的，谁是决策者是明确的。但有些场合，这一点并不很明确，

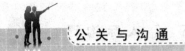

特别是谁是专家、谁真正拥有权力、谁最终拍板也不甚明确，这就需要在交涉过程中，根据他们各自的提问、作答、姿态、眼神去进行分析。还可以主动出击，就一些关键性问题提问，以弄清谁是最有权威者。

抓住松弛时机观察

在正式交涉场合下，人们都努力保持一种警惕，并力求塑造某种形象，给对方造成某种预期影响，因此都极力掩饰自己的真实意图与心态。这样，在对方高度戒备的条件下极难观察到对方的真实心态。但是，在较长时间的交涉中，人们很难做到时时谨慎、处处设防，他们总会在这样或那样的场合下有所放松，而对方松弛的时候，正是己方观察对方的最好时机。因为人在无意识中流露的言行能反映出人的真实面目，在最不留意的场合，常会暴露出隐藏最深的东西。所以，在各种交往场合，自己要时刻保持警惕，并主动地去塑造自我形象；同时，要利用各种方式，尽可能使对方放松，并抓住时机进行观察。例如，利用会谈前的闲谈、中间休息及会谈后的告别等时机积极观察。特别要利用见面时的寒暄、聚餐以及其他日常生活场合进行观察。美国的一位体育代理人曾在纽约同一位潜在的顾主一道吃饭。待侍者将菜单送上时，那位客人说他正在严格节制饮食，所以，只能喝一杯咖啡。接着，这位代理人只是出于礼貌问他的客人是否吃一盘色拉，而这位顾主却回答道："也许我应当来一盘。"接着又补充道："你吃什么，我也吃什么。"就这样，这位顾主还是轻易地改变了主意。这就使得这位代理人不得不估量这位潜在的顾主在未来的谈判中的"最后"立场究竟能多坚定。

环境折射

人的志向、兴趣和活动的特点，一般总会在他生活、工作的环境中或多或少地折射出来。例如，公关人员去拜访某位公众，通过其办公、住宿条件、装饰特点等环境因素，可以捕捉到反映主人性格、志向、兴趣等的一些信息。因为多数办公或生活的场所在一定程度上都是根据主人的习惯和特点进行安排和设置的，这些自然成为了解、分析主人性格，兴趣等习惯和特点的重要依据。此外，还可以从所拜访的客人的周围工作人员的身上看到这位客人的某些习惯和特点。一般来说，人们总会自觉或不自觉地在一定程度上效仿其上司的某些习惯和特点。因此，通过对这些工作人员的观察，也会间接地获得许多重要的信息。

交涉中的感情控制

在说服与交涉过程中，感情沟通具有重要的作用，有时甚至起决定性作用。交涉双方容易产生对立情绪，而对立情绪会阻碍交涉信息的正常沟通，进而影响双方作出正确决策，最终可能使交涉陷入僵局。因此，当双方产生对立情绪时，应当采取各种有效方式进行情感沟通，消除对立情绪，使说服与交涉能够继续顺利地进行。在说服与交涉中，感情沟通主要应做好以下几个方面的工作。

消除隔阂，建立融洽气氛

交涉伊始，由于交涉双方生疏，互不了解，因此心理隔阂较大。这种心理隔阂不利于交涉过程的顺利进行，必须尽快消除，努力建立一种和谐融洽的气氛。

1．迅速消除隔阂，缩短心理距离。要迅速缩短心理距离，就要注意以下几点：①注意礼仪，主动寒暄。交涉伊始，主动寒暄，礼貌待人，给对方以平等感、亲切感。②谈一些轻松话题，消除紧张气氛。越是交涉重要问题，越要注意消除紧张心理。适当地运用一些幽默可以缓解或消除紧张气氛。③巧妙运用相近性与相似性原则。当双方见面后，找出双方的相近因素或相连因素或相似性，有利于缩短双方心理距离。如同乡、同学、同专业、同经历，甚至是谈及到共同认识的一个人、共同感兴趣的事物等。④巧用熟悉原则。当你对交涉对方表示出非常熟悉并饶有兴趣甚至敬佩时，会使双方心理距离迅速接近。例如，1971年7月9日，基辛格秘密访华。周总理在钓鱼台宾馆6号楼接见基辛格一行。由于中美隔绝、敌对了几十年，美方人员非常紧张，他们紧挨着排成一行，垂手站立，表情僵硬，紧张而拘束，连话都不说了。周总理同基辛格握手，友好地说："这是中美两国高级官员二十几年第一次握手。"基辛格说："遗憾的是这还是一次不能马上公开的握手，否则全世界都要震惊。"紧接着基辛格将自己的随员介绍给周总理。当周总理握住大个子约翰·霍尔德里奇的手时说："我知道，你会讲北京话，还会讲广东话。广东话连我都讲不好，你在香港学的吧？"接着，基辛格向总理介绍理查德·斯迈泽。总理握着他的手说："我读过你在《外交月刊》上发表的关于日本的论文，希望你也写一篇关于中国的。"这时，温斯顿·洛德抢先向总理自报了姓名。总理握着洛德的手摇晃着说："小伙子，好年轻。我们该是半个亲戚。我知道你的妻子是中国人，在写小说，我愿意读到她的书，欢迎她回来访问。"最后，周总理跟两位特工人员雷迪和麦克劳德开玩笑："你们可要小心哟，我们的茅台酒会醉人的。你们喝醉了是不是回去要受处分的?"周总理对每个来访者如此了解，又说得妙趣横生，使美方人员紧张、拘束的神情一扫而光，使隔绝了几十年的中美双方的第一次北京会晤一下子进入到融洽的气氛之中。

2．主动表示诚意。在许多交涉中，往往双方互不信任，而坦诚相见、相互信任又是使交涉取得成功所必需的心理基础。因此，在说服与交涉中，应主动表示自己的诚意，使对方消除戒心，建立相互信任的气氛。例如，可以以口头语言或各种体态语言表示自己的热情和真诚；可以开门见山地阐明某些观点以消除对方不必要的担心和忧虑；可以适度地进行自我暴露而使对方感觉到自己的坦诚等。

3．努力建立个人间的友好关系。说服与交涉是在双方代表人之间进行的，交涉双方个人间关系好坏直接影响到交涉的过程与结果。因此，在整个说服与交涉过程中要十分注意个人之间关系的融通。具体融通手段在本书上一章中已作系统介绍，这里不再赘述。

努力满足交涉对象的社会心理需要

在说服与交涉中必须时刻注意以多种方式去满足交涉对象的各种社会心理需要，这是促使交涉成功的重要手段，是说服与交涉的一个重点。主要满足以下三个方面的需要。

1．受人尊敬的需要。说服与交涉中，受人尊敬的需要是交涉对象的一种基本社会心理需要。他们在维护本组织利益的同时，还希望自己在交涉过程中能够受到他人的尊敬。公关人员可以从以下几个方面去努力满足他们的这种需要：①要重视礼仪。公关人员在与交涉对象接触的过程中，要做到文明礼貌、谦恭礼让，使对方感觉到自己对他的热情和尊重，不可使对方受到冷遇，更不可侮辱对方。②表示敬佩。要善于发现对方的长处和优势，用恰当的方式和语言表达自己对交涉对象的敬佩之意，使其在与自己交涉的过程中获得一种受到尊敬的满足感。③要尊重人格，不伤面子。在交涉过程中，尽管要力图避免却又难免出现一些争辩或交锋。但是，在交涉争论中只能就事论"事"，绝不可就事论"人"。在任何情况下都不要搞人身攻击，不能侮辱对方的人格。千万不可将"面子"扯破，否则，就可能会产生严重的对立情绪，从思想感情上丧失合作与成功的基础。

2．自我表现的需要。人们并不满足于受到的一般赞扬与尊敬，还希望在实际交涉过程中发挥自己的聪明才智，显示自己对交涉过程或成果的影响，从而满足强烈的自我表现欲。公关人员应当有针对性地为交涉对象的自我表现创造条件，积极给予支持和鼓励。这可以从以下两个方面着手：①鼓励对方说。公关人员说明自己的意图以及游说对方都是必要的，但也不能说得太多，特别是从满足对方表现欲的角度看，更多时候应该是倾听，要善于鼓励对方说他们的想法、意图、建议，也包括说他们自身的一些兴趣、优势或长处等，从而满足他们的自我表现欲。②鼓励对方做。公关人员要认真分析交涉进程、态势、对方的心理与意图，注意利用各种机会鼓励对方采取一些有利于自己或双方的行动。例如，称赞对方的聪明才智，以鼓励对方提出新的有创造性的方案；说对方有实力、大度，以鼓励对方作出让步；讲对方有权威、水平高，而促使对方为你解决问题或给予帮助等。

3．控制与成功的需要。在交涉过程中，交涉对象对受制于人、被别人牵着鼻子走是很反感的，相反，他们有强烈的控制交涉过程并获得成功的欲望。这就要求公关人员要对交涉过程实行一种更高层次、更加巧妙的隐形控制，以满足交涉对象的控制与成功的需要。①明确支持与鼓励交涉对象的正确观点、建议和方案。要对对方提出的建议与方案的合理成分进行肯定，并给予支持和鼓励。当然，对不适当的部分要提出合理的修改和完善的建议。②要尽可能通过巧妙引导，将我方的观点、建议、方案让对方提出来。例如，巧妙地作各种诱导，使对方逐步提出靠近自己意图的方案；善于分析研究对方的意见与方案，从中发现或挖掘可以利用的合理因素，再加以适当拓展，变成符合自己意图的方案；尽量将双方逐步达成的共识说成主要是由对方努力的结果，将"功劳"归于对方，以满足其控制欲和成就感。

化对抗为合作

交涉与对抗有着密切的联系。但是，交涉的本质属性不是对抗性而是合作性，即交涉在本质上是一种双边的合作行为。只有双方的共同努力与配合，才能达成共识、解决问题，使交涉取得成功。因此，公关人员在交涉中，要善于将对抗转化为合作。以下主要是介绍如何利用感情融通的方式去解决有关合作的问题。

1．主动表达合作愿望。在说服与交涉过程中，公关人员应主动表达自己的合作愿望，以消除对方的对抗心理，从而促进对方合作意愿的形成。

2．始终保持合作姿态。在说服与交涉过程中，作必要的争辩是应该的，但是始终

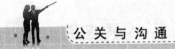

不能忘记合作才是交涉成功的基础，要尽量以合作的姿态来处理交涉问题。例如，无论怎样交锋，都要保持友好态度；当提出意见不同的方案时，要强调对双方有利，以保持合作的基础；大处着眼，小处让步，求同存异，以表示合作诚意等。

3．善于运用拒绝的艺术。在交涉过程中，对于不同意或不利于自己的对方意见是要加以拒绝的，但是拒绝对方的意见时要讲究艺术性，即运用恰当的方式表明了自己的态度的同时却又尽可能使对方心理不受伤害，甚至使对方得到某种心理满足。以下简要介绍两种拒绝对方意见的技巧：①自己坚持不说"不"。在一般情况下，公关人员对待对方的意见或态度不能简单地、强硬地说："不"。这极易伤害对方，破坏合作气氛，造成对抗情绪。随口就说："不"、"不对"、"根本不是"，这是一个非常坏的毛病。公关人员要克服这些毛病，可以用委婉的话语、含蓄的体态语去巧妙地表示拒绝，还可以用先肯定后否定的方式来巧妙拒绝。②善于引导对方不说"不"。当对方说"不"时，其对抗心理将会相应地加强。因此，在交涉过程中尽量避免容易导致对方说"不"的话语，而要尽量让对方说"是"。当说"是"的时候，其心理一般是比较愉悦或配合的。

争取得到对方的理解、同情和支持

在说服与交涉过程中，许多时候要通过显示自己的困境、难处去博得对方理解、同情和支持，从而使交涉得以成功。

1．实事求是地诉说困境与难处。给予处于困境者同情和支持是人们的一种普遍心理或行为。公关人员在某些交涉场合，需要正视自己的困难，并且要实事求是地向对方诉说，使对方理解和同情并给予自己的积极支持和热情帮助。

2．善于发掘对方的同情因素。公关人员要善于分析、研究交涉对象的心理，发觉能引起对方同情的因素，以便有针对性地去进行沟通，从而有效地激发交涉对象的同情心。

3．以真情动人。在说服与交涉中，必须运用各种手段去表达真诚之情，以情动人。这可以通过以事实为基础的真情真意感动对方，也可以通过运用有声语言、体态语言和环境氛围去综合表达真情而深深打动对方之心。

交涉中的社会心理策略与技巧

在说服与交涉过程中，要说服他人，最关键的是要以理服人、以事实服人，这就要求有雄辩的事实根据和严密的逻辑推理。但是，说服与交涉的过程与结果不仅仅受到事实与逻辑推理的影响，它还受到多方社会心理因素的影响。因此，要想有效实现交涉目标，还必须自觉且善于运用一些基于社会心理规律的交涉策略。

导入策略

公共关系人员在交往或谈判中要说服对方，既可以采取开门见山的方式，又可以根据需要采取各种迂回的方式。在引入正题的过程中，通常可采用从外围到实质的迂回性策略。

1．从对方感兴趣、擅长的话题入手。当对方对所谈问题没有什么兴趣的时候，不宜开门见山地谈正题，最好先谈一些令对方感兴趣的话题，或是对方非常擅长的话题，这样对方的兴趣一经引起，也就改变了双方的冷谈关系，再抓住时机自然转入正题，往往能收到较好的效果。

2．从谈轻松话题入手。当对方对所谈问题非常敏感、容易引起紧张心理或有反感的时候，最好先谈一些与此无关的、能令对方心情的放松话题。当气氛缓和下来之后，再巧妙地转入正题。

3．从关心对方入手。刚开始接触，就表示出对对方真诚的关心。在对方不介意的情况下，可以询问有关身体、工作、生活、家庭方面的一些情况，营造融洽、亲密、和谐的气氛，并适时地利用这样的感情基础和良好气氛去说服对方，促使问题的解决。

4．从称赞入手。公关人员要善于观察和把握对方的长处，并在谈及正题之前真诚地称赞对方的优点，使对方受到鼓舞和激励，以至于更乐意同自己合作，乐于接受自己所提出的要求甚至批评。例如，有的领导者在批评下属的时候，常常先肯定他的一些优点、成绩，再提出他的不足或错误，往往容易使他接受。

5．从赞同入手。人们有时为了提出不同意见或建议，往往先表示赞同对方的某些意见或主张，当双方有了共同的认识和感情后，再谈自己的分歧意见。这要比交谈伊始就谈分歧意见的效果好得多。

6．从自责入手。在意见对立甚至相持不下的场合，如果能作自我批评，或从自己方面找原因，往往能起到冰消雪融、屏障自除的特殊功效。在人们争执的时候，往往存在着由于争执而引起的对立情绪，一经对方主动让步自责，这种情绪因素就会迅速瓦解。因此，在一些争执的场合下，公关人员应善于自责而不是进一步争执辩解。

例如，一位德弟茂毛呢公司的顾客欠了公司 15 美元，而他本人却忘记了，当公司信用部坚持要他付款时，他竟大发雷霆，气冲冲地来到芝加哥，闯进公司创办人德弟茂的办公室，声称他不但不付那笔钱，而且永不再买德弟茂公司一元钱的货物并发了一大通牢骚。德弟茂一直静听到完，才安静地说："我要谢谢你到芝加哥来，告诉我这件事。你已帮了我一个大忙，因为如果我们信用部曾惹怒了你，他们也可能惹怒别的顾客，那可太糟了。你可以相信我，我要听这个比你要告诉我这个还来得急切。"并对他说，公司要在账中取消那 15 美元的账款，并将此事忘掉，因为公司的人员要照顾数千份账目，是比顾客更容易弄错的。这位顾客万万也没想到德弟茂会这么说，他简直感到一点失望，再也吵不起来了。德弟茂听他说不再买这个公司的产品了，就主动向他推荐了几家别的毛呢公司，然后邀请他共进午餐。他们再回到办公室的时候，那位顾客却订了比向来都多的货物，以后竟成为这家公司的永久顾客，直到 22 年后他去世。

诱导策略

公共关系人员要说服对方，改变对方的态度或行为，就须抓住对方的心理，用诱导而不是强制的方式促使对方思索与采取行动。

1. 刺激需要。人们有各种各样的需求，而需求正是决定人们行为的深层原因。在交涉中，只有满足对方的某种需求，才能使其采取你所期望的行动。而在一些场合下，如果人们的某方面需求被压抑，就会导致消极保守的行为。公关人员在这种场合下要谋求成功，就必须采取有效的方式或手段，刺激并满足对方的这种被压抑的需求，从而促使对方采取积极的、自己所期望的行动。①诱导需要。要善于利用各种信息或手段，诱导对方产生新的需要。例如，一个美国人在某个非常偏僻的地方创立了一个农场，雇用了当地的农民。他曾试图用各种物质刺激的手段去促进工人积极主动地提高劳动生产率，但都不能奏效。原因是，这些习惯于艰苦生活的农民，在农场干活，得到一份收入已感到满足了，他们不想再花更大的力气去追求更多的钱。这个农场主就在农场大门口开办了一个商店，从繁华地区购进了大量新式、高档的商品。这些琳琅满目的商品使这些农场工人大开眼界，产生了强烈的购买欲望。此后，农场主的一些措施见效了，人们宁愿花费更大的力气，挣更多的钱，以购买那些令他们梦寐以求的高档商品。这个例子说明，自觉地刺激工作对象的某类需求，对于改变对方的态度或行为有着重要的作用。②强调工作的挑战性。有时强调一项工作的困难、危险程度，也常能激发人们一种追求承担风险与责任的心理需求（追求自我表现的需求），从而出色地完成这项工作。③激将法。人们都有较强的自尊心、虚荣心。但是，或由于长期处于逆境，或由于别的原因，有些人的自尊心、虚荣心受到严重压抑。一般性的开导劝说难以奏效，然而如果采用反面刺激性语言，甚至是羞辱性语言，"将"他一军，刺到痛处，很可能使他自尊心、虚荣心萌发，从而急速转变态度或采取坚决有力的行动。这种直接给对方以贬低、羞辱，或以称赞他人的方式间接贬低对方，以达到刺激、激励对方的方法即为激将法。激将法是各种交涉场合常被采用的一种策略。采用这种策略必须坚持正确的立场，科学全面地分析对象的心理状况，并掌握好刺激的手段与强度。但此种策略要谨慎运用，绝不可滥用。

2．避免辩论。在交涉中，之所以要说服对方，是由于双方态度、见解上有分歧。在各种交涉场合下，这种分歧是极难通过辩论的方式解决的。代尔·卡耐基曾经说过："你不能辩论得胜，你不能，因为如果你失败，你就失败了；如果你得胜，你还是失败的。"他解释道："假定你胜过对方，将他的理由击得漏洞百出，并证明他是神经错乱……你伤了他的自尊心，他要反对你的胜利。"这会使你的交涉目标成为泡影——你成为一个十足的失败者。这种现象反映了人们强烈的自尊需要，你越是同他辩论，他就越要反驳你，以维持其自尊，而当你承认了他的重要，使他的自尊心理得到满足，他就会成为一个通情达理、愿意同自己合作的人。因此，公关人员在各种交往场合下都不要随意指责、批评对方，不要随意同对方辩论，"永远避免正面的冲突"。卡耐基曾举例说明：一位爱争斗的爱尔兰人叫亚哈，他多次进行推销汽车的尝试，但每当顾客对他出售的汽车说任何贬低的话，他就会恼怒地截住那人的话头，与人争论，说他的汽车是如何如何好。他确实在这种辩论中多次获胜，但他却没卖出一辆汽车。后来他改变了策略，他向顾客推销一种白色卡车，每当顾客说："什么？白卡车？它们是不行的，你白送给我我都不要，我要买××牌卡车。"亚哈并不争论，反而随和着说："你说的这种牌号的卡车，是一种好卡车，如果你买这牌号的，你是不会错的，这种牌号的卡车是一家可靠公司制造的，售卖的人也高尚。"这样一来，顾客反而没话可说了。当然，他不会整个下午不停地说××牌卡车最好了，而是很自然地开始谈论白色卡车的优点，结果使顾客转而接受这种牌号，作出购买决定。

3．顺水推舟。公共关系人员在说服、争取对方中的顺水推舟包括以下几层含义：①尽可能用对方的观点看问题，设身处地，增加双方的相似性。②善于运用对方合理的观点，有利的题材，说明与分析问题，为我所用。这样一方面使对方服气，难以反对；另一方面可以使说服过程转化为对方自我深化的认识过程，心理与面子上容易通过。③在用语上，尽量选择"顺向语言"，而避免"逆向语言"。例如，使用"正如您所说……"、

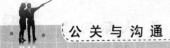

"按照您的这种想法……"、"我完全同意您关于……"等措辞，来表达自己与对方的相似性的见解与建议；而应避免使用"您错了"、"我完全反对……"、"这是毫无道理的"等措辞。④只作分析诱导，由对方下结论，并尽力向对方或外界表明，最后采取的态度或行动是他们自己的主意。

4."登门槛"战术。人们为了劝说别人同意采取某个重大的行动，往往采取一种分步诱导的方法，即诱导这个人首先同意一个很小的要求，一旦他同意了这个小的要求就进而会促使其同意那个重大的要求，这被称为"登门槛"战术。这种方法在许多交涉场合都经常被采用，特别是接触陌生的人更是如此。而与这种方法相反的一种战术也经常被人们采用，即"反蹭门槛"战术：首先提出一个很大的要求，对方没有接受，就及时妥协，提出较小的要求。对方在同前面的较大要求的参照对比下，很容易同意后来提出的那个较小的要求。人们在市场上漫天要价再讨价还价正是运用了这种战术。

辅助手段的运用

为强化诱导说服效果，还必须注意一些辅助手段的运用。

1.利用成见。这是指在诸如业务谈判等场合下，业务人员利用对方对自己的某些成见，影响对方，争取成功。如对方可能认为你是个固执的强硬派，当他不得不同你打交道的时候，就会对他产生一种无形的威力，迫使他在谈判中作出更多的让步。当然，对此要正确把握，自觉控制，并且要适度。

2.利用幽默与笑声。幽默在说服与交涉中可以发挥特殊的作用，特别是当交涉过程出现僵持、紧张、尴尬的局面时，其作用更明显。有时，在剑拔弩张、双方僵持不下的场合，一个小幽默，几声大笑，常能使情况骤然改善，打破僵局，使交涉顺利进行下去。面对一个极难回答的问题，或一个进退维谷的局面，笑声常会帮自己巧妙地渡过难关，摆脱尴尬局面。笑声本身就是一种回答，是一种模糊的、可能表达某种信息的、也可能是一切都无所谓的回答。伊朗宗教领袖霍梅尼派特使访问前苏联，将他的信交给戈尔巴乔夫。他在信中除了赞扬戈尔巴乔夫的改革勇气外，还要戈尔巴乔夫好好学学伊斯兰教，用伊斯兰思想解决国内问题，并说共产主义已经过时了。对此，戈尔巴乔夫对这位特使开玩笑似地说："伊马姆不懂共产主义，应让他来苏联党校学习学习。"用这种类似玩笑的话幽默地作出了反应。

3.利用"表演术"。即故意利用各种身体语言，如夸张的手势，提高的语调、故作神秘的眼神等，适时表达个人的情感或行动倾向，以达到融洽气氛、密切关系、促成谈话成功的目的。但这种"表演"必须与当时的情境协调，绝不可虚张声势、矫揉造作，如随意咋舌、窃笑、挤眉弄眼等。

环境控制

在交涉中必须自觉利用环境因素来促进目标的实现。

1．地点。谋求达成一定的业务目标的交涉，最好在自己熟悉的地点进行，这样就会占有一种心理优势。如在自己的办公室或本单位会议室同业务对手举行谈判。应当注意的是，会谈地点的装饰陈设应成为自身形象塑造的一个有机组成部分。通过办公室的设施、装饰等给对方以某种印象，形成一定的气氛。同时，还要注意光线的运用。一般使对手处于向光的位置，而自己处于背光的位置为宜，这样可以清晰地观察对方眼神、表情、身姿的微细变化，并可以在一定程度上掩饰自己不宜暴露的情绪或表情。

当谈判出现僵局的时候，及时转换一下环境是有益的。特别是转移到轻松、舒畅、非正式的环境中，常会取得打破僵局的特殊作用。这正体现了本章前面所讲的精神涣散理论的要求。例如，在谈判处于僵局时，可以把对方带到较随便的休息室，边品茶边谈；或带对方去一家整洁的小餐厅，在餐桌前边吃边谈；或同对方到歌舞厅，在轻松浪漫的音乐中边跳舞边谈；等等。随着环境的变化，人们的心境也会随之变化，戒备心理也随之放松。这样，便可以打破僵局，再继续谈下去，进而促使交涉的成功。

2．心境与氛围。交涉双方之间的气氛及各自的心境都影响着交涉的成败。这就要求：①选择好时机。即选择对方心情舒畅、兴致很高的时候会见并交谈，提出相关要求；②在谈话中着力创造令对方愉快、引起兴趣的气氛，以促进说服与交涉的顺利进行。

参 考 文 献

阿莱克斯·穆奇艾利.2009. 传通影响力：控制、说服机制研究. 宋嘉宁译. 北京：中国传媒大学出版社.

艾伦·森特.2009. 森特公共关系实务. 北京：中国人民大学出版社.

查尔斯·E. 贝克.2003. 管理沟通——理论与实践的交融.北京：中国人民大学出版社.

戴维·迈尔斯.2006. 社会心理学. 侯玉波等译. 北京：人民邮电出版社.

菲利普·津巴多，迈克尔·利佩.2007. 态度改变与社会影响. 邓羽等译. 北京：人民邮电出版社.

古畑和孝.1986. 人际关系社会心理学. 王康乐译. 天津：南开大学出版社

居延安.2008. 公共关系学. 上海：复旦大学出版社.

卡耐基.2006. 演讲与口才. 北京：中国城市出版社.

克特·W. 巴克.1984. 社会心理学. 南开大学社会学系译. 天津：南开大学出版社.

孔祥军.2007. 发展公共关系学. 北京：人民出版社

陆卫明，李红.2006. 人际关系心理学. 西安：西安交通大学出版社.

全国 13 所高等院校组编.2003. 社会心理学. 3 版. 天津：南开大学出版社.

莎伦·布雷姆.2005. 亲密关系. 郭辉等译. 北京：人民邮电出版社.

斯蒂芬·李特约翰，凯伦·福斯.2009. 人类传播理论. 史安斌译. 北京：清华大学出版社.

斯科特·卡特李普.1988. 有效公共关系. 汤滨等译. 北京：中国财政经济出版社.

尤文·韦伯，约翰·摩根.2009. 心理操控术. 北京：中央编译出版社.

詹姆斯·格鲁尼格.2008. 卓越公关关系与传播管理. 卫五名等译. 北京：北京大学出版社.

J.L. 弗里德曼，D.O. 西尔斯，J.M. 卡尔史密斯.1984. 社会心理学. 高地，高佳等译. 哈尔滨：黑龙江人民出版社.

Werner J. Severin, 等. 2006. 传播理论：起源、方法与应用. 5 版. 郭镇之等译. 北京：中国传媒大学出版社.